COMUNICAÇÃO JURÍDICA

Hêndricas Nadólskis
Marleine Paula M. F. de Toledo

COMUNICAÇÃO JURÍDICA

ORIENTAÇÃO COMPLETA PARA A CORRETA REDAÇÃO DE TEXTOS JURÍDICOS

Companhia Editora Nacional

Presidente Jorge A. M. Yunes
Diretor superintendente Jorge Yunes
Diretora geral de produção editorial Beatriz Yunes Guarita
Diretor editorial Antonio Nicolau Youssef
Gerente editorial Sergio Alves
Editora Sandra Almeida
Assistente editorial Edson Yukio Nakashima
Coordenadora de preparação e revisão Marília Rodela Oliveira
Preparadores e revisores Edgar Costa Silva
Irene Hikichi
Kátia Miaciro
Nelson José de Camargo
Sérgio Limolli
Editora de arte Sabrina Lotfi Hollo
Assistentes de arte Erica Mendonça Rodrigues
Janaina C. M. da Costa
Priscila Zenari
Thatiana Kalaes
Viviane Aragão
Coordenadora de iconografia Maria do Céu Pires Passuello
Assistente de iconografia Jaqueline Spezia
Produtora editorial Lisete Rotenberg Levinbook
Assistente de produção editorial Antonio Tadeu Damiani
Editoração eletrônica Globaltec Artes Gráficas Ltda.

Dados Internacionais de Catalogação na Publicação (CIP)
(Câmara Brasileira do Livro, SP, Brasil)

Toledo, Marleine Paula Marcondes e Ferreira de
Comunicação jurídica : orientação completa para a correta redação de textos jurídicos / Marleine Paula Marcondes e Ferreira de Toledo, Hêndricas Nadólskis. — São Paulo : Companhia Editora Nacional, 2006.

Bibliografia.
ISBN 85-04-00975-0

1. Comunicação 2. Direito – Linguagem
3. Português – Gramática 4. Redação forense I. Nadólskis, Hêndricas.
II. Título. III. Série

06-1184 CDU-340.113.1

Índices para catálogo sistemático:
1. Comunicação jurídica : Direito 340.113.1

1ª edição – São Paulo – 2006

1ª reimpressão – 2008

CTP, Impressão e Acabamento
IBEP Gráfica

Companhia Editora Nacional

Av. Alexandre Mackenzie, 619 – Jaguaré
São Paulo – SP – 05322-000 – Brasil
Tel.: (11) 6099-7799
www.ibep-nacional.com.br
editoras@ibep-nacional.com.br

Sumário

Parte 2 — Subsídios gramaticais, 109

Apresentação

Todo cidadão deve zelar pelo vernáculo, mas o advogado é o grande profissional da palavra. É a palavra que dá forma final a seu trabalho. Se ele não sabe usá-la com perícia, os testemunhos, os documentos, o apoio legal, a bibliografia jurídica, as provas factuais não se transformam em argumentos e não lhe permitem defender, acusar, contestar, exigir, exortar, tergiversar, persuadir, convencer com eficiência. Seu sucesso na profissão é diretamente proporcional a seu desempenho lingüístico, a sua habilidade em manejar palavras.

Não se trata apenas da realização pessoal, porque, nas lides jurídicas, o que está envolvido, em última análise, é o bem do homem e da sociedade. Existe, pois, vínculo estreito entre a justiça e a palavra, entre o bem e a palavra.

No âmbito do Direito, além das exigências éticas evidentes, que obrigam a consciência do profissional, do advogado mais especificamente, essas idéias implicam também o zelo lingüístico. A verdade se manifesta pela precisão vocabular. O signo lingüístico tem uma verossimilhança intrínseca, que é preciso conhecer e respeitar nas lides jurídicas.

É preciso ter zelo pela expressão lingüística. O advogado é o homem da palavra e a palavra é a "terra" que lhe cabe submeter e dominar (cf. Gên 2).

O Código de Processo Civil, no artigo 156, obriga ao uso do vernáculo em todos os atos e termos do processo.

Com base nesse dispositivo, o Juiz Luís de Carvalho, do Segundo Tribunal de Alçada Civil do Estado de São Paulo, criticou veementemente o texto de uma apelação inteiramente redigido sem acento gráfico, til, cedilha ou trema. O parecer, publicado pela *Tribuna do Direito* de agosto de 1995, e transcrito pelo *Jornal dos Professores*, de setembro, é de que a apelação, assim como a inicial do mesmo processo, não deveriam ter sido aceitas, já que nosso vernáculo, isto é, a língua portuguesa, comporta todas essas notações gráficas. No entender do juiz, é preciso "preservar a nossa tão aviltada língua, pois o zelo do idioma faz parte da educação cívica do cidadão".

Neste manual, além da redação dos textos na área jurídica, há uma preocupação com as normas gramaticais com aplicação em textos forenses. É uma revisão gramatical necessária ao estudante de Direito para a produção de um texto formalmente correto.

Foram inseridas questões de exames da Ordem dos Advogados do Brasil a fim de que o estudante possa ter uma idéia da prova a que o bacharel vai se submeter para se tornar um advogado. Servem para uma orientação de seus estudos acadêmicos.

Marleine Paula M. F. de Toledo

Hêndricas Nadólskis

Professores Doutores da Universidade de São Paulo

Parte 1

Redação de textos jurídicos

Capítulo 1
Procuração

Procuração é o ato pelo qual uma pessoa, voluntariamente, delega a outrem poderes representativos.

O conceito de procuração está atrelado ao de **mandato**, que é o contrato por meio do qual uma das partes se obriga a praticar um ou mais atos por conta de outra. É a norma do Novo Código Civil, em que se lê:

> **Art. 653** Opera-se o mandato, quando alguém recebe de outrem poderes, para, em seu nome, praticar atos, ou administrar interesses. A procuração é o instrumento do mandato.

Assim, o **mandato**, palavra vinda do latim *mandatum*, corresponde ao verbo *mandare* (composto de *manus dare* = dar as mãos) e tem o sentido técnico de **autorizar, dar poder**.

Nestas condições, se o **mandatário, outorgado** ou **procurado** (pessoa a quem são conferidos os poderes) realiza o negócio em nome do **mandante, outorgante** ou **constituinte** e com os necessários poderes de representação, o mandato diz-se *com representação*.

A procuração é a **escritura do mandato**. E, por extensão, designa o próprio mandato. Deduz-se, então, que o mandante dá ao outorgado poderes, por escrito particular ou público, não havendo possibilidade de procuração nos mandatos tácitos ou orais.

Conforme acentua De Plácido e Silva, no *Vocabulário jurídico,* verbete "Procuração": "a lei civil estabelece as **formalidades** para a validade da procuração, formalidades estas que se referem à matéria de **fundo** e de **forma**".

Procuração

A capacidade de quem outorga poderes e o direito de conferi-los estão contidos na matéria de fundo.

Já as **formalidades extrínsecas**, ou matéria de forma, implicam a presença dos seguintes elementos:

1. lugar;
2. data (dia, mês e ano);
3. nome completo do mandante, isto é, de quem passa a procuração, com a respectiva qualificação (nacionalidade, estado civil, profissão, documentos pessoais, residência e/ou domicílio);
4. nome da pessoa que recebe a procuração, o mandatário, com as características de sua individualização: nacionalidade, estado civil, profissão, documentos e residência;
5. discriminação dos poderes;
6. assinatura do mandante.

> **Note bem:** Quando a procuração é feita por instrumento público, é obrigatória a indicação do tabelião responsável, que, expressamente, mostrará conhecer o mandante.

Em relação à **natureza**, a procuração pode ser:

1. ***ad negotia***: é a procuração **extrajudicial**, dada **para fora do juízo**; nela se outorgam poderes para a administração de negócios em geral;
2. ***ad judicia***: é a procuração **judicial**, passada **para juízo**, subordinada à cláusula, como diz o nome, *ad judicia*, pela qual se conferem poderes ao outorgado judicial a praticar, conforme o art. 38 do Código de Processo Civil, "todos os atos do processo, salvo para receber citação inicial, confessar, reconhecer a procedência do pedido, transigir, desistir, renunciar ao direito sobre o que se funda a ação, receber, dar quitação e firmar compromisso".

Vê-se, portanto, que o mandatário pode, com a procuração *ad judicia*, praticar **todo e qualquer** ato processual, exceto os mencionados na segunda parte do artigo, para os quais necessita de poderes especiais, além daqueles constantes da cláusula *ad judicia*. Como implica restrição de direito, a lista das exceções é limitativa (*numerus clausus*), não admitindo ampliação.

A Lei nº 8.952, de 13 de dezembro de 1994, em nova redação dada ao art. 38, tornou desnecessário o reconhecimento de firma nas procurações *ad judicia*. Observe-se, contudo, que o § 2º, do art. 654 do Novo Código Civil, estipula que "o terceiro com quem o mandatário tratar poderá exigir que a procuração traga a firma reconhecida".

Consoante a regra do art. 654 (nova redação ao artigo 1.289) do Código Civil, todas as pessoas capazes são aptas para dar procuração mediante instrumento particular, que valerá desde que tenha a assinatura do outorgante. Os relativamente incapazes são assistidos por seus representantes legais, que com eles assinam a procuração. Já os absolutamente incapazes não assinam o documento, o que só pode ser feito por seu representante. A procuração *ad judicia* dos menores púberes e impúberes só tem validade se feita por instrumento público.

Em relação ao mandatário, quem tem competência para receber o mandato?

Na procuração *ad negotia*, além da regra geral (todas as pessoas maiores emancipadas, no gozo dos direitos civis), admite-se, segundo o art. 666 do Novo Código Civil, o maior de 16 e menor de 18 anos não emancipado (art. 5º, § único, I) como mandatário, não podendo, neste caso, ressarcir-se o mandante de prejuízos por ele causados, a não ser no caso das regras gerais, aplicáveis às obrigações contraídas por menores.

Para procuração *ad judicia*, a norma vem do art. 36 do Código de Processo Civil, que atribui capacidade postulatória tão-somente ao advogado legalmente habilitado (advogado no sentido de todos os inscritos na OAB, advogados, estagiários e provisionados).

"Por capacidade postulatória entende-se" — a lição é de Nélson Nery e Rosa Maria Andrade Nery — "a aptidão para promover ações judiciais e elaborar defesa em juízo. Há atos processuais cuja prática é privativa do advogado, não podendo ser realizado por estagiário". (Código de Processo Civil comentado e legislação civil e extravagante em vigor).

É preciso atentar para a segunda parte do referido art. 36, a qual esclarece ser lícito à parte "postular em causa própria, quando tiver habilitação legal ou, não a tendo, no caso de falta de advogado no lugar ou recusa, ou impedimento dos que houver".

Já foi dito que a procuração é o instrumento do mandato. Sem ela, portanto, o advogado não poderá ingressar em juízo, de acordo com a orientação do art. 254, III, do CPC. O artigo 37 do mesmo CPC aventa, entretanto, a possibilidade de admissão do advogado em juízo, sem apresentação do instrumento do mandato, para, em nome da parte, intentar ação, a fim de evitar decadência ou prescrição, bem como intervir, no processo, para praticar atos reputados urgentes. A seqüência do *caput* do mesmo artigo obriga, contudo, o advogado a apresentar o instrumento de mandato no prazo de 15 dias, prorrogável por outros 15, por despacho do juiz. E o parágrafo único do artigo estabelece a sanção para os atos não ratificados no prazo: serão eles tidos como inexistentes, respondendo o advogado por despesas e perdas e danos.

O compromisso prestado pelo mandatário que, sem procuração do mandante, assume responsabilidade pelos atos que vier a praticar, prometendo exibir, no prazo legal, a procuração que lhe foi ou será outorgada, recebe o nome de "caução de rato", isto é, garantia de ratificação ou confirmação. O documento não é propriamente uma procuração, que, como foi dito, não existe ou não está presente. É a caução para o mandato, que, por sua vez, deverá concretizar-se com a ratificação de todos os atos praticados *ad referendum*.

Além de exibir o instrumento do mandato, com a confirmação dos atos praticados no prazo fixado em lei, o mandatário caucionante assume ainda a obrigação de concordar com o que for julgado na causa. Assim, sua responsabilidade, originada da própria caução, consiste, conforme diz De Plácido e Silva (verbete "caução de rato"), "em responder por todos os atos praticados como procurador *de rato*, inclusive por todas as despesas que deles advenham, não lhe cabendo alegar a falta de mandato, que não lhe tenha autorizado a sua prática". E conclui De Plácido e Silva: "A vinda do mandato, com a ratificação que retroage aos atos anteriores, coloca-o, então, na posição de mandatário, livrando-o dos encargos da caução".

A caução de rato presta-se tanto para o foro judicial quanto para o administrativo. Antes exigida, hoje é dispensada para fins de postulação sem mandato.

É necessário fazer referência a outra modalidade de procuração judicial: a chamada ***apud acta*** (= dentro ou nos autos). Equivalendo à procuração por instrumento público e dispensando a entrega de outra para fins de ratificação, a procuração *apud acta* caracteriza-se por transladar-se nos próprios autos da causa, pelo escrivão que nela atua e diante do juiz. Há também a possibilidade de ser lavrada no cartório da vara em que tramita o processo pelo escrivão da demanda, em presença de duas testemunhas, que a assinam, junto com o mandante.

Quanto ao **instrumento**, a procuração pode ser:

1. **particular**: quando dada e passada pelo próprio mandante ou dada por ele e passada por outra pessoa, em documento normalmente com firma reconhecida, para fins de validade em relação a terceiro.

   O parágrafo 1º do art. 1.289 do Novo Código Civil arrola os itens que deve conter a procuração por instrumento particular:

   a) a designação do Estado, da cidade ou circunscrição civil em que foi passada;

   b) a data;

   c) o objetivo do outorgante com a respectiva qualificação;

   d) a individuação de quem seja o outorgado;

   e) o objetivo da outorga, a natureza, a designação e extensão dos poderes conferidos;

   f) a assinatura do outorgante e o reconhecimento de sua firma.

2. **pública**: quando feita ou instrumentada em cartório, por serventuário público, que, a pedido do outorgante, faz anotação em livro próprio. À primeira cópia desta anotação — a original — dá-se o nome de **translado** ou **primeiro translado**. As cópias seguintes são fornecidas como **certidões**.

   São estes os elementos constitutivos da procuração por instrumento público:

   a) o nome do mandante ou constituinte, o do mandatário e o do tabelião que a faz;

   b) a data (ano, mês e dia) e declaração do lugar em que é passada;

   c) a causa ou negócio para que se constitui;

   d) a extensão dos poderes (amplos ou restritos) e a descrição dos especiais, para os casos em que eles são exigidos;

   e) ressalva das emendas, entrelinhas ou palavras riscadas;

   f) duas testemunhas, que, juntamente com o outorgante, assinam o documento; na hipótese de o mandante não saber ou não poder assinar, uma terceira pessoa assinará a seu rogo, obrigando-se o tabelião a fazer menção expressa da ocorrência no documento;

   g) obrigatoriedade de o tabelião dar fé que reconhece o constituinte ou outorgante, ou que este é reconhecido por duas testemunhas dele conhecidas.

Note bem: Dar fé significa afirmar a autenticidade do conteúdo de um documento, dizer a verdade do que ocorreu, o que deve ser feito pelo serventuário da justiça. É termo da linguagem cartorial.

Relativamente à **extensão** dos poderes, pode-se falar de:

1. **amplos**: aqueles que dão ao procurador ampla liberdade de atuação;
2. **restritos**: aqueles em que o procurador depende de decisões do constituinte.

Quanto ao **fim** a que se destina, a procuração, conforme orienta o art. 1.294 do Novo Código Civil, terá caráter:

1. **especial**: quando o mandato especificar um ou mais negócios determinadamente;
2. **geral**: quando o mandato dá poderes para o procurador atuar em todos os negócios do mandante.

O art. 1.295, também do Código Civil, esclarece que "o mandato em termos gerais só confere poderes de administração". E acrescenta: "§ 1º Para alienar, hipotecar, transigir ou praticar outros quaisquer atos que exorbitem da administração ordinária, depende a procuração de poderes especiais e expressos".

Substabelecimento

"Substabelecimento ou submandato é o contrato de mandato que o mandatário faz com outrem, no âmbito do seu primitivo contrato." (Nascimento e Trabulo, *Elucidário*).

O substabelecimento pode fazer-se de maneira **total** (sem reserva) ou **parcial** (com reserva) de direitos. Na primeira hipótese, o procurador afasta-se inteiramente do processo; renuncia, por conseguinte, ao contrato de mandato. Já na segunda hipótese, o substabelecente deseja continuar agindo no processo; por isso, transfere apenas alguns poderes ao substabelecido, normalmente os de menor responsabilidade ou importância.

O Código de Ética e Disciplina da OAB preceitua, no art. 24, § 1º, que "o substabelecimento do mandato sem reserva de poderes exige o prévio e inequívoco conhecimento do cliente". E o § 2º, do mesmo artigo, alerta para o fato de o substabelecido com reserva de poderes dever ajustar antecipadamente seus honorários com o substabelecente.

Como lembra Valdemar P. da Luz, "o advogado que substabelece deve ter muito cuidado ao substabelecer sem reserva, pois, conforme jurisprudência do TFR (2.ª Turma, AC 67.335 — RJ, de 08.06.1982), o substabelecimento sem reserva extingue o mandato, de sorte que o ex-advogado não pode substabelecer novamente poderes que já não tem. Por outro lado, se resolver substabelecer em definitivo, por não interessar mais atuar no processo, é recomendável que o instrumento de substabelecimento seja juntado ao processo, mediante petição fundamentada. Assim agindo, o advogado estará prevenindo-se de responsabilidades que poderão advir no caso de entregar o substabelecimento direto ao cliente e este demorar em entregá-lo ao novo constituído ou este, por qualquer motivo, não venha a aceitar o mandato" (Luz, *Manual do advogado*, p. 35).

Para o ato que exigir instrumento público, igualmente por instrumento público deverá ser lavrado o substabelecimento. Em se tratando de ato que desobrigue o instrumento público, o mandato, ainda quando outorgado por instrumento público, pode substabelecer-se mediante instrumento particular (cf. § 1º do art. 1.289).

Em hipótese de morte do mandatário que substabeleceu a procuração, continua a ter validade o substabelecimento, desde que o mandato não tenha sido revogado.

Extinção do mandato

Conforme indica o art. 682 do Novo Código Civil, cessa o mandato:

> I — pela revogação ou pela renúncia;
>
> II — pela morte ou interdição de uma das partes;
>
> III — pela mudança de estado que inabilite o mandante a conferir os poderes, ou o mandatário para os exercer;
>
> IV — pelo término do prazo ou pela conclusão do negócio.

Revogação do mandato

A revogação do mandato é ato unilateral, de iniciativa única do mandante, do cliente.

Como o Código de Ética e Disciplina da OAB diz no art. 16 que "o mandato judicial ou extrajudicial não se extingue pelo decurso de tempo, desde que permaneça a confiança recíproca entre o outorgante e o seu patrono no interesse da causa", deduz-se que a retirada ou cassação de um mandato somente acontecerá por **revogação**, quando o outorgante não mais se interessar pelo trabalho do outorgado. Em síntese: na revogação, vale a vontade do mandante.

Não pode, contudo, o mandante revogar o mandato, que, pela lei, for irrevogável, nem o mandato em causa própria.

Em caso de revogação intempestiva, desoportuna ou injusta, responderá o mandante por perdas e danos.

O art. 44 do Código de Processo Civil determina que "a parte que revogar o mandato outorgado ao seu advogado, no mesmo ato constituirá outro que assuma o patrocínio da causa".

A revogação pode ser **expressa** ou **tácita**. Enquanto a revogação tácita pode ocorrer com a simples juntada de nova procuração aos autos, sem ressalvar a anterior, a revogação expressa ocorre com a manifestação clara e inequívoca do mandante, que, por meio de notificação judicial ou extrajudicial ou de qualquer outra forma que não deixe dúvida, comunica ao mandatário a resolução de não mais utilizar seus serviços.

Renúncia do mandato

O art. 45 do Código de Processo Civil disciplina a formalização da renúncia ao mandato, a qual pode dar-se a qualquer tempo.

A Lei nº 8.952, de 13 de dezembro de 1994, alterou o art. 45, visando tornar mais rápido o processo da renúncia. Pela redação antiga, o advogado-renunciante entrava com petição comunicando ao juiz a renúncia e solicitando que fosse feita a notificação do outorgante, o que levava tempo considerável.

Com a nova redação, o mandatário-renunciante deverá comprovar que *cientificou o mandante*. A prova da cientificação poderá ser obtida por via postal, com AR, ou por meio de carta entregue pessoalmente ao mandante, que deverá dar o recibo na primeira via.

Durante os dez dias seguintes à efetiva cientificação — e não à comunicação da renúncia —, o advogado tem de continuar a representar o mandante, para evitar-lhe prejuízo, a menos que não haja necessidade de praticar-se nenhum ato processual nesse prazo.

O art. 13 do Código de Ética e Disciplina da OAB dá outros pormenores sobre o assunto em pauta: "A renúncia ao patrocínio implica omissão do motivo e a continuidade da responsabilidade profissional do advogado ou escritório de advocacia durante o prazo estabelecido em lei; não exclui, todavia, a responsabilidade pelos danos causados dolosa ou culposamente aos clientes ou a terceiros".

Exemplos de procurações

PROCURAÇÃO *AD NEGOTIA*

JOSÉ SANTOS, céd. ident. RG 32 323 323 (SSP-SP), CPF 330 877 978/52, brasileiro, solteiro, estudante, residente e domiciliado em São Paulo, à Rua Direita, 545, Centro, aluno da Faculdade de Direito da Universidade de São Paulo, sob o nº 134 567, pelo presente instrumento particular de mandato, nomeia e constitui seu bastante procurador MANUEL ALVES, céd. ident. RG 42 565 787 (SSP-RJ), CPF 56 765 789/76, brasileiro, solteiro, estudante, residente e domiciliado em São Paulo na Avenida Liberdade, 43, Bairro da Liberdade, para o fim especial de realizar a matrícula do outorgante na Faculdade de Direito da Universidade de São Paulo, no primeiro semestre letivo de 2006, podendo o outorgado praticar todos os atos que se fizerem necessários para o bom e fiel cumprimento deste mandato, assim como substabelecer em quem melhor lhe aprouver,

São Paulo, 19 de maio de 2006.

José Santos

PROCURAÇÃO *AD JUDICIA*

CELSO FIGUEIREDO, céd. ident. RG 33 444 555 (SSP-SP), CPF 888 777 444/66, brasileiro, solteiro, jornalista, residente e domiciliado em São Paulo, na Rua Riachuelo, 2 050, Centro, pelo presente instrumento particular de mandato, nomeia e constitui seu bastante procurador DIODORO MARTINS, céd. ident. RG 22 777 888 (SSP-SP), CPF 089 456 234/52, brasileiro, casado, advogado, inscrito na OAB-SP sob o nº 3 456, com escritório profissional em São Paulo, na Rua Traipu, 2 356, Perdizes, para o fim especial de...., podendo.... e praticar todos os demais atos judiciais que se fizerem necessários para o bom cumprimento do mandato, com a faculdade de substabelecer, com reserva de poderes ou sem ela.

São Paulo, 24 de abril de 2006.

Celso Figueiredo

SUBSTABELECIMENTO

Com reserva, substabeleço na Dra. ÂNGELA TRINDADE, céd. ident. RG 88 678 876 (SSP-SP), CPF 321 456 765/56, brasileira, solteira, advogada, OAB-SP nº 4 567, com escritório em São Paulo, na Rua Coriolano, 3 478, Lapa, os poderes forenses que me foram conferidos por CELSO FIGUEIREDO, no processo nº 34 567, correndo trâmites na 9ª Vara.

São Paulo, 03 de maio de 2006.

Diodoro Martins

OAB-SP nº 3 456

ATENÇÃO:

O substabelecimento pode ser redigido na primeira pessoa, diferentemente do primeiro instrumento, produzido em terceira pessoa. Pode ser feito em documento à parte (exemplo anterior), ou no próprio instrumento do mandato, dispensando-se título.

Sem reserva, substabeleço na Dra. ÂNGELA TRINDADE, céd. ident. RG 88 678 876 (SSP-SP), CPF 321 456 765/56, brasileira, solteira, advogada, OAB-SP nº 4 565, com escritório na Rua Coriolano, 3 478, Lapa, os poderes forenses a mim outorgados no presente instrumento de mandato.

São Paulo, 03 de maio de 2006.

Diodoro Martins

OAB-SP nº 3 456

PROCURAÇÃO POR INSTRUMENTO PÚBLICO

LIVRO Nº 53 FOLHAS Nº 122 v.
REPÚBLICA FEDERATIVA DO BRASIL
CARTÓRIO DO 1º OFÍCIO DE NOTAS
SÃO SEBASTIÃO DO PARAÍSO — ESTADO DE MINAS GERAIS
PRAÇA COMENDADOR JOÃO ALVES, 171
— TEL. (035) 531 2221 CEP 37950 000
MARCO ANTONIO PELUCIO
1º TABELIÃO

PROCURAÇÃO BASTANTE QUE FAZEM ELSA CAMPOS E OUTROS

SAIBAM quantos este público instrumento de procuração bastante virem que, no ano do Nascimento de Nosso Senhor Jesus Cristo, de dois mil e seis, aos quatro dias de maio, nesta cidade e comarca de São Sebastião do Paraíso, Estado de Minas Gerais, em meu Cartório, perante mim, 1º Tabelião, e três testemunhas adiante nomeadas e, no final, assinadas, compareceram como outorgantes: **ELSA CAMPOS**, brasileira, viúva, do lar, impossibilitada de assinar, portadora da CTPS nº 26 996-série 334, CPF 006 980 786/54, residente e domiciliada nesta cidade, na Rua Hildeu de Sousa, 345; **ALDO BRACALENSE**, aposentado, céd. ident. RG M 3 465 498 — SSP-MG, CPF nº 099 876 543/87, e sua esposa **BENTA BRACALENSE**, do lar, céd. ident. RG 4 879 311 — SSP-MG, CPF 894 865 431/65, brasileiros, casados no regime de Comunhão Universal de Bens, anterior à Lei nº 6.515/77, residentes e domiciliados nesta cidade, na Rua Tiradentes, 555; **JOÃO DE PAULA**, brasileiro, solteiro, maior, agricultor, céd. ident. RG nº 18 883 057 — SSP-MG, CPF nº 045 764 099/43, residente e domiciliado nesta cidade, na Rua dos Antunes, 1 321, ap. 98; **GERVÁSIO DE PAULA CACONDE**, brasileiro, viúvo, aposentado, portador da céd. ident. RG nº 4-G-65 438 — Min. do Exército, CPF 043 745 890/78, residente e domiciliado nesta cidade, na Rua Plácido Brigadão, 32, ap. 839; **VALDIR DE PAULA CACONDE**, brasileiro, solteiro, maior, aposentado, portador da céd. ident. RG 32 456 342 — SSP-SP, CPF nº 058 345 890/43, residente e domiciliado no distrito de Guardinha, deste Município, na Praça da Matriz, s/n, em trânsito por esta cidade; **APARECIDA PERELA**, brasileira, separada judicialmente, do lar, portadora da céd. ident. RG 12 675 953 — SSP-PR, CPF 675 852 560/24, residente e domiciliada nesta cidade, na Rua Genaro Joeli, 278, ap. 901; identificados e reconhecidos como os próprios por mim, 1º Tabelião, e pelas testemunhas referidas, do que dou fé; perante as quais por eles, outorgantes, foi dito que, por este Público Instrumento, nomeiam e constituem seu bastante procurador o B.el **ANTÔNIO RAMOS**, brasileiro, casado, advogado, inscrito na OAB-MG, nº 68 456, CPF 005 789 654/23, residente e domiciliado nesta cidade, na Rua Hildeu de Sousa, 35, telefone (035) 555-7777; a quem conferem poderes para o fim especial de ceder e vender a quem interessar, pelo preço e condições que ajustar os imóveis localizados nas cidades de São Paulo, de São Bernardo do Campo e de Santos, no Estado de São Paulo, pertencentes ao espólio de

ANTÔNIO SALES DE PAULA, objetos do arrolamento ajuizado na 9ª Vara da Família e das Sucessões — Cartório do 9º Ofício, no Foro Central de São Paulo (Capital), processo 565/95, havidos por eles, outorgantes, por herança; em conjunto com o inventariante devidamente autorizado por alvarás expedidos naqueles autos; podendo, para tanto, o referido procurador melhor descrever os imóveis, dar origens, medidas e confrontações, transmitir posse, domínio, direito e ação, responder pela evicção de direito, receber preço, passar recibo e dar quitação, representá-los perante repartições públicas federais, estaduais e municipais, cartório de notas e registro imobiliário, juntar e retirar documentos, assinar e outorgar as respectivas escrituras públicas, re-ratificações, com as cláusulas e condições que convencionar; enfim, praticar todos os atos necessários ao bom e fiel desempenho deste mandato, dando tudo por bom, firme e valioso. Assim o disseram, do que dou fé; e me pediram este instrumento, o qual lavrei e, em seguida, lhes sendo lido, aceitaram e assinam com as testemunhas a tudo presentes e que são: João dos Reis, Susana de Pádua e Maria Laranjeira, aqui residentes e meus conhecidos, sendo que a última testemunha assina a rogo da outorgante Elsa Campos, visto que a mesma está impossibilitada de assinar, deixando, contudo, a impressão digital do polegar direito e comigo, Marco Antonio Pelucio, 1º Tabelião, que a datilografei e assino (Marco Antonio Pelucio). São Sebastião do Paraíso, aos quatro dias do mês de maio de dois mil e seis. Impressão digital de **Elsa Campos, Aldo Bracalense, Benta Bracalense, João de Paula, Gervásio de Paula Caconde, Valdir de Paula Caconde, Aparecida Perela, João dos Reis, Susana de Pádua, Maria Laranjeira, Marco Antonio Pelucio**. Nada mais copiado em seguida. Eu, Marco Antonio Pelucio, 1º Tabelião, que a datilografei, subscrevi e assino em público e raso.

EM TESTEMUNHO DA VERDADE

MARCO ANTONIO PELUCIO
1º TABELIÃO

Capítulo 2
Petição inicial

Quando uma pessoa se sentir prejudicada em um direito de que se julga possuidora, poderá interpor uma **ação** para a defesa de sua pretensão, pois, conforme rezava o Código Civil de 1916:

> **Art. 75** A todo o direito corresponde uma ação, que o assegura.

O que não pode naturalmente ocorrer é fazer essa pessoa justiça com as próprias mãos ou usar a força para atingir os objetivos, a não ser nos casos previstos em lei, como o da legítima defesa e o da defesa da posse.

A iniciativa tem de partir do próprio interessado (*nemo iudex sine actore; ne procedat iudex ex officio*), em nome do princípio dispositivo e da inércia da jurisdição:

> **Art. 2º** Nenhum juiz prestará a tutela jurisdicional senão quando a parte ou o interessado a requerer, nos casos e forma legais. (Código de Processo Civil)

O desenvolvimento do processo dá-se, contudo, conforme prevê o mesmo Código de Processo Civil, por impulso oficial:

> **Art. 262** O processo civil começa por iniciativa da parte, mas se desenvolve por impulso oficial.

Além da parte do interessado (jurisdição voluntária), pode também o Ministério Público provocar a atividade jurisdicional, quando tiver legitimação para ajuizar ação civil pública.

Deve-se assinalar, contudo, que matérias de ordem pública devem ser apreciadas *ex officio* pelo juiz. Igualmente, alguns procedimentos existem que podem ser iniciados de ofício pelo juiz. (cf. Nelson Nery Jr. e Rosa Maria Andrade Nery — comentários ao art. 2º do CPC)

Para a defesa de uma pretensão, a parte, como se disse, poderá interpor uma ação. No entanto, não será ela, pessoalmente, quem o fará. É o advogado a pessoa habilitada para ingressar em juízo. É ele o procurador legal, a pessoa a quem caberá privativamente redigir e subscrever a petição inicial, bem como outras peças, ao longo do processo. Tal como o juiz ou o promotor, o advogado é um especialista em Direito, um perito da norma jurídica, aquele que deve dominar o direito substantivo, sabendo interpretar-lhe as normas, e também o direito adjetivo.

Assim é que, depois de tomar conhecimento dos fatos narrados pelo cliente, o advogado deve proceder a uma análise minuciosa, para ver o tipo de ação a ser postulada. Um erro que seja pode levar ao indeferimento do pedido. Veja-se o que diz o Código de Processo Civil sobre essa matéria.

> **Art. 295** A petição inicial será indeferida:
>
> I — quando for inepta;
>
> II — quando a parte for manifestamente ilegítima;
>
> III — quando o autor carecer de interesse processual;
>
> IV — quando o juiz verificar, desde logo, a decadência ou a prescrição (art. 219, § 5º);
>
> V — quando o tipo de procedimento, escolhido pelo autor, não corresponder à natureza da causa, ou ao valor da ação: caso em que só não será indeferida, se puder adaptar-se ao tipo de procedimento legal;
>
> VI — quando não atendidas as prescrições dos artigos 39, parágrafo único, primeira parte, e 284.
>
> Parágrafo único. Considera-se inepta a petição inicial quando:
>
> I — lhe faltar pedido ou causa de pedir;
>
> II — da narração dos fatos não decorrer logicamente a conclusão;
>
> III — o pedido for juridicamente impossível;
>
> IV — contiver pedidos incompatíveis entre si.

Como se depreende do exame do art. 295, a falta de deferimento pode ser motivada por problemas de conteúdo e de forma. Quanto aos conteúdos, eles estão devidamente explicitados nesse artigo; já em relação à forma, a percepção é mais sutil. Não foi sem motivo relevante que o legislador colocou um parágrafo único para arrolar os casos de inépcia da petição inicial. Segundo De Plácido e Silva, "além de ser argüida de inepta, pelas falhas legais (requisitos formais), também assim se revela a petição, quando não se mostra fundada na razão e se apresenta

confusa, ou **inconcludente**, ou **contraditória**, ou **desconexa**, ou **absurda** (De Plácido e Silva, *Vocabulário jurídico,* v. II, verbete "Inepto").

Essas considerações levam a inferir que o advogado, além de conhecer o ordenamento legal, tem de dominar as técnicas redacionais, a fim de construir um texto coeso e coerente, livre de ambíguas ou múltiplas interpretações, sem contar a exigência de um padrão culto de língua. Não há necessidade de rebuscamentos, bastam a clareza e a correção.

Tomados os cuidados necessários para que não haja problemas de indeferimento, é bom voltar ao item referente à escolha da ação cabível. Antes de mais nada, é preciso ir novamente ao Código de Processo Civil.

> **Art. 271** Aplica-se a todas as causas o procedimento comum, salvo disposição em contrário deste Código ou de lei especial.

O procedimento comum, alerta o art. 272, pode ser ordinário ou sumaríssimo. O art. 273, de outro lado, diz que o procedimento especial e o procedimento sumaríssimo se regem por disposições próprias, embora subsidiariamente se lhes apliquem as disposições gerais do procedimento ordinário. Enquanto o art. 274 orienta que o procedimento ordinário se regerá segundo as disposições dos Livros I e II do mesmo código, o art. 275 inventaria os casos em que deve ser observado o procedimento sumaríssimo: I, nas causas cujo valor não exceda vinte vezes o maior salário mínimo do país; II, num elenco de causas, que vai da letra **a** até **m**, não importando o valor. Não se enquadrando em nenhum desses casos, ter-se-á processo cautelar (art. 796 e seguintes) ou procedimentos especiais (art. 890 e seguintes), afora outras leis específicas.

Assim como varia o processo ou procedimento, varia o tipo de ação. Por exemplo, ação declaratória, ação constitutiva, ação executória, ação cautelar, ação de consignação em pagamento, ação de despejo de imóvel, ação renovatória, ação revisional de aluguel de imóvel, ação de divórcio, ação falimentar e tantas outras.

A petição inicial ou exordial é nada mais, nada menos que um requerimento. Só que um requerimento formal, complexo e específico. Os elementos constitutivos da inicial vêm claramente expostos no Código de Processo Civil, nos artigos 282 e 283.

> **Art. 282** A petição inicial indicará:
>
> I — o juiz ou tribunal, a que é dirigida;
>
> II — os nomes, prenomes, estado civil, profissão, domicílio e residência do autor e do réu;
>
> III — o fato e os fundamentos jurídicos do pedido;
>
> IV — o pedido com as suas especificações;
>
> V — o valor da causa;
>
> VI — as provas com que o autor pretende demonstrar a verdade dos fatos alegados;
>
> VII — o requerimento para a citação do réu.

> **Art. 283** A petição inicial será instruída com os documentos indispensáveis à propositura da ação.

• **Alguns comentários:**

1. Como no requerimento, não se coloca no vocativo, no cabeçalho, o nome, mas o cargo. O endereçamento da inicial é feito ao juiz da vara competente. Assim:

   EXCELENTÍSSIMO SENHOR DOUTOR JUIZ DE DIREITO DA ... VARA CIVIL DA COMARCA DE ...

   ou

   EXCELENTÍSSIMO SENHOR DOUTOR JUIZ DE DIREITO DA VARA DA FAZENDA PÚBLICA

Note bem: O espaço em branco é reservado ao preenchimento, pelo distribuidor, do número da vara, caso haja diversas.

2. A qualificação do autor e do réu há de ser completa. Além do prenome, nome, estado civil, profissão, domicílio e residência de que trata o item, é necessário indicar a naturalidade e o número dos documentos pessoais. Se a qualificação completa do réu não for possível, pela falta de dados, a petição deve conter elementos suficientes que possam localizá-lo e identificá-lo como sujeito passivo da relação processual. Em relação ao endereço, se forem distintos o da residência e o do domicílio, basta indicar um deles, já que o autor pode escolher o domicílio, colocando o endereço da residência, exceção feita aos casos em que a lei impõe domicílio.
3. Os fundamentos de fato, que representam a **causa de pedir próxima**, e os fundamentos de direito, que compõem a **causa de pedir remota**, constituem a razão de origem da inicial. Os fatos hão de ser expostos de maneira clara, seqüencial, de modo que não favoreça mais de uma interpretação.

   Os dispositivos legais, tanto da lei substantiva, quanto da adjetiva, deverão ser precisos, para não comprometer a inicial.

   A **causa de pedir** são, assim, os fundamentos de fato e de direito do pedido. Caracteriza **o porquê** da solicitação.

   Adotando a teoria da **substanciação** do pedido — à maneira do direito alemão —, o sistema processual brasileiro exige para a recepção do pedido tanto a dedução dos fundamentos de fato quanto a indicação de direito da pretensão, contrariamente à teoria da **individuação**, que se contentava, para a caracterização da causa de pedir e para admissibilidade da ação, com o simples apontamento dos fundamentos jurídicos, ou seja, a causa de pedir remota.
4. O pedido é o próprio objeto da ação. Deve ser certo ou determinado, segundo norma do art. 286, embora, em três situações indicadas pelo mesmo artigo, seja possível formular pedido genérico. Também aqui deve haver muita clareza na exposição, de maneira que a própria solicitação e as providências a serem satisfeitas fiquem bem marcadas.

É admissível a cumulação de pedidos, segundo o CPC.

> **Art. 289** É lícito formular mais de um pedido em ordem sucessiva, a fim de que o juiz conheça do posterior, em não podendo acolher o anterior.

Por último, é importante registrar que o autor poderá — segundo reza o art. 294, também do CPC — **aditar o pedido**, caso em que responderá pelas custas excedentes. Esse dispositivo reformou texto anterior, que exigia ação distinta para formulação de pedido, lícito ao autor pleitear, mas omitido na inicial.

5. A indicação do valor da causa é obrigatória. Ainda que a demanda não tenha valor econômico em si, tê-lo-á para outros efeitos. É o que contempla o CPC:

> **Art. 258** A toda causa será atribuído um valor certo, ainda que não tenha conteúdo econômico imediato.

Os artigos 259 e 260, em seguida, especificam o valor da causa. O art. 259 arrola sete possibilidades. Como dizem Nelson Nery Jr. e Rosa Maria Andrade Nery em comentários a esse dispositivo, a enumeração contida na norma sob análise é exemplificativa, quer dizer, o legislador não esgotou nem poderia esgotar a enumeração, considerando-se a variedade de causas. E acrescentam os intérpretes: "Todavia, se constante da lei, o critério para atribuir-se valor à causa não pode ser modificado nem pelo juiz nem pelas partes".

6. Os artigos de 332 a 443 do CPC tratam das **provas**.

> **Art. 332** Todos os meios legais, bem como moralmente legítimos, ainda que não especificados neste Código, são hábeis para provar a verdade dos fatos, em que se funda a ação ou a defesa.

Também aqui se verifica que o ordenamento jurídico não esgota o rol de provas, sendo possível à parte oferecer outras, desde que **moralmente legítimas**.

O ônus da prova cabe ao autor. Embora a exposição dos fatos e o apontamento dos fundamentos jurídicos soem claros e pertinentes, o pedido ficará prejudicado se as provas — testemunhais, documentais ou periciais — não forem suficientes para demonstrá-los ou comprová-los.

Se, de um lado, a obrigação da prova "incumbe ao autor, quanto ao fato constitutivo do seu direito", conforme art. 333, I; de outro, segundo II, do mesmo artigo, compete "ao réu, quanto à existência de fato impeditivo, modificativo ou extintivo do direito do autor".

7. O chamamento a juízo do réu ou interessado, a fim de defender-se, é o que se entende por citação, obrigatória para completar-se a relação processual constituída de autor, juiz e réu ou interessado. A citação está vinculada ao princípio do contraditório, segundo o qual toda pessoa tem o direito de defender-se. É o que vem expresso no art. 5º, LV, da Constituição Federal: "aos litigantes, em processo judicial ou administrativo, e aos acusados em geral são assegurados o contraditório e ampla defesa, com os meios e recursos a ela inerentes".

O advogado tem de atentar sobremaneira para todos os elementos constitutivos da petição inicial, evitando deslizes no texto. Se, contudo, distribuída for, com erro ou lapso, poderá o autor — em conformidade com o art. 264 do Código de Processo Civil — proceder à alteração ou emenda, em duas situações:

1. antes da citação, sem o consentimento do réu;
2. depois da citação, com o consentimento do réu, desde que a alteração aconteça antes do despacho saneador do juiz.

De outro lado, se a inicial não satisfizer as exigências dos artigos 282 e 283, ou apresentar problemas que possam dificultar o julgamento de mérito, determinará o juiz "que o autor a emende, ou a complete, no prazo de dez dias" (art. 284). Não emendada ou completada nesse prazo, compete ao juiz indeferir o pedido.

Deduz-se, assim, da lei que o juiz tem de dar ao autor oportunidade de refazer a exordial, salvo nos casos em que a emenda se torne impossível. Exemplo: decadência de direito.

Na eventualidade de a petição ser indeferida por qualquer outro motivo (inépcia, por exemplo), o autor poderá apelar da sentença, e ao juiz é facultado reformar a decisão (cf. art. 296 do CPC).

Exemplo de petição inicial

Note bem: Recomenda-se que a margem superior à petição seja de três centímetros.
A margem inferior pode ser do mesmo tamanho ou meio centímetro menor.
A margem esquerda será de quatro centímetros, para facilitar a colocação em pasta de processo.
A margem direita pode ter dois centímetros.

(Espaço a ser dado)	**3 cm**
Juiz do tribunal a que é dirigida a petição	EXCELENTÍSSIMO SENHOR DOUTOR JUIZ DE DIREITO DA 1ª VARA DA FAMÍLIA E SUCESSÕES DA COMARCA DE SÃO PAULO
(Espaço a ser dado)	**8 cm**
Qualificação da autora Identificação do réu	ISALTINA PEREIRA, céd. ident. RG 987654 (SSP-SP), CPF 908 776 654/65, brasileira, casada, professora, residente e domiciliada em São Paulo, na Rua dos Cravos, 55, vem, respeitosamente, por meio de seu procurador, que subscreve a presente (instrumento de mandato incluso, doc. nº 1), propor AÇÃO ORDINÁRIA DE DIVÓRCIO, de conformidade com o art. 40, § 3º, da Lei nº 6.515, de 26.12.1977, contra AUGUSTO PEREIRA, céd. ident. RG 343 565 (SSP-MG), CPF 897 657 432/77, brasileiro, casado, analista de sistema, residente e domiciliado em São Paulo, na Rua dos Professores, 313, Jardim da Sabedoria, pelas razões de fato e de direito abaixo expostas.
Fatos Fundamentos jurídicos O pedido com as suas especificações	1 A requerente casou-se com o requerido em 08 de dezembro de 1989, sob regime de comunhão de bens (certidão de casamento anexa — doc. nº 02). 2 Da união advieram dois filhos: JOSÉ PEREIRA, nascido em 07 de setembro de 1990, e JULIÃO PEREIRA, nascido em 12 de agosto de 1991 (certidões de registro civil juntadas — doc. nº 03 e 04). 3 O casal não possui bens. 4 Sem nenhuma razão que justificasse a atitude, o requerido abandonou o lar, transferindo-se para outro bairro, no endereço acima mencionado, onde passou a viver em companhia de outra mulher, conforme prova de testemunhas nesta arroladas. 5 O requerido, por sua vez, desde que se mudou, nunca contribuiu com qualquer importância que auxiliasse na alimentação e educação dos filhos, sobrecarregando *ad extremum* a requerente. 6 O art. 40, combinado com o art. 5º, § 1º, da Lei nº 6.515, de 26 de dezembro de 1977, faculta à requerente pleitear o divórcio direto litigioso, uma vez que o casal se encontre separado de fato há mais de cinco anos. 7 Por essas razões, com fundamento no art. 40, § 3º, da citada Lei nº 6.515/77, combinada com o art. 267, III, do Código Civil, postula a requerente: 7.1 O julgamento da procedência da causa, com a conseqüente decretação do divórcio pretendido.

	7.2 A condenação do requerido ao pagamento de verba para o alimento e a instrução dos filhos, em valor não inferior a quatro salários mínimos vigentes na época do pagamento, considerando-se serem dois os alimentandos e educandos e ter o requerido qualificação técnico-profissional para fazer frente às despesas.
	7.3 A intimação do representante do Ministério Público para acompanhar todos os atos do processo.
	7.4 A cominação do requerido de pena ao pagamento das custas judiciais e dos honorários advocatícios, decorrentes da sucumbência.
As provas com que a autora pretende demonstrar a verdade dos fatos alegados	7.5 O depoimento pessoal do requerido. 7.6 A oitiva de testemunhas, segundo rol apresentado *in fine*, além da produção, se necessário for, de todos os outros meios de prova em Direito admitidos.
Requerimento para citação do réu	7.7 A citação do requerido, a fim de, em querendo, contestar os termos desta, sob pena de revelia e confissão.
Valor da causa	Dá-se à causa o valor de R$ 50.000,00 (cinqüenta mil reais). Nestes termos, pede deferimento. São Paulo, 25 de abril de 2006. Vítor Albuquerque de Lima OAB-SP nº 5 555 ROL DE TESTEMUNHAS 1 BENEDITO OTONIEL, céd. ident. RG 43 556 778 (SSP-SP), brasileiro, casado, protético, residente e domiciliado em São Paulo, na Av. São João, 38, ap. 909, Centro. 2 CLÁUDIA HELENA CONTI, céd. ident. RG 39 567 234 (SSP-SP), brasileira, bancária, residente e domiciliada em São Paulo, na Alameda dos Aipins, 830, Jardim São Gonçalo.

Capítulo 3
Brocardos jurídicos

Acessório

Accessoria sequuntur jus et dominium rei principalis.

Os acessórios seguem o direito e o domínio da coisa principal.

Accessorium corruit sublato principali.

O acessório destrói-se retirado o principal.

Accessorium sui principalis naturam sequitur.

O acessório segue a natureza de seu principal.

Omnis articulus incidens vel accessorius judicii regulatur secundum suum principale.

Todo artigo incidente ou acessório do juízo regula-se segundo seu principal.

Adoção

Adoptio est actus quo interveniente publica auctoritate in loco liberi suscipitur is qui nobis extraneus est.

Adoção é o ato pelo qual, com a intervenção da autoridade pública, se toma por filho aquele que nos é estranho.

Adultério

Sine dolo adulterium non committitur.

Não se comete adultério sem dolo.

Direito público e direito privado

Publicum jus est quod ad statum rei romanae spectat; privatum, ad singulorum utilitatem.

Direito público é aquele que diz respeito à coisa pública romana; direito privado refere-se à utilidade de cada um.

Comentário: Os romanos dividiam o direito objetivo em direito público e direito privado, nos quais se enquadram todas as regras de direito. E o brocardo resume a diferença entre os dois: direito público é o conjunto de preceitos reguladores dos interesses da coletividade, enquanto o direito privado é o complexo de normas disciplinadoras das relações dos indivíduos entre si.

Privatorum conventio juri publico non derogat **ou** *jus publicum privatorum pactum mutari non potest.*

O acordo dos particulares não derroga o direito público **ou** o direito público não pode ser mudado por convenções privadas.

Comentário: Dentre as normas do direito privado, umas há derrogáveis e outras não. As inderrogáveis, isto é, insubstituíveis, denominam-se *cogentes* ou *imperativas*, garantidoras da ordem pública. A observância das leis de ordem pública interessa mais diretamente à coletividade do que aos particulares; por isso mesmo, qualquer dispositivo que as contrarie torna-se nulo. Esta a justificativa para as duas máximas sinônimas.

Interpretação das leis

Lex clara non indiget interpretatione.

A lei clara não precisa de interpretação.

Comentário: A grande maioria das leis não necessita de interpretação. Casos há, contudo, em que a falta de técnica do redator e do exato entendimento da matéria, a má redação e a ambigüidade — cada um desses itens isoladamente ou todos juntos — exigem um exegeta, um intérprete para a lei, no conjunto ou para algum artigo, parágrafo ou inciso, especificamente. Esse trabalho tem regras próprias, constituindo o que se chama de *hermenêutica jurídica.*

Obrigatoriedade de conhecer a lei

Neminem ignorantia legis excusat **ou** *nemo censetur ignorare legem* **ou ainda** *nemo jus ignorare censetur.*

A ignorância da lei não escusa a ninguém **ou** a ninguém se perdoa ignorar a lei **ou ainda** não se admite a ninguém ignorar o direito.

Comentário: Uma vez publicada uma lei, ninguém pode, em proveito próprio, alegar desconhecimento dela. A Lei de Introdução ao Código Civil Brasileiro (Decreto-lei nº 4.657, de 4 de setembro de 1942), que estende seu poder a todos os códigos e demais disposições legislativas, explicita: "Art. 3º Ninguém se escusa de cumprir a lei, alegando que não a conhece".

Presunção

Praesumtio est conjectura vel divinatio in rebus dubiis collecta ex argumentis vel indiciis per rerum circustantias frequenter evenientibus.

Presunção é a conjectura ou adivinhação obtida, nas coisas duvidosas, a partir de argumentos ou indícios pelas circunstâncias das coisas que acontecem freqüentemente.

Praesumptio juris et de jure probationem in contrarium non admittit.
A presunção de direito e por direito não admite prova em contrário.

Comentário: Relativamente à interpretação deste brocardo, atente-se para o comentário ao art. 334, IV, do Código de Processo Civil, feito por Nelson Nery Jr. e Rosa Maria Andrade Nery: "**Presunções.** Em alguns casos, o legislador se antecipa ao eventual conflito que possa surgir entre as parte e faz presumir, de maneira relativa ou absoluta, a veracidade do fato que especifica. Se a presunção é relativa, *juris tantum*, admite-se prova em contrário. Se absoluta, *juris et de jure,* o direito não admite prova em contrário".

Praesumptio relevat ab onere probandi eum cui assistit et in adversarium probandi onus transfert.
A presunção perdoa àquele a quem assiste o dever de provar e transfere o ônus da prova ao adversário.

Princípios

Generalis dispositio omnes species sub se contentas comprehendit.
A disposição geral abrange todas as espécies nela contidas.

Jure enim naturali omnes homines ab initio liberi nascebantur.
Por direito natural, com efeito, todos os homens, desde o início, nasciam livres.

Jure naturae aequum est neminem cum alterus detrimento et injuria fieri locupletiorem.
Por direito da natureza é justo que ninguém se locuplete com prejuízo e dano de outrem.

Juris praecepta sunt haec: honeste vivere, alterum non laedere, suum cuique tribuere.
Os preceitos do Direito são estes: viver honestamente, não prejudicar o outro e dar a cada um o que é seu.

Nemo plus juris ad alium transferre potest quam ipse habet.
Ninguém pode transferir a outro mais direito do que ele próprio possui.

Privilégio

Privilegium fisci est inter omnes creditores primum locum tenere.
É privilégio do Fisco ter o primeiro lugar entre todos os credores.

Privilegium reconventionis est ut proroget jurisdictionem judicis cognoscentes de conventione, quamvis alioquim incompetentis.

O privilégio da reconvenção existe para que se prorrogue a jurisdição do juiz conhecedor da convenção, ainda que, por outro lado [por outro motivo], incompetente.

Propriedade

Accidit aliquando ut qui dominus sit alienandae rei potestatem non habeat et qui dominus non sit alienare possit.

Acontece, algumas vezes, que quem é dono não tem poder para alienar a coisa e quem não é dono possa alienar.

Bono publico usucapio introducta est ne scilicet quarundam rerum diu et fere in incerta dominia essent.

O usucapião foi introduzido para o bem público, a fim de que o domínio de certas coisas não ficasse, diuturna e inteiramente, incerto.

Cum autem finitus fuerit usufructus, revertitur scilicet ad proprietaem.

Quando, todavia, chegar ao fim o usufruto, ele volta à propriedade.

Cum sententia mediante qua quis possidet declaratur nulla, tum restituitur fundus com quibuscumque fructibus.

Quando se declara nula a sentença mediante a qual alguém tem posse, restitui-se, então, a propriedade com quaisquer frutos.

Prova

Semper necessitas probandi incumbit illi qui agit.

A necessidade de provar compete sempre àquele que age.

Comentário: É a norma do Código de Processo Civil:

> **Art. 333** O ônus da prova incumbe:
> I — ao autor, quanto ao fato constitutivo do seu direito;
> II — ao réu, quanto à existência de fato impeditivo, modificativo ou extintivo do direito do autor.
> Parágrafo único. É nula a convenção que distribui de maneira diversa o ônus da prova quando:
> I — recair sobre direito indisponível da parte;
> II — tornar excessivamente difícil a uma parte o exercício do direito.

Retroatividade das leis

Lex prospicit, non respicit.

A lei olha para diante, não para trás.

Comentário: A lei é feita para disciplinar atos futuros. A vigência vai do início de sua obrigatoriedade até o começo da obrigatoriedade de outra lei que a derrogue.

Embora haja casos de retroatividade de lei na história do Direito brasileiro, a irretroatividade é que é a regra. A estabilidade dos direitos adquiridos, a intangibilidade dos atos jurídicos perfeitos e a invulnerabilidade da coisa julgada, todas grandes garantias constitucionais, têm respaldo no princípio da irretroatividade da lei.

Por tudo isso, reza a Constituição de 5 de outubro de 1988 (à semelhança de dispositivo da velha Introdução ao Código Civil), no art. 5º, XXXVI: "a lei não prejudicará o direito adquirido, o ato jurídico perfeito e a coisa julgada".

Também a Lei de Introdução ao Código Civil, em nova redação dada pela Lei nº 3.238, de 1º de agosto de 1957, assim dispõe:

> **Art. 6º** A lei em vigor terá efeito imediato e geral, respeitados o ato jurídico perfeito, o direito adquirido e a coisa julgada.
>
> § 1º Reputa-se ato jurídico perfeito o já consumado segundo a lei vigente ao tempo em que se efetuou.
>
> § 2º Consideram-se adquiridos assim os direitos que o seu titular, ou alguém por ele, possa exercer, como aqueles cujo começo do exercício tenha termo pré-fixo, ou condição preestabelecida inalterável, a arbítrio de outrem.
>
> § 3º Chama-se coisa julgada ou caso julgado a decisão judicial de que já não caiba recurso.

Capítulo 4

Latim: alfabeto e pronúncia

O **alfabeto** latino é o alfabeto da grande maioria das línguas vivas. Deriva do alfabeto grego, que, por sua vez, vem do alfabeto fenício. A apropriação dos caracteres gregos deve ter sido feita em Cuma, a mais antiga colônia grega da Magna Grécia, já existente no século VIII a.C., ou então na Etrúria, onde já se usava uma escrita bem parecida com a grega por volta do século VII a.C.

A princípio — e durante muitos séculos — eram usadas apenas as letras **maiúsculas**, que permaneceram praticamente imutáveis até hoje. As **minúsculas** foram criadas depois e surgiram da transformação gradual das maiúsculas, devido à escrita manual, que tende a arredondar os ângulos e a ligar os caracteres.

Inicialmente, escrevia-se da direita para a esquerda, ou de forma bustrofédica, como se pode verificar nas inscrições mais antigas. Aos poucos, foi-se impondo o hábito de escrever da esquerda para a direita.

Por muito tempo houve apenas 21 letras: ***a, b, c, d, e, f, g, h, i, k, l, m, n, o, p, q, r, s, t, u, x***. No século I a.C. foram acrescentados o ***y*** e o ***z***, para transcrever certas palavras gregas.

Não havia, a princípio, as letras ***j*** e ***v***, que foram introduzidas pelo humanista francês Pierre de la Ramée, no século XVI, para representar, respectivamente, o ***i*** e o ***u*** consonânticos.

A letra ***i*** indicava o ***i*** vogal (***via***) e o ***i*** consoante (***ius***). A letra ***u*** servia para indicar o ***u*** vogal (dominus) e o ***u*** consoante (***uis***).

O ***K*** é transcrição do ***capa*** grego; aparecia muito raramente, podendo sempre ser substituído por ***C***: *Kalendae*, ou *Calendae*.

Pronúncia

Há três tipos de pronúncia do latim: pronúncia romana (usada na Roma atual), pronúncia tradicional e pronúncia reconstituída ou restaurada, porque, com bases científicas, pretende reproduzir a fala das pessoas cultas da Roma de Cícero (século I a.C.).

Normas comuns às três pronúncias

- O ***e*** e ***o*** finais pronunciam-se como tais, sem fechamento em ***i*** e ***u***: ***cubile*** (cama), ***amo*** (eu amo).
- Não há nasalização de vogais por assimilação progressiva ou regressiva: pronuncie-se **laudámus** (louvamos), e não **laudâmus**.
- Pronunciam-se todas as consoantes, inclusive as geminadas: ***pellax*** (enganador) pronuncia-se **péllax**, e não **pélax**.
- Não se acrescentam vogais iniciais de apoio: ***status*** (estado), e não **estatus**.
- O ***m*** final soa como consoante bilabial — e não como simples nasalização: **forum** (fórum), e não **fóru**.

Peculiaridades da pronúncia romana

- Os ditongos ***ae*** e ***oe*** soam ***e***: ***ansae*** (as asas) e ***foedus*** (pacto) pronunciam-se **ánse** e **fédus**.
- O ***c*** antes de ***e*** e ***i*** tem o som de ***tch***: ***Cicero*** lê-se **tchítchero**.
- O dígrafo ***ch*** soa como ***K***: ***brachium*** (braço) lê-se **brákium**.
- O ***g*** antes de ***e*** e ***i*** tem o som de ***dg***: ***gelu*** (gelo) lê-se **dgélu**.
- O grupo ***gn*** soa como ***nh***: ***regnum*** (reino) lê-se **rénhum**.
- O ***j*** soa como ***i***: ***jus*** (direito) lê-se **iús**.
- O dígrafo ***ph*** soa ***f***: ***Phoebus*** (Febo) lê-se **fébus**.
- O ***s*** final soa ***ss***: ***dominus*** (senhor) lê-se **dóminuss**; o ***s*** intervocálico soa ***z***: ***rosa*** (rosa) lê-se **róza**.
- O dígrafo ***sc*** diante de ***e*** e ***i*** soa ***ch***: ***ascendit*** (sobe) lê-se **achéndit**.
- A sílaba ***ti*** medial e seguida de vogal soa ***tsi***: ***patientia*** (paciência) lê-se **patsiéntsia**.
- A mesma sílaba ***ti*** seguida de vogal soa como em português, quando for inicial ou precedida de ***s***, ***x*** ou ***t***: ***tiara*** (tiara), ***restio*** (cordoeiro), ***mixtio*** (mistura), ***Bruttium*** (Brútio, cidade da Itália).
- O dígrafo ***th*** soa t: ***tholus*** (abóbada) lê-se **tólus**.
- A vogal ***u*** soa sempre: ***quintus*** (quinto) lê-se **qüintus**.

- O *x* intervocálico soa *gz*, quando a primeira vogal for *e*, e *Ks*, nos outros casos: ***exemplum*** (exemplo) lê-se **egzémplum**, mas ***uxor*** (esposa) lê-se **úksor**. O *x* final soa sempre *Ks*: ***lex*** (lei) lê-se **léks**.
- O *y* soa *i*: ***pyra*** (fogueira) lê-se **píra**.
- O *z* soa *dz*: ***zona*** (zona) lê-se **dzóna**.
- Nos casos restantes, a pronúncia não difere do português: ***rota*** (roda), ***liber*** (livro), ***pauper*** (pobre) etc.

Peculiaridades da pronúncia tradicional

- Os ditongos ***ae*** e ***oe*** soam *e*: ***ansae*** lê-se **ánse**; ***foedus*** lê-se **fédus**.
- Os dígrafos ***ch***, ***ph*** e ***th*** soam, respectivamente, ***k***, ***f***, ***t***: ***brachium*** lê-se **brákium**, ***Phoebus*** lê-se **Fébus**; ***tholus*** lê-se **tólus**.
- A sílaba ***ti*** medial e seguida de vogal soa **ci**: ***patientia*** lê-se **paciência**.
- A mesma sílaba ***ti*** seguida de vogal soa como em português, quando for inicial ou precedida de **s**, **x** ou **t**: ***tiara***, ***restio***, ***míkstio***, ***Bruttium***.
- A vogal ***u*** soa sempre: ***quintus*** lê-se **qüíntus**.
- O *x* soa como ***Ks*** em todas as circunstâncias: ***uxor***, ***lex***.
- O *y* soa como *i*: ***pyra*** lê-se **píra.**
- Nos demais casos, a pronúncia não difere do português: ***rota, liber, pauper***.

Peculiaridades da pronúncia restaurada

- Os ditongos ***ae*** e ***oe*** soam, respectivamente, ***ae*** e ***oe***: ***ansae*** lê-se **ánsae**; ***foedus*** lê-se **fóedus**.
- O ***c*** tem som de ***K*** em qualquer circunstância: ***Cicero*** lê-se **kíkero**.
- O ***g*** tem som de ***guê*** em qualquer circunstância: ***gelu*** (gelo) lê-se **guélu**.
- O ***j*** soa como ***i***: ***jus*** lê-se **iús**.
- O ***s*** tem som de ***ss*** em qualquer circunstância: ***dominus*** lê-se **dóminuss**; ***rosa*** lê-se **róssa**.
- O ***v*** soa como ***u***: ***vis*** (força) lê-se **uís**.
- O ***x*** soa sempre ***Ks***: ***uxor*** lê-se **úksor**; ***lex*** lê-se **léks**.
- O ***u*** soa sempre: ***quintus*** lê-se **qüíntuss**.
- O ***y*** tem o som de ***ii*** francês: ***pyra*** lê-se **piira**.
- O ***z*** tem som de ***dz***: ***zona*** lê-se **dzóna**.
- O ***h*** é levemente aspirado, como o inglês ***horse*** (cavalo): ***homo*** (homem).
- Nos demais casos, a pronúncia não difere do português: ***rota, liber, pauper***.

Quadro comparativo

Note bem: No meio jurídico, a pronúncia utilizada é, normalmente, a tradicional, enquanto nas universidades, instituições acadêmicas em geral, a restaurada é a preferida. Já a romana é a pronúncia da Igreja.

Latim	Pronúncia romana	Pronúncia tradicional	Pronúncia restaurada
Ansae	ánsae	ánse	ánsae
Foedus	fédus	fédus	fóedus
Cicero	tchítchero	cícero	kíkero
Gelu	dgélu	gélu	guélu
Regnum	rénhum	régnum	régnum
Jus	ius	jus	iús
Phoebus	fébus	fébus	fóebus
Dominus	dóminuss	dóminus	dóminuss
Rosa	rosa	rósa	róssa
Ascendit	achéndit	ascéndit	askéndit
Patientia	patsiéntsia	paciéncia	patiéntia
Mixtio	míkstio	míkstio	míkstio
Tholus	tólus	tólus	tóluss
Quintus	qüintus	qüíntus	qüíntuss
Exemplum	egzémplum	eksémplum	eksémplum
Uxor	úksor	úksor	úksor
Pyra	píra	píra	piira
Zona	dzóna	zóna	dzóna
Vis	víss	vís	uís
Homo	hómo	hómo	homo (como o inglês *horse*)

Capítulo 5
Expressões latinas

A pronúncia indicada entre | | é a tradicional, a mais utilizada no meio jurídico.

A fortiori |a *forcióri*|: Com tanto mais razão. Por maior motivo. A expressão é muito utilizada para traduzir um tipo de argumento (Argumento a *fortiori*).

A non domino |*a non dômino*|: Da parte de quem não é dono; de um não-proprietário. Expressão usada para designar a transferência de bens móveis ou imóveis por pessoa que não é proprietária deles.

A novo |*a nôvo*|: Novamente; de novo.

Ab absurdum (ou *ad absurdum*) (Loc. lat.): Por absurdo, ou seja, argumentar de maneira absurda ou com o emprego do absurdo.

Ab initio (Loc. lat.): Desde o começo.

Ab intestato (Loc. lat.) (Dir. Suc.): Sucessão sem testamento. Sucessão legal ou legítima. Cf. art. 1574 do CC.

Ab irato (Loc. lat.) (Dir. Pen.): Denomina o ato praticado sob a ação da cólera ou ira, fato que não desonera o agente da imputabilidade penal. Cf. art. 28, I, do CP.

Ab origene |*ab orígene*| (Loc. lat.): Desde o começo, desde o princípio, desde a origem. O mesmo que *ab initio* |*ab início*|.

Ab ovo (Loc. lat.): Desde a origem. Igual a *ab origene* e *ab initio*.

Aberratio delicti (Loc. lat.) (Dir. Pen.): Divergência entre o projeto e a consumação do crime. Em outras palavras: o agente planeja de uma maneira o crime, mas o resultado lhe sai outro. Cf. art. 74 do CP.

Aberratio ictus (Loc. lat.) (Dir. Pen.): Erro na execução do delito, resulta de o criminoso atingir pessoa diferente daquela pretendida. Cf. art. 73 do CP.

Accumulatio personarum (Loc. lat.) (Dir. Proc. Civ.): O mesmo que litisconsórcio.

Ad hoc |*adóc*|: Para isso; para esse caso. Designado para executar determinada tarefa. Por ex.: Secretário *ad hoc* numa reunião: é aquele indicado para redigir a ata daquela reunião, independentemente de outras.

Ad hominem |*adôminem*| — "Ao homem". (Lóg.): Expressão usada para caracterizar um dos tipos de argumento. Assim, o argumento *ad hominem* é aquele com que se busca confundir o interlocutor ou adversário, opondo-lhe seus próprios atos ou palavras. O oposto é *ad rem.*

Ad ignorantiam |*ad ignorânciam*| — (Lóg.): Argumento *ad ignorantiam*: forma de raciocínio em que alguém se vale da circunstância de o adversário ou oponente desconhecer um fato que poderia opor ao argumento invocado.

Ad instar |*adínçtar*| — "À semelhança de": Semelhantemente.

Ad interim |*adínterim*|: Provisoriamente; entretanto; de modo passageiro; interinamente.

Ad intra |*adíntra*|: Por dentro, interiormente.

Ad libitum |*ad líbitum*|: À vontade, livremente, ao critério da parte interessada. A expressão indica que a prática de um ato jurídico caracteriza mais uma *faculdade* que uma obrigação da pessoa.

Ad litem |*ad lítem*|: Para o processo, quer dizer, a locução latina refere-se aos atos processuais ou quaisquer outros praticados tão-somente ao curso do processo.

Ad litteram |*ad líteram*|: À letra; ao pé da letra; literalmente; textualmente.

Ad nutum |*ad nútum*|: Às ordens. A expressão é empregada em referência ao ato que pode ser revogado tão-somente por uma das partes. Por exemplo: a demissão de funcionário público não-estável, por determinação da autoridade competente.

Ad referendum |*ad referêndum*| — "Para referir": Algo que se submete a consulta dos interessados e aprovação deles. Por ex.: Um diretor autoriza um professor a participar de um Seminário *ad referendum* do colegiado. Quer dizer que para o ato ter validade é preciso que os componentes do referido colegiado o confirmem.

Ad rem |*ad rem*| — "À coisa". (Dir. Civ.) (Lóg.): Referência ao Direito relacionado à coisa ou direito real. Bastante usada a expressão em referência a um tipo de argumento – "argumento *ad rem*" – aquele relativo ao assunto em foco, por oposição ao *ad hominem.*

Animus abutendi |*ânimus abutêndi*|: Intenção de abusar.

Ante litem |*ante lítem*| (Dir. Proc.): Providências ou medidas tomadas previamente, em caráter liminar antes de estabelecida a relação processual entre autor e réu.

Ante tempus |*ante têmpus*|: Prematuramente; antes do tempo. O oposto é *post tempus.*

Apud |*ápud*|: Preposição latina muito usada em várias línguas do mundo, empregada, geralmente, na indicação bibliográfica para registrar uma indicação de autor e obra, feita indiretamente. Em outras palavras: citação de citação.

Benigna interpretatio |*benígna interpretácio*|: Designa a interpretação da lei, conforme os princípios da eqüidade.

Bis in idem |*bis in ídem*|: Duas vezes (ou repetição) sobre o mesmo. Usada no Direito Fiscal, a expressão indica um imposto, de nome diferente, mas advindo da mesma autoridade, que recai uma segunda vez sobre a mesma matéria tributável.

Bonum et aequum (Dir. Rom.): Expressão que traduz a mais antiga definição de Direito, conforme Celso, jurisconsulto do séc. II, que assim se expressou: *Jus est ars boni et aequi* (O direito é a arte do bom e do justo.).

Capitis diminutio |*cápitis diminútio*|: Diminuição da capacidade. Diminuição ou perda, de forma vexatória ou humilhante, de autoridade.

Casus belli |*cásus béli*| (Dir. Intern. Públ.): Caso de guerra; ato provocador de atrito, de hostilidade. Refere-se à violação praticada por um país contra outro, fato que motiva declaração de guerra à nação violadora, a fim de proceder-se ao devido reparo.

Causa mortis |*causa mórtis*|: Causa da morte.

Causa petendi |*causa petêndi*| (Dir. Proc. Civ.): Causa de pedir, ou seja, o fundamento, origem ou razão da pretensão do autor quanto à prestação jurisdicional invocada.

Cives |*cíves*|: Cidadãos romanos.

Cogito, ergo sum |*cógito érgo sum*| — "Penso, logo existo": A afirmação correspondente em francês é *Je pense, donc je suis*, com a qual o filósofo francês René Descartes (*Discurso da razão,* 1637) reconhecia a primeira verdade duma doutrina construída sobre a evidência e a razão. É o chamado método cartesiano.

Communis opinio |*comúniç opínio*|: Opinião geral; unanimidade de opinião.

Concessa venia (Loc. lat.): Concedida, dada a permissão. O mesmo que *data venia.*

Confessio in jure |*conféssio in júre*|: Confissão de dívida por parte do devedor; título declarativo da constituição ou da existência de uma dívida.

Coram lege |*córam lége*|: Em face da lei.

Coram populo |*córam pópulo*|: Na presença do povo; em público; publicamente. Falar alto e sem temor.

Corpus juris civilis |*córpuç júriç civíliç*|: Famosa e extraordinária compilação do Direito Romano ordenada pelo imperador bizantino Justiniano, no século VI. Graças a ele não se perdeu boa parte da herança jurídica romana. O *Corpus Juris Civilis*, monumento jurídico muito variado, inclui normas legais novas (Novelas ou *Novellae*); um código (*Codex*, 12 livros); um manual para uso escolar (as *Instituições*, *Institutas* ou *Institutiones* – 4 livros de caráter didático) e o *Digesto* ou *Pandectas* (*Digesta* ou *Pandectae* – 50 livros em que se expõe a matéria).

Currente calamo: Ao correr da pena.

Curriculum vitae |*currículum vitae*|: Conjunto de dados sobre a vida de um indivíduo.

Data venia |*data vênia*|: Com a devida vênia. Expressão com que se inicia argumentação divergente do interlocutor.

De auditu |*dê audítu*|: Por ouvir dizer.

De cujus |*dé cújus*| — "De quem ou aquele ou aquela de cujo ou de cuja" — (Dir. Suc.): Em verdade, a expressão constitui a primeira parte da frase *De cujus successione agitur* ("aquele de cuja sucessão se trata"), usada não só para indicar que a sucessão está aberta, mas também para nomear a pessoa falecida, ou seja, o inventariado, o morto, o falecido, o sucedido. Assim sendo, verifica-se que o termo *de cujus* é próprio do Direito das Sucessões, relacionado a procedimentos judiciais como partilhas, inventários.

De facto |*dê fácto*|: De fato.

De jure |*dê jure*|: De direito.

De meritis |*de méritiç*| — "Sobre o mérito" — (Dir. Proc.): "Pronunciamento (do juiz ou das partes) acerca da relação jurídica principal da demanda, em face das provas produzidas e do direito aplicável" (*Novo Aurélio século XXI*). "Parte da decisão judicial, seguinte ao relatório, em que é tratada a substância da causa". (Othon Sidou, *Dicionário jurídico*)

Dies a quo |*díes a quó*|: Dia a partir do qual, isto é, termo inicial do prazo. Denominado *dies cedens* ou *dies cedit*, trata-se do dia do começo ou dia inicial, quer dizer, o primeiro dia do prazo.

Comentário: A contagem civil difere da processual. Enquanto na primeira se consideram todos os dias, e o prazo se obtém pela contagem aritmética ou cômputo de todos eles, na segunda não se computa no prazo o dia do início, obtendo-se o prazo pela contagem dos dias a partir do que se segue ao dia do início até o dia do vencimento, igualmente incluído. Quando o dia do vencimento ou *dies ad quem* cai em dia defeso (aquele em que a lei faz sustar a prática de todas as atividades), o vencimento do prazo é transferido para o primeiro dia útil seguinte.

Dies ad quem |*díes ad qüém*|: Dia até o qual, isto é, termo final do prazo. É o chamado *dies veniens* ou *dies venit*, dia do vencimento ou dia final, aquele em que o prazo se extingue.

Do ut facias |*dô ut fácias*| (Dir. Obr.): Dou, se fizeres. Cláusula contratual que consiste, por sua razão condicionante, na entrega de uma coisa ou valor correspondente, sob condição de cumprimento de encargo pela outra parte da obrigação. O mesmo que *do ut des, facio ut des* e *facio ut facias*.

Dolus bonus |*dóluç bônuç*|: Ardis ou estratagemas usados para a defesa de interesses legítimos. ("uma espécie de direito extraordinário de 'legítima defesa'").

Dolus malus |*dóluç máluç*|: Vontade de transgredir. Ação consciente. Premeditação.

Dura lex, sed lex |*dura léx, séd léx*|: A lei é dura, mas é a lei.

Erga omnes |érga ómnes| — "Perante todos": Ato, lei ou decisão que se impõe à generalidade das pessoas, que a todos obriga ou sobre todos tem efeito ou é oponível contra todos.

Ergo |*érgo*|: Portanto, por conseguinte.

Errando corrigitur error |*errando corrígitur êrror*|: Errando corrige-se o erro.

Errata |*erráta*| — "Coisas erradas" – (Tip. e bibl.): Nome habitual das listas impressas em página final ou folhas separadas de papel dos erros tipográficos de uma obra, ou, às vezes, de parte deles, com indicação das respectivas correções. Ainda que os erros não sejam de natureza tipográfica, o procedimento será o mesmo. Sinônimo de errata: corrigenda. É importante assinalar que tanto a forma "errata" quanto "corrigenda" já se encontram aportuguesadas.

Error circa qualitatem personae |*êrror círca qualitátem persône*|: Erro sobre a qualidade da pessoa.

Error in faciendum |*êrror in faciêndum*|: Erro na manifestação da vontade, no fazer.

Et alii |*etálii*| — "E outros": Usado em bibliografia quando, além do autor indicado, existem outros. A regra, quando há co-autoria, é citar todos, se houver no máximo três autores. Ultrapassando esse número, aponta-se o primeiro e, para os demais, emprega-se o *et alii*.

Et caterva |*et catérva*| — "E o bando": Usado como sinônimo de *et cetera*, mas em sentido pejorativo.

Et cetera ou *et caetera* |*et cétera*| — "E as demais coisas": Geralmente abreviado como etc.

Ex abrupto |*écs abrúpto*|: De súbito; sem preparação; de pronto; intempestivamente.

Ex abundantia |*écs abundântia*|: Ao máximo, ao extremo. Refere-se àquilo que é explorado até o limite, sem mais nada a acrescentar. No mesmo sentido, embora, quase sempre, de modo irônico ou pejorativo, emprega-se *ad nauseam.*

Ex adverso |*écs advérso*|: Do adversário. No Direito Processual, usa-se em referência ao advogado da parte contrária.

Ex aequo |*écs équo*|: Com igualdade. Conforme com os princípios da equidade.

Ex auctoritate |*écs auctoritáte*|: Razão da autoridade.

Ex auctoritate legis |*écs auctoritáte légis*|: Por força de lei.

Ex bona fide |*écs bona fíde*|: De boa-fé.

Ex cathedra |*écs cátedra*| — "De cadeira": A autoridade que decorre do título. Em virtude da autoridade emanada do cargo que ocupa. Usada ironicamente, a expressão aponta a pessoa que fala em tom doutoral, de maneira pretensiosa, presunçosa, convencida, vaidosa.

Ex causa |*écs causa*| — "Pela causa": "Diz-se das custas que são pagas pelo requerente, nos processos cíveis que não admitem defesa e nos de jurisdição meramente graciosa." (*Novo Aurélio século XXI*)

Ex confesso |*écs confésso*|: De confissão; em resultado de confissão.

Ex empto |*écs émpto*| (Dir. Obr.): De compra; decorrente de compra ou a ela relativo.

Ex jure |*écs iúre*|: De direito; por direito; conforme o direito.

Ex lege |*écs lége*|: De lei; por lei; conforme a lei.

Ex nihilo |*écs níilo*|: De nada; do nada; de nenhuma coisa.

Ex nunc |*écs nunc*|: De agora em diante; sem efeito retroativo.

Ex officio |*écs ofício*|: Por força do cargo. É o ato de natureza oficial que se concretiza sem provocação das partes.

Ex positis |*écs pósitis*| (Dir. Proc.): Ante o exposto.

Ex professo |*écs proféssо*|: Refere-se à pessoa que conhece a matéria profundamente ou com maestria.

Ex radice |*écs rádice*|: Desde a raiz; desde o princípio ou origem.

Ex tunc |*écs tunc*|: Desde então; com efeito retroativo.

Ex vi |*écs ví*|: Por via de; por efeito de; por determinação de. Geralmente a locução vem seguida do complemento *legis* ou *contractus.*

Ex voluntate |*écs voluntáte*|: Pela vontade.

Ex voto |*écs voto*| — "Em conseqüência de um voto": A forma aportuguesada "ex-voto" (pronúncia "ês-voto"), com hífen, significa objeto exposto numa igreja em retribuição a alguma graça alcançada ou em comemoração de promessa ou voto cumpridos.

Exclusive |*ecsclusíve*|: Excluindo; com exclusão.

Exempli gratia |*eczêmpli grácia*| — "Por exemplo": Emprega-se, comumente, sob forma abreviada — e.g.

Exequatur |*ecsequátur*| — "Execute-se", "Cumpra-se": 1. (Dir. Intern. Públ.) Autorização dada por um Estado para que o chefe da repartição consular de outro Estado possa exercer suas funções no país (Convenção de Viena, 1963, art. 12 (D. 61.078, de 26.06.1967). 2. (Dir. Proc.) "Ato homologatório de sentença estrangeira, expedido pelo STF; CF, art. 109, X; CPC, 483, 484; CPP, 784, § 1." (Othon Sidou, *Dicionário jurídico*).

Extra petita |*éxtra petíta*| (Dir. Proc. Civ.): Fora do pedido. Diz respeito à decisão do juiz fora do solicitado na petição inicial, fato gerador de nulidade do julgamento (arts. 128 e 460 do CPC).

Fac simile |*fac símile*|: Reprodução exata do original.

Facta praeterita |*fácta pretérita*|: O negócio jurídico já concluído ou realizado.

Facultas agendi |*facúltas agêndi*| (Dir. Proc. Civ.): Faculdade de agir, de exercitar o direito subjetivo do agente.

Facultas bellandi |*facúltas belândi*| (Dir. Int. Públ.): Faculdade que tem o Estado soberano de declarar guerra.

Fas |*fás*| (Dir. Rom.): O direito natural, emanado da vontade divina, em oposição ao *jus,* direito humano.

Ficta confessio |*fícta confêssio*| (Dir. Proc.): Confissão putativa ou não expressamente feita (CPC, art. 302, 319, 320, 803; CPP, art. 198).

Fumus boni juris |*fúmus bóni júriç*| — "Fumaça (= percepção, intuição) de bom direito" — (Dir. Proc.): A expressão é empregada "para mostrar que o fundamento do interesse demonstrado pelo autor em sua postulação se percebe de logo e dificilmente pode ser contestado" (Othon Sidou, *Dicionário jurídico*). É o próprio Sidou que lembra ter a expressão caráter tautológico, visto que não há "direito ruim". Confronte-se: *Jus est ars boni et aequi* (O direito é a arte do bom e do equânime).

Fumus juris |*fúmus júris*|: Aparência jurídica.

Gens |*gêns*| — "Gente" (Dir. Rom.): Conjunto de famílias ou de pessoas que se ligam a um antepassado comum, ou que se encontram relacionadas e submetidas politicamente a uma autoridade comum, o *pater gentis.* Ex.: *Gens* Julia. Em sentido amplo, a família. Plural: *Gentes.*

Grosso modo |*grôsso módo*|: Em geral; de um modo geral; de modo impreciso, grosseiro; aproximadamente.

Habeas corpus |*ábeas córpus*|: Que tenhas teu corpo. Garantia constitucional concedida em favor de quem sofre ou corre perigo de sofrer restrição, violência ou coação em sua liberdade de locomoção, em decorrência de ilegalidade ou abuso de poder. (Forma reduzida: *habeas.*)

Habeas data |*ábeas data*| — "Conheças ou tenhas os dados" — (Dir. Proc.): Const. Criado pela Constituição de 1988, o *habeas data* constitui garantia dos direitos fundamentais. O art. 5º, LXXII, da Carta Magna de 1988, assim reza: "conceder-se-á *habeas data:*

a) para assegurar o conhecimento de informações relativas à pessoa do impetrante, constantes de registros ou bancos de dados de entidades governamentais ou de caráter público;

b) para a retificação de dados quando não se prefira fazê-lo por processo sigiloso, judicial ou administrativo".

Hic |*íc*| — "Aqui": A principal dificuldade de um assunto, de uma matéria, de um negócio.

Hic et nunc |*íc et núnc*| — "Aqui e agora": Aqui e imediatamente. Neste instante. Imediatamente.

Honoris causa |*onóriç causa*| — "Para honra": Referência aos títulos universitários conferidos a uma pessoa sem que ela haja prestado exames ou se submetido a concurso, a título de homenagem, em decorrência de seus feitos e saber. Doutor *honoris causa.*

Ibidem |*ibídem*| (Bibl.): No mesmo lugar; aí mesmo. Na mesma obra, capítulo ou página. Empregado em citações, a abreviatura é ib. O mesmo que *loco citato* |*lóco citáto*|.

Idem |*ídem*| (Bibl.): O mesmo autor. Usado na bibliografia para não repetir o nome do autor, a abreviatura é id. Genericamente, tem o sentido de "a mesma coisa" , "da mesma forma", "o mesmo".

In absentia |*in absêntia*|: Na ausência.

In albis |*in álbis*|: Em branco, quer dizer, sem nenhum conhecimento, sem idéia alguma daquilo que deveria saber. Usada em: estar, ficar *in albis*.

In capita |*in cápita*|: Por cabeça. O mesmo que *per capita*.

In extenso |*in ecstênso*|: Na íntegra.

In extremis |*in ecstrêmis*|: No último momento (de vida). Ver CC, art. 199 (II). Tem o mesmo sentido de *in articulo mortis*, ou seja, em caso de morte.

In fieri |*in fíeri*|: em processo; em ato de tornar-se; em via de nascer.

In fine |*in fíne*| — "No fim": Locução usada comumente em indicação bibliográfica, em citações.

In fraudem legis |*in fraudem légis*|: Fraudando a lei.

In itinere |*in itínere*|: A caminho, próximo de consumar-se.

In limine |*in límine*|: No início; desde logo.

In situ |*in sítu*| — "No lugar": O mesmo que *in loco*.

In specie — "Em espécie" — (Dir. Obr.): Obrigação exigida na própria coisa e não em dinheiro.

In totum |*in tótum*|: Totalmente, no todo.

In utroque jure |*in utróqüe jure*|: Em ambos os direitos.

In verbis |*in vérbiç*|: Textualmente; nestas palavras; com as mesmas palavras; o que se vai escrever ou ler a seguir.

Inaudita altera pars |*inaudíta áltera párs*| (Dir. Proc.): "Característica fundamental das *medidas liminares*, senso largo, e da justificação prévia, ou seja, a de serem concedidas pelo juiz sem audiência prévia da parte demandada."

Inclusive |*inclusíve*|: Incluindo; com inclusão; de modo inclusivo; até; até mesmo. "E recresce dúvida ao julgador, se aquele dia, em que se acaba o dito termo, se entenderá inclusive, ou 'exclusive', que quer tanto dizer como se se compreenderá em o dito termo, ou não, em tal guisa que..."(*Ordenações afonsinas*, III, título 19, *apud Dicionário de Morais*)

Inter vivos |*ínter vívos*|: Entre vivos.

Intuitus personae |*intúitus persônei*|: Em consideração à pessoa.

Jure et de facto |*iúre ét dê fácto*|: Por direito e de fato.

Juris et de jure |*iúris ét dê iúre*|: De direito e por direito.

Juris tantum: Presunção legal válida até prova em contrário. Quando não mais se admite dúvida ou incerteza, com base na coisa julgada, passa-se à afirmação *juris et de jure*.

Jus agendi |*jus agêndi*|: Direito de agir.

Jus condendum |*jus condêndum*|: Direito futuro; direito vindouro; direito por constituir.

Jus conditum |*jus cônditum*|: Direito vigente; direito constituído.

Jus eundi |*jus eûndi*|: Direito de ir-e-vir.

Lapsus linguae |*lápsus línguei*|: Erro involuntário na fala.

Lato sensu |*láto sênsu*|: Em sentido amplo.

Litteratim |*literátim*| (Adv.): Palavra por palavra; textualmente.

Mandamus:"Perífrase extraída do *writ* de igual denominação do direito anglo-saxão, que se emprega em relações às ordens de '*habeas corpus*', '*habeas data*', 'mandado de segurança' e 'mandado de injunção'". (Othon Sidou, *Dicionário jurídico*)

Manu militari |*mánu militári*|: Por força militar; recorrendo à força militar; sob coerção.

Ne varietur |*né variêtur*|: Para que nada seja variado. A expressão é usada para indicar reprodução extremamente fiel.

Nota bene — "Observa bem": Utilizada para, num texto, chamar a atenção para o que vem em seguida. Abrev.: n.b.

Onus probandi |*ônuç probândi*| (Dir. Proc.) — "O ônus da prova", "A obrigação de provar": Essa obrigação, em Direito, cabe sempre a quem alega, ou seja, ao acusador, e não ao acusado. A expressão é um fragmento da sentença de Ulpiano: *Semper onus probandi ei incumbit qui dicit.*

Opus citatum |*ópuç citátum*| — "Obra citada" – (Bibl.): Como a própria tradução indica, trata-se de referência, na bibliografia, a obra citada anteriormente, a fim de evitar-se repetição. Mais usada no ablativo: *opere citato* |*ópere citáto*|. Abreviatura: op. cit.

Pacta sunt servanda |*pácta sunt seruânda*|: Os acordos devem ser obedecidos. 1 (Dir. Obr.) O contrato faz lei entre as partes. Essa é a idéia da máxima consagrada no Código Civil de 1916, art. 928. Também o direito francês salientou a importância dos contratos ao proclamar no art. 1134 de seu Código Civil: "As convenções legalmente formadas constituem lei para aqueles que as fizeram". 2 (Dir. Intern. Públ.) Preceito constante dos tratados internacionais, que faz que as partes cumpram e executem de boa-fé o estipulado (cf. art. 26 da Conv. Viena, de 1969).

Pari passu |*pári pássu*|: A passo igual; simultaneamente; o que ocorre ou é feito ao mesmo tempo; a par; a par e par; par e par.

Passim |*pássim*| — "Aqui e ali", "neste lugar e noutros": Termo usado para indicar que uma palavra, frase ou idéia pode ser encontrada em diversas passagens da mesma obra ou autor.

Pax romana |*páx romana*| — "A paz romana": Aquela que os antigos romanos impunham, pelas armas, aos povos vencidos.

Per fas et nefas |*pér fás ét néfas*|: Pelo permitido e pelo proibido. Por todos os meios; por fás ou por nefas.

Per incuriam |*per incúriam*|: Por falta de cuidado.

Per se |*per se*|: Por si; naturalmente. Que se evidencia por si mesmo, independentemente de demonstração. Normalmente se faz empregar antecedida da preposição de. (Em português: "de per si".)

Periculum in mora |*perículum in móra*| — "O perigo (está) na demora" — (Dir. Proc. Civ. trad.): "A demora é perigosa".

Perinde ac cadaver |*perínde ac cadáver*| — "Tal qual um cadáver". Maneira por que os jesuítas, segundo as Constituições de Santo Inácio de Loiola, devem obedecer a seus superiores.

"Não entendo, não engulo este latim:
Perinde ac cadaver
Você tem que obedecer como um cadáver.
Cadáver obedece?"

(Citação de texto de Carlos Drummond de Andrade no livro *Não perca o seu latim*, de Paulo Rónai).

Persona non grata |*persona non gráta*|: Pessoa não grata, não bem aceita. Oposto: *persona grata.*

Pluralia tantum |*plurália tântum*|: Só plurais. Indica os substantivos que só se usam no plural. Ex.: férias (= dias de descanso).

Post scriptum |*póst scriptum*|: Depois do escrito.

Prima facie: Primeira aparência; desde logo. Aquilo que se pode ver de imediato, à primeira vista, sem necessidade de exame mais acurado; num golpe de olhos.

Pro derelicto |*pró derelícto*|: Por abandonado.

Pro rata |*pró ráta*|: Em proporção, proporcionalmente. A expressão "cálculo *pro rata*", por exemplo, indica que uma conta deve ser feita com base em dias, e não no mês todo.

Pro tempore |*pró têmpore*|: Temporariamente, conforme o tempo.

Quanti minoris [Por menor preço] (Dir. Proc.): A expressão refere-se a um tipo de ação chamada estimatória (*actio aestimatoria*), já que tem por objetivo estimar a diferença do preço reclamada pelo comprador. *Quanti minoris*, redução de *actio quanto minoris* ou *actio quanti minoris,* especifica justamente a ação "pela qual se pede uma diminuição de preço, proporcional aos defeitos encontrados na coisa, objeto de uma venda" (De Plácido e Silva, *Vocabulário jurídico*).

Quid |*qüid*|:"Quê?"; "O quê?". Significa o ponto difícil de alguma coisa; o busílis.

Quid inde? |*qüidínde*|: "E então?"; "E daí?"; "Qual a conseqüência disso?".

Quid juris? |*qüid júriç*|: "Que diz o Direito?"; "Qual é (a opinião) do Direito?" ou "Qual a solução proposta pela Jurisprudência?".

Quisquis populo |*quísquis pópulo*|: Qualquer pessoa. Qualquer um do povo. Aquele que tem legitimidade para propor uma ação popular. O mesmo que *quilibet.*

Quorum |*quórum*|: Número mínimo para funcionamento de colegiado.

Quousque tandem... |*qüousqüe tándem*| — "Até quando..."; "Até que ponto..."; "Até onde...": Palavras iniciais da célebre apóstrofe que abre a primeira *Catilinária* de Cícero: *Quousque tandem abutere, Catillina, patientia nostra*? (Até quando, Catilina, abusarás de nossa paciência?), proferida no Senado Romano.

Ratio juris |*rácio júriç*| — "Razão do direito" — (Herm.): Razão jurídica, aquela que se tira, sobretudo, da interpretação lógica e sistemática de determinado preceito legal.

Ratio legis |*rácio légiç*| — "Razão da lei" — (Herm.): "Elemento fundamental da interpretação que busca o sentido ou a razão da lei, tanto no 'por que' foi feita (*occasio legis*) quanto no 'para que, foi feita (intuito teleológico)." (Othon Sidou, *Dicionário jurídico*)

Reatus |*reátus*| (Dir. Proc.): Condição de réu, de acusado. Comumente usada a expressão *in reatus.*

Rebus sic stantibus |*rébuç sic stántibus*|: "Assim estando as coisas"; "nestas circunstâncias".

Res, non verba |*rés non vérba*|: Coisas, não palavras. Por extensão: fatos e não palavras, ou atos e não palavras. O sentido geral da expressão é que as coisas não se obtêm com palavras, mas com ação.

Retro |*rétro*|: Que está atrás; já mencionado.

Roma locuta, causa finita |*Roma locúta, causa finíta*| — "Roma falou, a causa acabou", "Roma falou, a questão está resolvida": A frase, variante de uma de Santo Agostinho (*Sermões*, 131, 10), normalmente é utilizada depois que uma autoridade ou um especialista em determinada matéria emite sua opinião.

Sic |*síc*| — "Assim, desse modo, dessa forma": Termo que se coloca dentro de uma citação ou após ela, entre parênteses ou colchetes, para indicar que ela é absolutamente fiel, embora se mostre ou pareça mostrar-se errada ou estranha.

Sine die |*síne díe*|: sem dia, quer dizer, sem que se fixe data para o adiamento de alguma coisa. Usada na expressão: adiar *sine die*.

Sine qua non: A expressão latina significa, ao pé da letra, sem a qual não. Refere-se a uma condição sem a qual o ato não se efetiva. Observação importante: Se houver mais de uma condição, dever-se-á usar o plural *Sine quibus non* – "sem as quais não".

Singularia tantum |*singulária tântum*|: Só singulares. Refere-se aos substantivos que só se empregam no singular. Ex.: féria (= salário).

Sponte: Ablativo (um dos casos do latim) de *spons*, que significa vontade, desejo. Vem acompanhado, geralmente, de um pronome possessivo, donde: *mea*, *tua*, *sua sponte*; quer dizer, por meu, teu, seu modo próprio ou vontade própria. *Sponte propria* traduz-se por vontade própria, seja minha, tua ou dele.

Status quo |*státuç qüo*|: Forma reduzida da expressão utilizada no Direito Internacional *in statu quo ante* para indicar a situação anterior, o estado precedente a algum acontecimento. Sidou (*Dicionário jurídico*) observa que "a tendência dos juristas neolatinos, com discrepâncias, é pela forma ablativa originária *statu quo*, enquanto a dos juristas alemães e ingleses é, sem discrepância, pela forma nominativa *status quo*. Parece ser esta a correta, considerando que, nas citações de vocábulos e locuções latinos, emprega-se a forma nominativa, singular ou plural, sem obediência à flexão (sic). Ademais, a expressão não é latim das fontes, mas formada já na Idade Moderna".

Sub judice |*sub júdice*| (Dir. Proc.): Em julgamento, isto é, sob apreciação do juiz. Postulação judicial ainda em curso.

Sui generis |*sui gêneris*|: Especial, particular.

Supra |*supra*| — "Acima": Termo usado em bibliografia para indicar trecho da mesma página, mais acima, ou de páginas anteriores. Oposto: *infra*.

Suum cuique tribuere |*súum cuíqüe tribúere*| — "Dar a cada um o que lhe pertence" — (Dir. Rom.): Um dos três preceitos da Jurisprudência. Os outros: "viver honestamente" e "não prejudicar o próximo" ou "não lesar outrem".

Tabes fori |*tabes fori*| — "Doença do foro": Mania de entrar com ações, de demandar judicialmente. O mesmo que querelomania.

Ultra petita |*ultra petíta*|: Além do pedido. Referência à sentença que resolve o litígio, concedendo mais que o autor pediu. O contrário é *citra petita* ou *infra petita*.

Una voce |*úna vóce*| — "Uma voz": Expressão usada para indicar que determinado assunto recebeu aprovação de todos ou que a matéria tratada foi resolvida por unanimidade, a uma só voz.

Usque ad satietatem |*úsqüe ad satietátem*|: À saciedade; até mais não poder; até fartar; exuberantemente.

Vacatio legis |*vacácio légiç*| (Dir. Leg.): Período compreendido entre a publicação de uma lei e sua entrada em vigor, com o fim de dar prazo aos respectivos destinatários para dela tomarem conhecimento. Segundo Othon Sidou (*Dicionário jurídico*), o caso mais longo de *vacatio legis*, no Brasil, ocorreu com a lei que instituiu o sistema métrico, uma vez que, publicada em 26.12.1862, só passou a ter aplicação doze anos depois, em 01.01.1874. Ordinariamente, a *vacatio legis* não ultrapassa o período de um ano.

Vae victis |*vae víctis*| — "Ai dos vencidos!": Locução exclamativa, de tom ameaçador, para indicar que os vencidos ficam nas mãos dos vencedores. Como diria Machado de Assis: "Ao vencido, ódio e compaixão; ao vencedor, as batatas".

Venia permissa |*vênia permissa*|: Concedida a permissão. O mesmo que *data permissa* ou *data venia*.

Verba legis |*vérba légis*|: As palavras da lei, aquilo que diz a lei.

Verbatim |*verbátim*|: Literalmente; ao pé da letra; palavra por palavra. O mesmo que *ipsis litteris*.

Verbi gratia |*vérbi grácia*|: Por exemplo. Abrevia-se v.g.

Verbo ad verbum |*verbo ad vérbum*|: Palavra por palavra.

Versus |*vérsuç*|: Contra.

Vexata quaestio |*vekçáta qüéstio*|: Questão muito controvertida. Questão debatida.

Vide |*víde*| — "Vide", "Veja": Vocábulo empregado na forma imperativa para remeter o leitor a outra parte do livro ou texto de que se está tratando ou a outra obra ou escrito paralelo.

Vis maior |*vís maior*|: Força maior.

Vixit |*víksit*| — "Viveu": Forma amenizada (eufemismo) de que os romanos se utilizavam para anunciar a morte de alguém.

Capítulo 6
Vocábulos e expressões jurídicas em língua estrangeira

All risks [inglês: todos os riscos] (Dir. Obr.): No comércio internacional, cláusula de contrato que cobre todos os riscos de perdas e danos que a coisa segurada eventualmente venha a sofrer, desde a saída do depósito até o destino final.

Beschwerde [alemão]: Refere-se, no Direito germânico, a instrumento judicial de queixa.

Bonus [inglês: bônus]: É qualquer título de dívida pública ou privada (debênture) emitido por uma empresa ou governo para levantar dinheiro com o objetivo de financiar seus gastos.

Commodities [inglês]: Termo em inglês que significa "mercadorias". Refere-se à mercadoria em estado bruto ou produto primário com grande importância comercial, como, por exemplo, café, açúcar, milho, algodão, cobre, metais não ferrosos, petróleo etc., geralmente transacionado em bolsa de valores. Por ser um produto não-diferenciado (dado um nível de padrão), que não tem preço diferente por questões de marca, nem envolve alta tecnologia, é fácil criar mercados homogêneos para esses produtos.

Common law |*cômân ló*| [inglês: lei comum]: Direito consuetudinário (ou dos costumes) vigente na Inglaterra e nos Estados Unidos. Por extensão: lei não escrita.

Debenture |*debênture*|: Termo adotado para designar a obrigação ou título ao portador, representativo de empréstimo em dinheiro feito por uma sociedade comercial.

Delivery order |*delívere órdâr*| [inglês: ordem de entrega] (Jur.): "Título à ordem (indossável), que confere ao portador legitimado o direito de exigir do capitão do navio a entrega de mercadorias nele embarcadas e constantes de determinado conhecimento relacionado ao título." (*Novo Aurélio século XXI*)

Dirty float [inglês]: Sentido literal — "Flutuação suja". Quando a taxa de câmbio de um país sofre intervenção em seu mercado pelas autoridades monetárias, diz-se que há prática de *dirty float*. O antônimo é *clean float*.

Drawback [inglês]: Pode ser traduzido genericamente por "reembolso de direito aduaneiro". Designa "o sistema pelo qual as matérias-primas pagam um imposto de importação, na alfândega, ao entrarem no país, sendo esse imposto devolvido quando exportados os produtos industriais nos quais elas foram utilizadas" (GUIMARÃES, Deocleciano Torrieri (Org.): *Dicionário técnico jurídico*. São Paulo: Ridel, 1995).

Due process of law [inglês: o devido processo da lei] (Dir. Fund.): Princípio aceito universalmente, de conformidade com o qual todo indivíduo tem direito, para defesa de sua pessoa e bens, de ser julgado segundo procedimento definido em lei.

Duma [russo] (Dir. Pol.): Designa, na Rússia, a assembléia de representantes do povo. O mesmo que parlamento.

Dumping [inglês]: Significa venda de mercadorias ou produtos em país estrangeiro por preço inferior ao do custo, com o objetivo de eliminar concorrentes e obter maiores fatias do mercado.

Factoring [inglês] (Dir. Com.): "Contrato pelo qual uma agência financeira adquire os créditos faturados de uma empresa, para, mediante comissão, cobrá-los por sua conta e risco. Diz-se também faturização. L. 8581, de 01.1995." (Othon Sidou, *Dicionário jurídico*)

Franchising [inglês: franquia] (Dir. Obr.): Contrato mercantil pelo qual uma empresa proporciona a outra o direito de usar a marca de seu(s) produto(s), responsabilizando-se a franqueada pelo total financiamento da atividade e pelo pagamento de um porcentual das vendas à franqueadora, que se compromete a oferecer à beneficiada da franquia assistência técnica.

Free on board [inglês: livre a bordo]: Termo utilizado na cotação dos preços. Significa que por preço se entende a mercadoria posta a bordo, com todos os gastos, impostos e riscos por conta do vendedor até o momento em que a mercadoria passa para bordo do barco.

Holding company [inglês]: Sociedade de participação — sociedade que se organiza com o objetivo de participar de outras empresas ou nelas intervir adquirindo ações ou cotas destas.

Input [inglês] (Econ.): Insumo.

Joint-venture [inglês: empreendimento conjunto]: Associação entre empresas ou entre países, sob a forma de capital, trabalho ou recursos naturais. Literalmente uma "associação com aventura".

Leasing [inglês]: O termo refere-se ao aluguel ou arrendamento mercantil entre uma empresa proprietária de determinado bem (móvel ou imóvel) e uma pessoa jurídica que, mediante pagamento de prestações, desfruta dele. Sempre com prazo determinado, o *leasing* dá à empresa arrendatária a opção de compra do bem ao final do contrato. A grande vantagem do *leasing* é ter a utilização do bem sem dispor de muito capital.

Maintenance bond [inglês]: "Modalidade de seguro de garantia contratual com o objetivo de ressarcir o contratante por defeitos e irregularidades que impeçam o funcionamento da obra ou do serviço ajustado." (Othon Sidou, *Dicionário jurídico*)

Offshore [inglês]: Denominação dada às compras feitas pelo governo americano no exterior, no âmbito de sua política de ajuda internacional (em inglês, literalmente: ao largo, ultramar). O termo também designa as plataformas petrolíferas em alto-mar e aplica-se ainda às sociedades quando são implantadas fora do(s) país(es) de origem de seus dirigentes.

Output [inglês] (Econ.): Produto. O resultado da combinação dos fatores de produção.

Royalty [inglês]: Importância cobrada pelo proprietário de uma patente de produto, processo de produção, marca etc., ou pelo autor de uma obra, para permitir seu uso ou comercialização.

Self enforcing [inglês]: Auto-aplicável. Dispositivo legal colocado em prática, independentemente de regulamentação.

Suap |*suóp*| [inglês] (Econ.): Compra de câmbio, vinculada à venda futura.

Trade acceptance [inglês] (Dir. Trab.): União de ofícios ou união geral. As *trade unions* designam as associações profissionais de trabalhadores, com o fim de defender os interesses e promover a melhoria da classe. Sindicato obreiro. Organizações sindicais ou sindicatos profissionais de empregados.

Underwriting [inglês] (Dir. Com.): "Consórcio para lançamentos públicos de títulos no mercado de capitais. (Lei 4728, de 14.05.1965, art. 15)." (Othon Sidou, *Dicionário jurídico)*

Warrant [inglês]: Designa o título de garantia ou cédula pignoratícia emitido pelas companhias de armazéns-gerais, representando as mercadorias ali depositadas, de conformidade com o respectivo conhecimento de Depósito.

Writ |*rit*| [inglês]: Literalmente tem o sentido de *escrito, escritura.* Em Direito, significa *mandado.* Foi criado pelo Instituto do Direito Americano visando à obediência da constitucionalidade das leis. Conforme esclarece De Plácido e Silva, "dos *writs*, o que mais se assemelha ao mandado de segurança, criado pelo Direito brasileiro, é o *writ of injuction*". Há ainda o *writ of error*, o *writ of mandamus* e o *writ of certiorari.*

Capítulo 7
Significado jurídico de alguns vocábulos

Adiantamento da legítima (Dir. Suc.): Doação que os pais fazem aos filhos por conta da herança.

Advogado dativo (Adv.): Causídico designado pelo poder público para prestar assistência judiciária a pessoas que não disponham de recursos.

Alcagüete (S. m.): Vocábulo de origem árabe que significa delator, dedo-duro; espião de polícia; mexeriqueiro, leva-e-traz, fuxiqueiro. Possui a variante "alcagüeta" e o verbo "alcagüetar".

Álibi [Latim *Alibi* — "em outro lugar"] (Dir. Pen.): Argumento de defesa em que o acusado mostra que, na ocasião em que se deu o crime, encontrava-se em outro lugar.

Almoeda: 1. Venda em hasta pública; leilão. 2. Exposição ou oferta ao público.

Andrógino (Med. Leg.): Hermafrodita ou hermafrodito. Bissexuado.

Anistia (Dir. Pol.): Ato pelo qual o poder público declara impuníveis todos quantos, até estipulada data, cometeram delitos ou foram acusados de cometê-los, em geral de natureza política, "seja fazendo cessar as diligências persecutórias, seja tornando nulas e de nenhum efeito as condenações".

Anomia (S. f.) (Herm.): Ausência de lei ou regra. Estado de uma sociedade em que os padrões normativos de comportamento e crença estão enfraquecidos ou ausentes.

Anteprojeto (S. m.): Esboço de projeto; estudo inicial ou preliminar; traçado prévio de uma idéia ou plano. Trabalho preparado por especialistas, o qual dá origem ao projeto propriamente dito a ser submetido ao poder legislativo pelo órgão próprio.

Antinomia. (S. f.) (Herm.): Contradição entre duas leis ou princípios. Desacordo ou incoerência entre dois preceitos legais ou entre duas disposições de um negócio jurídico.

Antítese. (S. f.) (Filos.): Oposição entre dois termos ou duas proposições. No método dialético criado por Hegel, do contraste entre tese e antítese resulta a síntese.

Apotegma (S. m.) (Herm.): O mesmo que axioma; máxima; aforismo; dito curto e sentencioso.

Camorra. (S. f.) (Espanhol *Camorra*): Grupo de malfeitores; malta, súcia.

Causídico (S. m.) (Adv.): O mesmo que advogado. Defensor de causas judiciais.

Citação [Latim *Citum*, do verbo *ciere* — produzir movimento, chamar, incitar, excitar]: Refere-se ao ato processual que convoca alguém para comparecer em juízo, a fim de ser cientificado de todos os atos e termos da demanda intentada contra ele. É a ciência do réu de que contra ele foi proposta uma ação; é o chamamento de alguém para comparecer em juízo, sob pena de revelia.

A lei estabelece várias maneiras de se promover a citação: por mandado, com hora certa, por precatória, por rogatória e por edital. A falta de citação produz nulidade do feito.

Coalizão (S. f.) (Dir. Pen.): "Aliança de capitais para impedir ou dificultar a concorrência, visando ao aumento de lucros arbitrários. Crime contra a economia popular" (Othon Sidou, *Dicionário jurídico*). (Dir. Pol.) Aliança de partidos políticos com o fim de satisfazer determinados interesses.

Concúbito (S. m.) [Latim *Concubitus*]: Coito; relação sexual.

Contestação [Latim *Litis contestatio*]: Resposta do réu, negando ou refutando pretensão do autor formulada na petição inicial, com razões fundamentadas, com intuito de ilidir a ação que lhe foi proposta.

Corolário (S. m.) (Filos. Lóg.): Conseqüência; dedução; decorrência; resultado. Proposição deduzida de outra demonstrada.

Curador à lide (Dir. Proc. Civ.): Pessoa que o juiz nomeia para representar o interditando em casos em que a interdição é requerida pelo Ministério Público.

Decesso (Dir. Adm.): Rebaixamento de alguém a cargo (ou função) de categoria inferior ao que vinha ocupando. O antônimo, nesta acepção, é acesso ou promoção, conforme o caso. (Dir. Civ.) Morte, falecimento, exício, óbito.

Defensor dativo (Dir. Proc. Pen.): O advogado e, em certas circunstâncias, outra pessoa designada pelo juiz, com a finalidade de defender o acusado. Veja-se o art. 263 do Código de Processo Penal: "Se o acusado não o tiver, ser-lhe-á nomeado defensor pelo juiz, ressalvado o seu direito de, a todo o tempo, nomear outro de sua confiança, ou a si mesmo defender-se, caso tenha habilitação.

Parágrafo único. O acusado, que não for pobre, será obrigado a pagar os honorários do defensor dativo, arbitrados pelo juiz."

Dogmática (S. f.) [Latim *Dogmatica*]: Parte de uma ciência que tem por objeto os seus fundamentos.

Dogmática Jurídica (Filos.): Ramo da ciência jurídica que estuda os princípios gerais de Direito. De maneira didática, pode-se dizer que a dogmática jurídica se ocupa das áreas ou disciplinas técnico-profissionalizantes, enquanto a zetética se alinha àquelas chamadas propedêuticas.

Factótum (S. m.) [Latim *Factotum* — "faz tudo"]: Pessoa que se encarrega de resolver todas as pendências por outra. Por extensão: pessoa que faz tudo, ou, como se diz na gíria, "pau para toda obra".

Fateusim (Dir. Civ.): Enfitêutico ou relativo a enfiteuse. A própria enfiteuse.

Fato gerador (Dir. Trib.): Condição necessária e suficiente para que o tributo tenha incidência [cf. CF, art. 146 (III, a), 150 (III, a); CTN, 114 — 118].

Fé de ofício (Dir. Adm.): Presunção legal de que os documentos expedidos por autoridade, no exercício de suas funções, têm autenticidade.

Fecundação artificial (Med. Leg.): Gestação sem coito normal. Inseminação artificial, provocada fora do útero ou em laboratório (*in vitro*). O mesmo que fecundação extracorpórea.

Fiança (Dir. Obr.): Contrato acessório assumido por terceira pessoa (<u>fiador afiançador</u>), que se responsabiliza, total ou parcialmente, pelo cumprimento da obrigação do devedor (<u>afiançado</u>), na hipótese de que ele não cumpra ou não possa cumpri-la.

Fórum (S. m.) [Latim *Forum* – foro] (Dir. Judic.): O mesmo que foro. Como bem salienta Sidou (*Dicionário jurídico*), esse vocábulo tem em latim diversos sentidos, entre eles "praça pública, praça de mercado, ou de comércio, lugar onde se distribuía a justiça, além da designação de grande número de cidades e localidades do Império Romano".

Hasta: Lança; leilão; arrematação por lance. Hasta pública: Leilão judicial promovido por serventuário da justiça.

O nome **hasta** advém do fato de que "na Roma antiga o leilão se efetuava em praça pública, ao pé de uma **hasta**, ou lança fincada no chão, como símbolo do império do magistrado que o presidia. A diferença entre leilão e hasta, ou praça, está em que essa é peculiar à alienação de imóveis". (Othon Sidou, *Dicionário jurídico*)

Herança jacente (Dir. Suc.): Aquela sem herdeiros certos ou que a ela renunciaram ou, ainda, assim se torna por não se saber da existência deles. Segundo o art. 1.591 do Código Civil, a herança jacente "ficará sob a guarda, conservação e administração de um curador" até a declaração de vacância, decorridos 5 (cinco) anos da abertura da sucessão (art. 1.594 do CC).

Herança vacante (Dir. Suc.): Aquela herança que, em não havendo herdeiro, passa ao Estado.

Imissão na posse (Dir. Proc. Civ.): Apossamento, mediante mandado judicial, de coisa que se encontrava em poder de outrem ou da qual fora injustamente alijado. Em processo, a ação competente está alinhada entre *ações possessórias*. Enquanto a *imissão na posse* corresponde a *imóvel*, a figura da *apreensão e busca* relaciona-se a *móvel*.

Imistão (Dir. Suc.): Ato de adir ou aceitar a herança (cf. CC, art. 1581).

Indulto (Dir. Proc. Pen.): Ato de clemência do poder público (no Brasil, o executivo), de caráter geral e impessoal, em favor de condenados por crimes comuns e contravenções, reduzindo-lhes ou comutando-lhes a pena.

Inquérito [Latim *Quaeritare* — andar sempre em busca, indagar, investigar] (pronúncia: ***Ké***): Conjunto de atos, medidas e diligências, reduzidos a termo em processo, com a finalidade de apurar a existência de algum fato irregular ou ilegal, ou de ter informação exata a respeito dele. Para atingir o objetivo, procede-se a inquirições, perícias ou exames periciais, culminando com um relatório, em que se dá conta das conclusões obtidas sobre os fatos apurados.

Embora a palavra inquérito tenha genericamente o sentido de inquirição, desta se distingue, uma vez que o inquérito é o conjunto, o todo que se investiga, enquanto a inquirição é uma das partes, aquela constituída da "série de perguntas", da "soma das indagações", a que se seguem as respostas da pessoa supostamente responsável por certos fatos.

O inquérito policial, quando se trata de matéria de crime, é a peça inicial, o começo da ação penal e tem valor de prova, se realizado legitimamente pela autoridade policial, quer dizer, sem violência ou coação.

O inquérito administrativo, como o nome o sugere, é o que se realiza por ordem de autoridade administrativa, a fim de apurar fatos irregulares, lesivos à coisa pública, ocorridos no serviço público, e a responsabilidade da pessoa (ou pessoas) que lhes tenha dado causa. É realizado por meio de *sindicância.*

O inquérito judicial, disciplinado pelos artigos 103 a 108 da Lei de Falência, é o procedimento adotado na técnica do Direito Falencial, "para apurar fatos ou circunstâncias que possam configurar crime ou delito falimentar, a fim de que se apliquem contra os responsáveis por eles as respectivas sanções penais" (De Plácido e Silva, *Vocabulário jurídico*).

O inquérito policial militar (IPM), usado na Justiça Militar, é o processo sumário pelo qual a autoridade militar competente apura uma transgressão disciplinar ou um crime.

O inquérito trabalhista, disciplinado pelos artigos 853 a 855 da CLT, trata de investigação realizada perante o Juízo de Direito, para apurar falta grave cometida por empregado não optante e garantido com estabilidade.

Intimação [Latim *Intimatio*, de *intimare*, ordenar, dar a saber, declarar]: Designa o ato processual que tem por finalidade dar conhecimento a certa pessoa (parte ou interessada no feito) de ato judicial praticado, a pedido da outra parte ou por determinação do juiz. Portanto, dá-se ciência de despacho, sentença ou qualquer outro ato judicial promovido contra o intimado, para que ele se defenda, segundo as regras vigentes, ou fique sujeito às sanções cominadas.

A intimação traz sentido de ordem, porquanto emanada de autoridade competente. Pode ser promovida por oficial de justiça, por escrivão do feito, por meio de carta registrada ou publicação na imprensa oficial.

Jusnaturalismo (S. m.) (Filos.): Que é próprio do Direito natural.

Juspositivismo (S. m.): Que é característico do positivismo jurídico, em que o ponto de partida é a lei escrita.

Lena [Latim *Lena*] (Dir. Pen.): Aquela que explora o lenocínio. Alcoviteira. A forma masculina "lenão" quase não é empregada.

Lenocínio [Latim *Lenocinius*] (Dir. Pen.): Induzimento ou favorecimento à prostituição, expondo a vítima a qualquer tipo de contato lascivo.

Letomania (S. f.) [Latim *Letum* = morte + mania) (Med. Leg.): Mania de morte. Tendência doentia para o suicídio.

Mandado de injunção (Dir. Proc. Const.): O Título II ("Dos Direitos e Garantias Fundamentais"), em seu Capítulo I ("Dos Direitos e Deveres Individuais e Coletivos"), arrola, no art. 5º, LXXI, o chamado mandado de injunção, para cuja concessão se estabelece o seguinte:

"Conceder-se-á mandado de injunção sempre que a falta de norma regulamentadora torne inviável o exercício dos direitos e liberdades constitucionais e das prerrogativas inerentes à nacionalidade, à soberania e à cidadania".

Vê-se, por conseguinte, que o pressuposto para a interposição é a inviabilidade do exercício dos direitos e garantias previstos no citado capítulo, suscitada pela falta de norma regulamentadora.

Mandado de segurança (Dir. Proc. Const.): Catalogado no título dos direitos e garantias fundamentais pela Constituição de 1988, a caracterização do mandado de segurança vem no art. 5º, LXIX: "conceder-se-á mandado de segurança para proteger direito líquido e certo, não amparado por *habeas corpus* ou *habeas data*, quando o responsável pela ilegalidade ou abuso de poder for autoridade pública ou agente de pessoa jurídica no exercício de atribuições do Poder Público". O item LXX, do mesmo art. 5º, faz referência a mandado de segurança coletivo: "o mandado de segurança coletivo pode ser impetrado por:

a) partido político com representação no Congresso Nacional;

b) organização sindical, entidade de classe ou associação legalmente constituída e em funcionamento há pelo menos um ano, em defesa dos interesses de seus membros ou associados".

Maus-tratos [De mau + trato]: Crime praticado por aquele que coloca em perigo a vida ou a saúde de quem se encontra sob sua guarda, vigilância ou autoridade, "para fins de educação, ensino, tratamento ou custódia, seja privando-a de alimentação ou cuidados indispensáveis, seja impondo-lhe trabalho excessivo ou impróprio, seja abusando de meios corretivos ou disciplinares". (*Novo Aurélio século XXI*)

Meliante (S. m.) [Espanhol *Maleante*] (Dir. Pen.): Malandro, vagabundo, vadio. Empregado para designar a pessoa de maus costumes, que vive na vadiagem e malandragem.

Menagem [aférese de homenagem]: 1. (Dir. Pen.) Mil. Prisão fora do cárcere, sob palavra da pessoa sujeita a sanções detentivas de que não se ausentará do lugar onde se encontra ou que lhe for designado. Na justiça militar, é somente permitida nos crimes cujo máximo da pena seja inferior a quatro anos. "O insubmisso, por força da lei, tem o quartel por menagem. CPM, arts. 263 – 269" (Othon Sidou, *Dicionário jurídico*). 2. (Dir. Pen.) O termo é tomado no sentido de medida coercitiva aplicada em estado de sítio, conforme o art. 139, I, da Constituição Federal:

> Art. 139. Na vigência do estado de sítio decretado com fundamento no 137, I, só poderão ser tomadas contra as pessoas as seguintes medidas:
> I – obrigação de permanência em localidade determinada; (...)

Deduz-se, do exposto, que a menagem é uma forma de restringir a liberdade de locomoção, obrigando a pessoa a permanecer em lugar povoado e inibindo-a de participar de agitações de natureza política ou social.

Menoridade (S. f.): Termo empregado para designar o período em que a pessoa não atingiu a idade legal para a maioridade, o que a torna incapaz de dirigir sua pessoa e de adquirir ou exercitar certos direitos. Varia a idade segundo a área do Direito: a) Civil: absoluta: até os 16 anos; relativa: entre 16 e 21 anos (CC, arts. 4º, 5º e 9º); b) Política: até 16 anos (CF, art. 14, § 1º, II); c) Penal: até 18 anos (art. 228 da CF: "São penalmente inimputáveis os menores de dezoito anos, sujeitos às normas da legislação especial" e art. 27 do CP, de que o artigo constitucional é cópia; d) Trabalhista: 14 a 18 anos (CF, art. 7º, XXXIII, que diz: "Art. 7.º: São direitos dos trabalhadores urbanos e rurais, além de outros que visem à melhoria de sua condição social:(...) XXXIII – proibição de trabalho noturno, perigoso ou insalubre a menores de 18 (dezoito) e de qualquer trabalho a menores de 16 (dezesseis), salvo na condição de aprendiz, a partir dos 14 (quatorze) anos".

Nepotismo (S. m.): Ato de corrupção e/ou abuso de poder, tanto na esfera pública quanto na privada. O nepotismo caracteriza uma prática administrativa voltada para o favorecimento de parentes e amigos com empregos, indicações, títulos ou honrarias.

Nó górdio: Nó que é impossível ou quase impossível desatar; dificuldade séria; busílis. A expressão "cortar o nó górdio" significa solucionar um problema; resolver uma grande dificuldade com rapidez ou violência.

Nojo: "Luto. Período de respeito por morte de cônjuge ou parente próximo, consangüíneo ou afim, no qual:

> a) não se fará citação (CPC, art. 217, II); b) o servidor público pode faltar ao serviço até 8 (oito) dias (Lei n.º 8.112, de 11.12.1990, art. 97, III, "b"); c) o empregado pode deixar de comparecer ao trabalho até 2 (dois) dias (CLT, art. 473). Cognato: nojoso (adj.), relativo a nojo; lutuoso" (Othon Sidou, *Dicionário jurídico*).

Notificação [Latim *Notificare*, de notificar]: dar a saber.

É o aviso judicial empregado para designar ato do juiz, por meio do qual se dá conhecimento a alguém de que há alguma coisa ou algum fato de seu interesse, já praticado ou a ser praticado, a fim de que o notificado possa valer-se de medidas legais ou de prerrogativas que lhe sejam garantidas por lei.

É processada de forma escrita, por despacho do juiz.

Não se pode confundir notificação com citação ou intimação. Num esforço de síntese, assim se pode distingui-las:

- citação: é o chamamento da parte para demandar ou se ver acionar;
- intimação: é a notícia levada às partes;
- notificação: é a comunicação à parte de que contra ela foi proposta qualquer ação, para que sejam assegurados ou ressalvados direitos.

Período aquisitivo (Dir. Trab.): Intervalo de tempo de 12 (doze) meses de vigência do contrato de trabalho, que assegura ao empregado o direito a férias e a indenização por despedida sem justa causa. (Cf. CLT, arts. 130-133)

Receptação (S. f.) (Dir. Pen.): Ato ou efeito de receptar. Crime de ocultação de coisas adquiridas criminosamente por outrem, aquisição ou recebimento dessas mesmas coisas, conscientemente, ou seja, com conhecimento da origem ou procedência criminosa. Igualmente, caracterizar-se-á a receptação o induzir ou influir terceiro de boa-fé a comprar, receber ou ocultar.

Reclusão (S. f.) (Dir. Pen.): Pena privativa de liberdade, que deve ser cumprida em regime fechado, semi-aberto ou aberto. Distingue-se da detenção – regime semi-aberto, ou aberto, salvo necessidade de transferência para regime fechado – por ser mais severa e aplicar-se a atos puníveis mais graves. (Art. 33 do Código Penal)

Segundo o § 1º desse mesmo art. 33, "considera-se: a) regime fechado a execução da pena em estabelecimento de segurança máxima ou média; b) regime semi-aberto a execução da pena em colônia agrícola, industrial ou estabelecimento similar; c) regime aberto a execução da pena em casa de albergado ou estabelecimento adequado".

Reconvenção: ação judicial movida pelo réu contra o autor. Ao lado da contestação e da exceção, constitui uma modalidade de resposta do réu.

A ação principal e a ação reconvencional têm de ser julgadas concomitantemente. Isso quer dizer que o processo é formado pela cumulação das ações (*simultaneus processus*).

O réu, isto é, a parte ativa na ação reconvencional, é chamado "reconvinte". O autor da ação principal constitui a parte passiva na ação reconvencional. É o réu da reconvenção. Denomina-se "reconvindo".

Assim, a reconvenção é nova ação, formulada na própria contestação, que o réu (demandado) promove contra o autor (demandante). Funciona, como dizem Nelson Nery Júnior e Rosa Maria Andrade Nery, "sob forma de contra-ataque do réu contra o autor, dentro de processo já iniciado, ensejando processamento simultâneo com a ação principal (*simultaneus processus*), a fim de que o juiz resolva as duas lides na mesma sentença (CPC, 318)" (Código de Processo Civil – comentários).

Recurso [Latim *Recursus*] (Dir. Proc.): Expediente de que se utiliza a parte vencida numa relação processual, com finalidade de conseguir mudança, parcial ou total, ou anulação de uma sentença judicial. A parte ativa é o recorrente; a passiva, o recorrido.

Subasta [Latim *Subhasta*] (Dir. Proc. Civ.): Venda em leilão ou hasta, por mandado judicial.

Tradição: Entrega material da coisa adquirida ou devida. Quem faz a transferência (*traditio*) da coisa é o *tradens*, tradente, alienante, transferente ou transmitente; o que recebe é *accipiens*, aceitante ou aceitador.

Trânsito em julgado (Dir. Proc.): Situação da decisão judicial (sentença ou despacho) que se torna insusceptível de recurso ordinário ou de reclamação, originando o que se denomina coisa julgada.

Vademécum (S. m.) [Latim *Vade mecum*: vai ou vá comigo] (Bibliologia): "Compêndio ou livro, onde se acham as noções fundamentais de uma disciplina, pelo que, em regra, é trazido permanentemente pelo aluno, por lhe servir de guia ou roteiro." (De Plácido e Silva, *Vocabulário jurídico*). Por extensão: Repertório de legislação organizado de maneira simples e didática, de modo que facilite a consulta.

Valhacouto (S. m.): Lugar seguro, asilo, refúgio mormente de malfeitores, a salvo de perseguição policial; esconderijo de marginais. Variante: valhacoito.

Valor da causa (Proc. Civ.) A toda causa tem de ser atribuído um valor certo e determinado, expresso em moeda vigente, o que deve ser feito no momento da propositura da ação, devendo constar da petição inicial. O *quantum* fixado pelo autor na inicial pode ser contestado pelo réu.

Valor extrínseco (Dir. Obr.): Valor subordinado à convenção ou ao arbítrio das partes. Preço que é estipulado ou ajustado pela vontade dos envolvidos.

Valor nominal (Dir. Com.): Nas ações de sociedade anônima, o valor da real correspondência da parcela de capital que elas representam. (Dir. Obr.) O que vem declarado num título, de maneira certa e determinada, para não deixar dúvida; o que está expresso numa moeda de metal ou de papel.

Valor real (Dir. Obr.): O valor que a moeda ou qualquer outro objeto possui, independentemente de cunhagem ou de qualquer convenção ou estimativa. O mesmo que valor intrínseco.

Valor venal (Dir. Com.): Valor normal de qualquer artigo comercial no mercado. Preço que um bem alcançaria se colocado à venda. Avaliação de mercado. A base de cálculo do IPTU (Imposto Territorial Urbano) é feita a partir do valor venal do imóvel.

Zetética (S. f.) [Grego *Zetetiké* (subentende-se *techne*) — "a arte de procurar"]: 1. Método de investigação, ou conjunto de preceitos para a resolução de um problema filosófico ou matemático. 2. (Fil. p. us.) A doutrina de Pirro (v. pirronismo) em sua posição metodológica inicial, que consiste no incentivo à busca incessante de novos conhecimentos (Othon Sidou, *Dicionário jurídico*), conceitua assim: "Método de investigação crítico (rompimento com o dogmatismo) e prospectivo (encarando a disciplina jurídica com a realidade social), voltado para a construção de uma ordem social progressivamente melhor".

Capítulo 8
Palavras relacionadas com o ato de matar

Ambicídio

Homicídio-suicídio. Pacto de morte celebrado entre duas pessoas. Othon Sidou (*Dicionário jurídico*) cita um dos mais célebres ambicídios de que se tem notícia: a tragédia de Mayerling, na Áustria, no final do século XIX, envolvendo um príncipe.

Conjungicídio

Crime cometido contra o próprio cônjuge. Tem o vocábulo, por conseguinte, o mesmo sentido de uxoricídio ou mariticídio.

Fratricídio

Crime cometido por aquele(a) que mata ou assassina o(a) próprio(a) irmão(ã).

Infanticídio

Crime em que a própria mãe, sob influência do estado puerperal, durante ou logo após o parto, mata seu filho recém-nascido. Fora da influência desse estado, o crime já se caracteriza como homicídio.

Magnicídio

Assassínio de pessoa importante ou personalidade eminente, geralmente chefe de Estado.

Mariticídio

Crime cometido pela mulher contra o próprio marido.

Matricídio (do latim *matricidium*)

Crime de morte em que o filho mata a própria mãe.

Parricídio (do latim *parricidium*)

Crime de morte em que o filho mata o pai, a mãe ou qualquer dos ascendentes.

Regicídio

Assassínio de um rei ou soberano.

Uxoricídio

Crime praticado pelo marido contra sua própria mulher.

Capítulo 9
Exercícios com sinônimos

1. Identifique os sinônimos, relacionando a coluna da esquerda com a da direita:

a) APÓCRIFO	proibido	( )
b) COGENTE	eloqüente	( )
c) CONUBIAL	negligente	( )
d) DEFESO /fê/	moratório	( )
e) DEFESSO /fé/	duradouro	( )
f) DESIDIOSO	matrimonial	( )
g) DILAPIDADOR	inautêntico	( )
h) DILATÓRIO	perdulário	( )
i) DIUTURNO	cansado	( )
j) FACUNDO	imperativo	( )

2. Repita o procedimento do exercício anterior nos itens abaixo:

a) FALAZ	desarmado	( )
b) FUNGÍVEL	nulo	( )
c) INAPTO	terminante	( )
d) INERME	bilateral	( )
e) ÍRRITO	tardio	( )
f) PEREMPTÓRIO	enganador	( )
g) PUTATIVO	sobrevivente	( )
h) SINALAGMÁTICO	imaginário	( )
i) SUPÉRSTITE	incapaz	( )

3. Relacione os sinônimos:

a) AB-ROGAR	embargar	( )
b) ADITAR	perdoar	( )
c) ARRESTAR	resgatar	( )
d) DESCRIMINAR	adiar	( )
e) INDULTAR	revogar	( )
f) PROCRASTINAR	anular	( )
g) REMIR	acrescentar	( )
h) RESCINDIR	inocentar	( )

4. Relacione os sinônimos:

a) ARMISTÍCIO	procurador	( )
b) COLITIGANTE	insulto	( )
c) COMBORÇA /bór/	ardil	( )
d) CONTUMÁCIA	demanda	( )
e) CONTUMÉLIA	litisconsorte	( )
f) DISSÍDIO	desafio	( )
g) ÊMULO	indenização	( )
h) ESTRATAGEMA	trégua	( )
i) LITÍGIO	revelia	( )
j) MANDATÁRIO	rival	( )
l) REPTO	concubina	( )
m) RESSARCIMENTO	dissensão	( )

5. Relacione, devidamente, as palavras da coluna da esquerda com as da direita:

a) AFORAMENTO	penhor	( )
b) ARESTO	inventário	( )
c) ARRAS (plural)	empecilho	( )
d) ARRENDAMENTO	apreensão	( )
e) ARRESTO	usura	( )
f) ARROLAMENTO	pronunciamento	( )
g) BANCARROTA	locação	( )
h) EMBARGO	desapossamento	( )
i) EMENTA	enfiteuse	( )
j) EMISSÃO	resumo	( )
l) EVICÇÃO	falência	( )
m) ONZENA	acórdão	( )

6. Escreva o vocábulo a que se refere a explicação. Os vocábulos são:

ADJUDICAR, EMENTAR, ADIMPLIR, RESILIR, ALIENAR, USUCAPIR, PRESCREVER, EXCUTIR.

a) Transferir para outra pessoa o domínio de coisa ou o gozo de direito que é nosso.

= ______________________________

b) Executar os bens do devedor principal e, depois, os do fiador, se os primeiros não forem suficientes para cobrir a dívida. = ______________________

c) Obter, pela prescrição aquisitiva, propriedade que já possuía, por um tempo definido em lei. = ______________________

d) Extinguir-se a punibilidade do autor de um crime ou contravenção, a qual se conservou sem exercício por certo lapso de tempo. = ______________________

e) Cumprir um contrato, executar uma obrigação. = ______________________

f) Dissolver ou rescindir um contrato quase sempre sucessivo, por acordo e mútuo consentimento ou por iniciativa de uma das partes, quando de direito esta for. = ______________________

g) Resumir conteúdo de uma sentença ou acórdão ou o que há numa lei, decreto, provisão, alvará para a assinatura da autoridade com competência para a referenda ou decretação. = ______________________

h) Transferir bens do patrimônio do devedor para o do credor ou de uma pessoa para outra, em decorrência de execução, de sucessão ou, ainda, de venda. = ______________________

7. Repita o mesmo procedimento do exercício anterior com os vocábulos a seguir:

CURADOR, DEPRECANTE, COMITENTE, PROSCRITO, TUTOR, SENHORIO, VERDUGO, ENFITEUTA:

a) Pessoa que foi desterrada, emigrada. = ______________________

b) Pessoa que tem ou recebe o domínio útil de um prédio. = ______________________

c) Pessoa indicada para ser executora da justiça ou, mais especificamente, pessoa encarregada de efetivar a pena de morte. = ______________________

d) Pessoa a quem é dada a comissão ou encargo, por investidura legal ou judicial, de zelar pelos bens e pelos interesses de outra pessoa que não possa fazê-lo por si mesma. = ______________________

e) Pessoa que confia a outra tarefa de comprar, vender ou praticar qualquer ato, sob suas ordens e por sua conta, consoante remuneração acordada. = ______________________

f) Pessoa encarregada de dirigir a pessoa do menor e de administrar-lhe os bens, cuidando da assistência e educação, como se fora o próprio pai, podendo ter investidura legal, testamentária, dativa, oficial, de fato e *ad hoc*. = ______________________

g) Pessoa (juiz) que requisita a outra (juiz ou juízo), de jurisdição estranha à sua, a prática de ato ou diligência necessária ao andamento do processo. = ______________________

h) Pessoa que se reveste da condição de dono, proprietário, tanto nos casos de enfiteuse, quanto nos de locação ou arrendamento. = ______________________________

8. Repita o mesmo procedimento do exercício 7 com os vocábulos a seguir:

BÍGAMA, ADÚLTERA, AMÁSIA, TUTRIZ, BINUBA, SEPTUAGENÁRIA, NÚBIL, MULTÍPARA, NULÍPARA, NUTRIZ, NUTRÓLOGA, NONAGENÁRIA.

Todas as frases se iniciam com a expressão: Mulher que...

a) se casou duas vezes é ______________________________.

b) está em idade de se casar é ______________________________.

c) não teve nenhum parto é ______________________________.

d) possui dois cônjuges simultaneamente é ______________________________.

e) amamenta, ama-de-leite, é ______________________________.

f) já teve muitos partos é ______________________________.

g) se especializa no estudo sistemático de problemas de alimentação é ____________________ ______________________________.

h) é encarregada legalmente de cuidar da assistência e da educação de um menor é ________ ______________________________.

i) transgride a regra da fidelidade conjugal é ______________________________.

j) vive ou coabita em estado de casada com um homem é ______________________________.

l) está na casa dos setenta anos é ______________________________.

m) está na casa dos noventa anos é ______________________________.

Capítulo 10
Argumentação

A dissertação-argumentação está presente no dia-a-dia de todas as pessoas.

Portador de razão e vontade, o homem está sempre expondo suas idéias, julgando, avaliando, criticando tudo a seu redor. Em outras palavras: está sempre dissertando ou argumentando.

Antes de ir à frente na exposição, é preciso resolver uma questão delicada: a da tradicional divisão bipartida da dissertação em *expositiva* e *argumentativa.*

Expositiva é o nome pelo qual grande número de autores designa a dissertação em que se expressam idéias sobre determinado assunto, sem a preocupação de convencer o leitor ou ouvinte.

Nesse tipo de dissertação, o enunciador pode tratar de matéria com a qual nem mesmo se identifica, bastando, para isso, não "tomar partido", não declarar suas intenções nem ter o propósito de "fazer a cabeça" do receptor. Por exemplo: uma pessoa que faça uma explanação sobre o Protestantismo (origem, princípios, propagação pelo mundo etc.), sem a intenção de angariar adeptos. O objetivo é passar a informação, podendo tal indivíduo ser até um católico ferrenho.

Argumentativa é a dissertação que implica defesa de uma tese, com a finalidade de convencer (ou tentar convencer) alguém, demonstrando, por meio da evidência de provas consistentes, a superioridade de proposta sobre outras ou a relevância dela tão-somente.

Presos a essas considerações, vê-se na dissertação expositiva um discurso neutro, isento de marcas do sujeito, contrariamente à dissertação argumentativa, carregada de ideologia e orientada para a função apelativa, com a finalidade de obter a adesão do receptor.

Estudos recentes em áreas específicas da Lingüística, como a Semântica, a Pragmática, com atenção especial para a Teoria da Enunciação, contudo, revêem a posição tradicional, apontando a neutralidade do discurso como um mito. Como diz Ingedore G. Villaça Koch[1], "o discurso que se pretende 'neutro', ingênuo, contém também uma ideologia — a da própria objetividade".

Com fundamento nesse raciocínio, elimina-se a distinção entre dissertação expositiva (conhecida também apenas pelo termo *dissertação*) e dissertação argumentativa (chamada, muitas vezes, de *argumentação*), "visto que a primeira teria de limitar-se, apenas, à exposição de idéias alheias, sem nenhum posicionamento pessoal. Ocorre, porém, que a simples seleção das opiniões a serem reproduzidas já implica, por si mesma, uma opção. Também nos textos denominados *narrativos* e *descritivos*, a argumentatividade se faz presente em maior ou menor grau".[2]

Embora se entenda que não existe discurso neutro, que toda e qualquer manifestação do pensamento ou vontade traz implícita ou declarada uma ideologia, mantém-se, quase sempre, por razões didáticas, a divisão tradicional em dissertação expositiva e dissertação argumentativa. A presença da antítese na dissertação argumentativa é que a diferencia daquela meramente expositiva. Antítese no sentido de contrário à tese, conforme a dialética de Hegel (tese, antítese, síntese). No caso específico do Direito, o que se vê, no dia-a-dia das lides forenses, são requintados exercícios de dissertação argumentativa, com variadíssimos tipos de argumento. Por isso, na prática, usaremos tão-somente o termo *argumentação.*

Qualquer que seja a metalinguagem ou terminologia adotada, o mais importante é caracterizar o fato.

Antes de mais nada, nunca é demais lembrar que a dissertação, por envolver conceitos, juízos, reflexões, idéias, é aplicada a todas as áreas do saber. Daí a necessidade de conhecer bem esse procedimento redacional, tarefa que, se não é fácil, também difícil não é, desde que o interessado se incline a observar-lhe as sutis técnicas e a fazer exercícios contínuos.

A eventual dificuldade para o ato de redigir dissertação explica-se pelo fato de que ela exige de quem escreve amadurecimento no assunto tratado, conhecimento da matéria, pendor para a reflexão, raciocínio lógico, potencial argumentativo, capacidade de análise e síntese, além do domínio de expressão verbal adequada e de estruturas lingüísticas específicas.

Tais exigências, contudo, serão satisfeitas se forem levados em conta estudo, reflexão e observância de técnicas facilmente apreensíveis. Todos podem e devem chegar lá. Que ninguém desista.

Exemplo de argumentação

O caso dos exploradores de cavernas

Assunto: o caso dos exploradores de cavernas, litígio fictício baseado em fatos reais, relatado por Lon L. Fuller, professor de Jurisprudência da "Harvard Law School", traduzido por Plauto Faraco de Azevedo, professor adjunto e pesquisador da Faculdade de Direito da UFRGS, doutor em Direito pela Universidade Católica de Louvain, Bélgica (Porto Alegre: Sérgio Antônio Fabris Editor, 1999).

[1] Ingedore G. V. Koch. *Argumentação e linguagem*. 2. ed. São Paulo: Cortez, 1987, p. 19.

[2] Id., Ibid., p. 19-20.

Em princípios de maio do ano de 4299, no Condado de Stowfield, Inglaterra, cinco espeleólogos penetraram em uma caverna de rocha calcária. Quando já estavam bem afastados, um desmoronamento bloqueou completamente a entrada. Notada a ausência deles, uma equipe de socorro foi enviada ao local.

Novos deslizamentos de terra dificultaram o resgate, chegando a matar dez operários. Nesse ínterim, os prisioneiros esgotaram as parcas provisões de que dispunham. Tinham consigo um rádio transistorizado, com o qual conseguiram contactar os engenheiros responsáveis pela operação resgate, os quais lhes comunicaram serem ainda necessários pelo menos dez dias para a desobstrução. Os prisioneiros descreveram, então, suas condições físicas aos médicos da comissão, os quais lhes informaram que teriam poucas possibilidades de sobrevivência até o fim do tempo requerido para o resgate. Um dos prisioneiros, Whetmore, falando em nome do grupo, perguntou se poderiam sobreviver caso sorteassem um deles para matar e comer. Embora a contragosto, a resposta do chefe da equipe médica foi afirmativa; o mesmo Whetmore pediu também um pronunciamento moral sobre a questão, mas não houve quem se dispusesse a emiti-lo. As comunicações por rádio cessaram. Dentro da caverna, conforme o relato de quatro sobreviventes, ocorreu o seguinte: por sugestão do próprio Whetmore, todos acordaram em sortear uma vítima num jogo de dados; entretanto, antes de lançarem a sorte, Whetmore quis desistir do acordo e esperar mais uma semana; outros acusaram-no de violar o pacto, lançaram os dados e a sorte caiu sobre o próprio Whetmore, que foi morto e comido pelos companheiros. Isso aconteceu no vigésimo terceiro dia do cativeiro, e a libertação deu-se no trigésimo segundo.

Os quatro sobreviventes foram levados a júri por homicídio. O porta-voz dos jurados (um advogado) pediu que o veredicto fosse excepcionalmente expedido pelo juiz, o qual declarou culpados os réus, condenando-os à forca, conforme previa a lei do país. Terminado o júri, os jurados enviaram uma petição conjunta ao chefe do Poder Executivo, a fim de que a pena capital fosse comutada em seis meses de prisão. O próprio juiz de primeira instância, que havia condenado à morte os réus por força da lei vigente, dirigiu também uma petição semelhante à mesma autoridade. O Executivo, porém, nada resolveu antes de ouvir a decisão da Suprema Corte de Newgarth, à qual recorreram os condenados. Ouvidos os juízes dessa corte, dois manifestaram-se pela absolvição, dois pela condenação e um absteve-se de dar seu pronunciamento. Havendo empate, a sentença condenatória do tribunal da primeira instância foi confirmada, marcando-se dia, local e hora para a execução.

Esquema

Argumentação I

A. Tese O réus são culpados de homicídio e devem cumprir a pena que lhes cabe.

B. Prova Infringiram a lei; agiram premeditadamente; tomaram uma resolução precipitada; não se deixaram intimidar pela prevenção da lei; deram mau exemplo; substituíram a lei por um contrato atípico, sem validade jurídica; violaram o direito natural à vida; não podendo provar a anuência de Wethmore ao sacrifício de sua própria vida.

C. Antítese **Contra-argumento:** houve legítima defesa.

Refutação: a vítima não era um agressor e foi executado premeditadamente.

Contra-argumento: não é necessário prevenção contra canibalismo.

Refutação: o mau exemplo pode exacerbar uma patologia latente.

Contra-argumento: os acusados estavam sob a lei da natureza.

Refutação: os juízes não julgam segundo a lei da natureza.

D. Síntese **Inventário dos argumentos:** a legítima defesa é insustentável, bem como o descaso pela função preventiva da lei e a proposta do contrato *ad hoc*. Portanto, prevalece a soberania da lei, apesar da situação dramática vivida pelos réus, pois o homicídio é um ato mau em si mesmo.

Conclusão: os réus são culpados e é justo que cumpram a pena que lhes cabe.

Argumentação II

A. Tese: Os réus são inocentes de homicídio, devem permanecer vivos e livres.

B. Prova: Agiram em legítima defesa; houve anuência da vítima; é preciso interpretar a lei e não apenas aplicá-la literalmente; a lei positiva foi substituída validamente por um contrato *ad hoc*; os réus têm o apoio da jurisprudência em casos semelhantes; não tiveram socorro moral; já foram punidos pela vida; têm a opinião pública a seu favor.

C. Antítese: **Contra-argumento:** não houve legítima defesa, porque houve premeditação.

Refutação: as circunstâncias concretas excluem premeditação.

Contra-argumento: a vítima desistiu do contrato *ad hoc*.

Refutação: a vítima não desistiu, apenas postergou sua adesão.

D. Síntese: **Inventário dos argumentos:** houve legítima defesa e anuência da vítima.

Conclusão: os réus são inocentes; deveriam permanecer vivos e livres.

Argumentação I

A. Tese	Os acusados são culpados de homicídio, porque mataram consciente e deliberadamente a vítima, conforme eles próprios relataram.	
B. Prova **Argumento 1**, baseado no relato do presidente Truepenny e no voto do juiz Keen.	Infringiram a lei vigente em seu país, que reza: "Quem que intencionalmente prive a outrem a vida será punido com a morte". A forma da lei não permite nenhuma exceção. Como não lhes foi concedida nenhuma clemência executiva, é justo que cumpram a pena que lhes cabe, isto é, a morte na forca.	argumento *a priori*

Argumento 2, baseado no relato e no voto do presidente Truepenny e no voto do juiz Handy.	*Dura lex, sed lex,* embora se admita que pudesse ser concedida aos réus alguma clemência executiva, em razão da situação trágica que os envolveu durante tanto tempo e da absoluta falta de encorajamento e apoio moral que experimentaram.	argumento com concordância parcial
Argumento 3, baseado no relato do presidente Truepenny.	Não se pode esquecer, contudo, que a informação médica que receberam foi de que sua sobrevivência no lapso de tempo requerido para o resgate tinha **escassas** possibilidades, mas ninguém falou em **impossibilidade**. O que lhes acenava, talvez, para uma revisão de seu intento.	argumento *ad rem*
Argumento 4, baseado no voto do juiz Keen.	Os réus são culpados, porque a Lei Positiva não pode ser violada. Sem o respeito à lei, não há vida em sociedade, e uma só lei que não seja cumprida abre brechas na totalidade do código, relativizando aquilo que não pode ser relativizado. A lei tem uma função pedagógica e preventiva, que também perderia sua força em caso de não-observância. Os acusados não se deixaram intimidar pela prevenção da lei, que eles certamente conheciam ou tinham obrigação de conhecer, pois a ninguém é lícito alegar desconhecimento da lei: *Nemo consetur ignorare legem.*	argumento *a priori*
Argumento 5, baseado no voto do juiz Keen.	Outrossim, desrespeitando a lei, os acusados dão mau exemplo a outras pessoas, que poderão vir a proceder como eles em situação semelhante. E o que é pior: podem incentivar aberrações comportamentais latentes.	argumento *a posteriori*
Argumento 6, baseado no voto do juiz Foster, refutado pelo juiz Tatting.	Os acusados brincaram com a lei. Adulteraram-na à sua própria discrição, substituindo-a por um contrato atípico; deixaram de lado o consenso sacramentado de toda a sociedade, apoiados na opinião titubeante de um só médico, leigo em assuntos jurídicos. Foi o que fizeram, ao contratarem entre si que um deles deveria morrer para servir de alimento aos demais — sem levarem em consideração que essa morte premeditada constitui crime de homicídio, proibido e punido por lei.	argumento *a priori*
Argumento 7, baseado no relato do presidente Truepenny.	Além disso, existe algo que é mais importante, que está acima do Direito Positivo e da possibilidade ou impossibilidade de mitigação da pena: é o Direito Natural à vida, inscrito na natureza humana e explicitado na proibição incondicional do Direito Divino: "Não matarás o inocente nem o justo" (Ex. 23, 7). Essa lei da natureza deve ter clamado no peito de Whetmore, enquanto seus companheiros o eliminavam, e ele, evidentemente, morria sem culpa.	argumento *ad rem*

Argumento 8, baseado em inferências do relato do presidente Truepenny.	Seu depoimento não existe; os fatos tornaram-se conhecidos apenas pela versão dos algozes e nunca se poderá saber ao certo o que realmente ocorreu dentro da caverna, naqueles trágicos momentos. Mas parece pouco provável que Whetmore tenha aceitado facilmente a sorte que lhe coube, uma vez que tentara antes desfazer o acordo. Não teria pedido clemência? Não teria sofrido horrivelmente para morrer, quem sabe a pedradas, sem comover seus verdugos?	argumento *ab impossibili* *a causa*
C. Antítese Contra-argumento e refutação 1, baseados nos votos dos juízes Keen e Tatting.	Talvez alguém levante a hipótese de legítima defesa, como circunstância excludente, em situação tão dramática. Mas para haver legítima defesa, não pode haver premeditação; na legítima defesa, a intenção primeira não é matar, mas defender a própria vida, fazendo valer o Direito Natural; a morte do agressor não é desejada e ocorre por acidente. O que obviamente não aconteceu no caso em exame, em que a vítima não era um agressor e houve premeditação, conforme o relato dos próprios réus.	argumento *a loco* e *a contrario sensu*
Contra-argumento e refutação 2, baseados nos votos dos juízes Keen e Tatting.	Quanto ao aspecto pedagógico e preventivo da lei, alguém poderia objetar que seria muito improvável a necessidade de prevenção contra homicídio para fins de canibalismo. A observação procede, entre pessoas normais. Mas os portadores potenciais desta patologia poderiam tê-la ativada com o relaxamento da lei – poderia ter início uma seqüência de aberrações, como ocorre quando não se põe cobro à violência e à impunidade.	argumento *a modo* e *a contrario sensu*
Contra-argumento e refutação 3, baseados nos votos dos juízes Foster, Tatting e Handy.	Poder-se-ia também levantar uma objeção à vigência da lei naquela situação inusitada: trancafiados na caverna, os acusados poderiam considerar-se fora do país e da legislação vigente — e como as leis se estabelecem por contrato, poderiam pactuar entre si seu próprio código. Assim sendo, não estariam sob a Lei Positiva, mas sob uma espécie de lei da natureza. Contudo, os juízes encarregados da decisão não estão habilitados a aplicar as leis da natureza; seu encargo e dever é aplicar a Lei Positiva do país. Com que autoridade poderiam transformar-se em um tribunal da natureza? Essa imaginosa objeção, mesmo que fosse tomada a sério, tem ainda contra si o fato de a vítima ter declinado do contrato, quebrando a unanimidade e sendo, pois, executada à sua revelia.	argumento *a loco* argumento à definição argumento *ad rem*

D. Síntese **1 Inventário dos argumentos**	Assim sendo, a alegação insustentável de legítima defesa; o descaso pela função preventiva da lei: a proposta imaginosa de um contrato *ad hoc* baseado nas exigências incoercíveis da natureza — não anulam de forma alguma a soberania da lei e não descaracterizam o crime de homicídio. E, em que pese a situação dramática vivida pelos réus, o homicídio é e sempre será um ato brutal, mau em si mesmo, sejam quais forem suas atenuantes ou justificativas.	
2 Conclusão	Conclui-se, pois, que, na impossibilidade de obtenção da clemência executiva, é justo que os réus cumpram a pena que lhes cabe por lei.	

Argumentação II

A. Tese	Os acusados são inocentes de homicídio; deveriam permanecer vivos e em liberdade. Não podem ser acusados de homicídio, de maneira simplista e redutiva. É preciso pesar e examinar atentamente a lei e as circunstâncias.	
B. Prova **Argumento 1**, baseado nos votos dos juízes Keen e Tatting.	A lei vigente no País assim reza: "Quem quer que intencionalmente prive outrem da vida será punido com a morte". Em primeiro lugar, pode-se invocar em favor deles a excludente da legítima defesa, porque o grupo foi compelido a matar para não morrer. Estava, de certa forma, premido pela força da natureza, pelo instinto de preservação da vida, inato em todo homem. Além disso, tomou essa decisão *in extremis*, depois de ver se esgotarem todos os outros recursos. Essas vicissitudes enfraquecem a premeditação que caracteriza o homicídio e descaracterizam o intencionalmente contido na lei.	argumento *ad rem* argumento *a contrario sensu*

Argumento 2, baseado no relato do presidente Truepenny, com interpretação *ad libitum*.	O homicídio, como é sabido, perfaz-se à revelia da vítima. E não se pode esquecer que houve um acordo entre eles. Assim sendo, a morte da potencial vítima configuraria mais propriamente um ato de renúncia, uma oferta dignificante da própria vida, para que outras vidas não se perdessem. Nesse caso, os réus não seriam algozes, mas uma espécie de sacerdotes realizando o sacrifício de uma vítima voluntária. A História registra exemplos semelhantes, que dignificam o homem. Guardadas as devidas proporções, o caso em questão apresenta pontos em comum com a morte de Maximilian Kolbe, que se ofereceu como resgate de um companheiro de prisão.	argumento à definição, *a contrario sensu* e *a simili*
Argumento 3, baseado no voto do juiz Foster.	É, pois, necessário fugir de todo fundamentalismo reducionista. A lei tem uma letra e um espírito, uma forma e uma interpretação, uma cristalização genérica e abstrata e uma jurisprudência. Ademais, a Lei Positiva repousa sobre a lei natural e resulta de um controle social que tem vigência em determinada circunscrição territorial concreta.	argumento *ad rem*
	Ora, os exploradores soterrados estariam realmente em solo inglês — ou, completamente isolados de seu país, estariam também privados das condições concretas que a sociedade oferece para que as leis sejam cumpridas? Prisioneiros da montanha, o interior desta era o seu mundo, a sua sociedade, o seu país. Seus únicos concidadãos eram seus companheiros de cárcere. Assim sendo, formavam uma nação *sui generis*, em que se podiam estabelecer contratos legais *ad hoc*. Foi o que fizeram os espeleólogos, por sugestão da própria vítima. A circunstância concreta e incomum que viveram descaracteriza, de certa forma, o dispositivo legal em que foram incluídos.	argumento *a loco*
Argumento 4, baseado no voto do juiz Foster.	Vem em reforço o fato de, em outros casos, a jurisprudência registrar situações de exceção, em que a lei não pode ser aplicada literalmente, devido a circunstâncias peculiares e imprevisíveis.	argumento *a simili*
	Sabe-se, por exemplo, que não se pode estacionar em local proibido ou em fila dupla. Mas não tem cabimento uma punição ao motorista se este fica involuntariamente preso duas horas num engarrafamento de trânsito, parado em local proibido ou em fila dupla... *Mutatis mutandis*, foi o que aconteceu com os espeleólogos: conheciam certamente a lei que proíbe matar, pois ninguém pode alegar desconhecimento da lei. Mas foram forçados a infringi-la pela ameaça de morte por inanição. Enfraquecida a intencionalidade do ato condenado, deveria também enfraquecer o rigor condenatório.	

Argumento 5, baseado no relato do presidente Truepenny.	Contudo, mais relevante do que o fato de infringir ou não infringir a lei foi a falta absoluta de socorro espiritual, de apoio moral, que os prisioneiros experimentaram. Embora tivessem cessado as comunicações por rádio de dentro para fora da caverna — a equipe de salvamento poderia ter continuado a manifestar-se, de fora para dentro. E não houve ninguém que opinasse sobre o aspecto ético da questão. Não houve nenhuma palavra de impedimento nem de esperança. Apenas os frios dados da técnica matemática e da medicina. De certa forma, a equipe de resgate foi conivente com a resolução deles — e, já que eles foram condenados, essa equipe deveria ser condenada também.	argumento *a causa, a loco, a tempore* e *a modo*
Argumento 6, baseado no voto do juiz Handy.	Enfim, a experiência de incerteza, de sofrimento profundo, de náusea, de remorso, pela qual passaram os quatro sobreviventes, já marcou permanentemente a vida de cada um. Se eles tivessem ainda algo a purgar, a vida que lhes resta se encarregaria de puni-los. Por isso, a opinião pública esteve a favor deles.	argumento *ad rem*
C. Antítese Contra-argumento e refutação 1, baseados nos votos dos juízes Keen, Tatting e Handy e no relato do presidente Truepenny.	Alguém poderia questionar a excludente da legítima defesa, afirmando que houve premeditação na atitude dos réus. Mas será que se pode chamar de premeditação a premência da fome, o enfraquecimento físico e, conseqüentemente, moral, medo da morte, a dor da inanição? Todas essas circunstâncias levam mais a agir por instinto do que por deliberação consciente. Ademais, o fim almejado por eles não era eliminar um companheiro, mas defender suas vidas; a morte ocorreu, pois, por necessidade vital. Não se podia evitar, assim como foi inevitável a morte dos operários durante a operação de salvamento.	argumento *ad rem* e *a contrario sensu*
Contra-argumento e refutação 2, baseados no voto do juiz Handy e no relato do presidente Truepenny.	Poder-se-ia também objetar, com relação ao contrato estabelecido *ad hoc*, que a vítima declinara de seu assentimento e resolvera esperar mais uma semana. Contudo, bem pesadas as coisas, Whetmore não desistiu do contrato; quis apenas adiar a sua execução. Isto é: continuava concordando com a decisão tomada em grupo, tanto assim que não impediu os companheiros de lançarem os dados.	argumento *ad rem*
D. Síntese 1 Inventário dos argumentos	Assim sendo, visto que houve legítima defesa, ainda que atípica; visto que houve anuência da vítima; considerando o aspecto inusitado e dramático da situação, ainda que os réus interiormente possam sentir alguma culpa, isso já se transformou em remorso, que irá purgá-los pela vida afora.	
2 Conclusão	São inocentes, deveriam permanecer vivos e em liberdade.	

Capítulo 11
Redação técnica

A redação técnica difere da literária pelas suas finalidades e pela sua forma: é uma comunicação objetiva, obedece a uma padronização que facilita o trabalho e dá ao redator mais segurança de sua eficiência. Caracteriza-se pelo texto em nível culto, gramaticalmente correto, claro, objetivo e com vocabulário adequado à área de atuação.

Várias entidades dão uniformidade à expressão técnica com suas normas e recomendações, como a Academia Brasileira de Letras (ABL), o Instituto Nacional de Metrologia, Normalização e Qualidade Industrial (Inmetro) e a Associação Brasileira de Normas Técnicas (ABNT), que representam entidades internacionais como a *International Organization for Standardization* (ISO) e o *Bureau International des Poids et Mesures* (BIPM). Quando necessário, serão indicadas as normas para consulta e documentação.

As comunicações das áreas acadêmicas e administrativas (empresariais ou oficiais) são redigidas em linguagem técnica, com características próprias em cada área. Há modalidades que são usuais em mais de uma área, como o relatório.

Neste manual, as modalidades usuais nas empresas e nas repartições públicas estão agrupadas sob a denominação de **redação administrativa**.

Ata

A ata é, para efeitos legais, o registro escrito dos fatos ou ocorrências tomadas em uma reunião, sessão, assembléia geral ordinária ou extraordinária. Em reuniões em que seja necessário apenas esse registro, porém, sem as formalidades legais, faz-se um *relatório de reunião,* e não uma ata.

Na ata, os assuntos são lançados em ordem cronológica. É redigida no pretérito perfeito do indicativo. Os numerais são escritos por extenso.

A ata tem um só parágrafo, escrevendo-se tudo seguidamente, inutilizando-se os espaços em branco nos finais de linhas, com barras.

Não pode haver rasuras: qualquer emenda na lavratura deve ser feita com o uso de expressões como "digo", "ou melhor", "aliás". Se o erro for notado após a redação, a correção é precedida da fórmula "em tempo". Se houver retificação a ser feita após a discussão na reunião seguinte, deverá ser consignada na ata da reunião em que se discutiu a anterior.

Se a ata é sumária, não se transcrevem os debates, as opiniões, somente os resultados das discussões, apresentados como deliberações, conforme a Lei nº 6.404/76, art. 130, § 1º.

A assinatura, conforme o caso, é feita pelo presidente e pelo secretário ou também pelos demais participantes da reunião.

As atas são lavradas em livros próprios, autenticados, com as páginas rubricadas por quem redigiu os "termos de abertura e de encerramento". As margens são delineadas com clareza para limitarem com exatidão o texto. Se houver cópias em folhas soltas, serão datilografadas ou digitadas em papel tamanho ofício, rubricadas e assinadas pelo presidente e pelo secretário. São válidas depois de aprovadas pelos participantes.

Conforme orientação do Departamento Nacional de Registro do Comércio, o processamento mecanizado ou eletrônico de atas pode ser feito, mas deve ter os seguintes procedimentos:

1. autenticar, na junta comercial, termos de abertura e encerramento e folhas numeradas que comporão o livro-fichário;
2. lavrar atas, nas folhas autenticadas e numeradas, sob forma datilográfica, digitada ou de processamento de texto;
3. completar e assinar atas imediatamente após o encerramento de reuniões;
4. completado o número de folhas previsto no termo de abertura, encadernar, compondo livro-fichário.

A ata consta de:

- título;
- introdução: data, local e hora;
- presenças;
- composição da mesa;
- publicações: indicação das publicações relacionadas com a reunião, como relatórios, editais;
- deliberações;
- encerramento.

A publicação de cópia da ata pela imprensa só será feita após registro na junta comercial, com especificação do número de registro, da data em que foi feito e do nome do secretário-geral responsável pela certificação.

Exemplo de ata sumária para publicação:

ATA DA REUNIÃO DO CONSELHO DE ADMINISTRAÇÃO DA LITAS S.A., REALIZADA EM 02 DE MAIO DE 2006.

Aos dois de maio de dois mil e seis, às quinze horas, na sede social, na Avenida do Cursino número dez, em São Paulo, SP, reuniram-se os membros do Conselho de Administração da Litas S.A., que esta subscrevem, devidamente convocada pelo seu presidente, Valdomiro Botelha, pelo Diário Oficial do Estado de São Paulo, em vinte de abril p. Iniciada a sessão, o presidente convidou o conselheiro Álvaro de Freitas para secretariar a reunião. Tomando a palavra, disse o presidente que a reunião, como foi convocada, tinha um só item na pauta: apreciar o pedido para alienar o imóvel sito na Rua Santo Antônio número doze, no Jardim São Pedro, em Jundiaí/SP. Após discussão, os senhores conselheiros deliberaram aceitar o que foi proposto. Nada mais havendo a tratar, foi lavrada a presente ata, que, lida e achada conforme, foi por todos aprovada e assinada e autorizada sua publicação com omissão das assinaturas dos conselheiros. São Paulo, 02 de maio de 2006. (aa) Alvaro de Freitas (Secretário da Mesa); Valdomiro Botelha (Presidente da Mesa). Certifico que a presente é cópia fiel do original lavrado em livro próprio. Álvaro de Freitas — Secretário. Secretaria da Justiça e Defesa da Cidadania, Junta Comercial do Estado de São Paulo. Certifico o registro sob o nº 10001/01 em 12 de maio de 2006. Beatriz de Moraes, Secretária-Geral.

Carta comercial

A carta comercial não é só instrumento de comunicação de que se valem as empresas ou pessoas no relacionamento comercial; é também a *imagem* de quem ela representa. Por isso, não basta que transmita um conteúdo, mas que o faça da melhor maneira. Para tanto, é necessário haver *boa apresentação,* que cause, ao primeiro contato, uma impressão de ordem, organização e competência.

A *clareza* é uma qualidade imprescindível em qualquer comunicação, principalmente na escrita, pois não há possibilidade de esclarecer as dúvidas de imediato, como na comunicação oral. Além da perda de tempo, pode haver, em conseqüência, sérios prejuízos financeiros decorrentes de interpretação errônea motivada pela obscuridade do texto. O mínimo que se pode exigir de uma carta é que ela seja inteligível. Para se atingir este objetivo, deve-se usar um *vocabulário simples,* atual, com os termos bem estruturados na frase.

A simplicidade, porém, não deve tender ao genérico. Avaliamos o conhecimento de alguém a respeito de um assunto pela capacidade de empregar *vocabulário específico,* que proporciona maior *precisão.*

Nas empresas, tempo é dinheiro: tempo de quem redige e de quem lê. A carta tem de ser, portanto, bastante *concisa,* isto é, deve ter a informação completa, com o menor número de palavras, sem longas introduções ou encerramentos, já em desuso há muito tempo.

Como é um relacionamento meramente comercial, o texto tem de ser *impessoal,* mas impessoalidade com *cortesia* — é um documento que não pode comprometer o conceito de que goza a firma.

A *correção gramatical* é importante: caracteriza a classe, o nível do emissor. A empresa não deve ser representada pela ignorância do redator, que elabora o texto, e do chefe, que assina, concordando com os erros, numa demonstração de incompetência.

É preciso tomar cuidado com o emprego dos pronomes de tratamento, que deve ser uniforme, sem misturar a terceira pessoa gramatical com a segunda.

O cabeçalho ou timbre da firma deve conter todos os dados importantes para sua identificação.

A pauta entre as linhas deve ser de 1½ ou de 2 espaços. A margem esquerda será de 15 espaços e a direita, de 7. É claro que depende do tamanho do papel e da extensão do texto, mas sempre a margem esquerda é maior que a direita, para facilitar o arquivamento.

Atualmente não há muita preocupação com o alinhamento da margem direita.

• Local e data

Quando no timbre houver indicação de uma só cidade, não é preciso indicar a localidade precedendo a data. Costuma-se, entretanto, citá-la por tradição da linguagem comercial.

A indicação do dia terá, por segurança, dois dígitos: 01... 09.

O nome do mês será grafado com inicial minúscula. A indicação do ano não tem ponto no milhar: 2006.

• Índice

O índice da seção emitente, número da carta, iniciais do redator (em 1º lugar) e do digitador (em 2º lugar) têm sua localização determinada pelas normas da empresa remetente. Podem estar no canto superior junto à margem esquerda ou no canto inferior junto à mesma margem, após o término da carta ou em outro lugar que julgar conveniente. As iniciais do digitador são também com maiúsculas, pois trata-se de sigla de nome próprio; a distinção é feita pela ordem dos elementos.

• Endereçamento

O endereçamento interno pode ser precedido ou não de **A**, **À** ou **Ao.** Não se pode afirmar que seja proibido ou obrigatório o seu uso. Costuma-se colocar o endereçamento completo para esclarecer qualquer dúvida posterior, pois a carta será sempre digitada com cópia, o que não acontece com o envelope. Se o envelope tiver janela transparente, a necessidade, então, é evidente. Caso a carta seja entregue em mãos, não é preciso o endereçamento completo. É, na verdade, uma cópia das indicações do envelope.

Caso seja enviada por fax, no endereçamento coloque o destinatário e na linha seguinte escreva **FAX,** seguido pelo número telefônico de fax.

Se enviar a carta aos cuidados (**A/C**) de algum funcionário, isso não significa que deva ter o tratamento no singular. Continua sendo "V. S^{as}. ", "Prezados senhores", pois a indicação a uma pessoa é só para facilitar o atendimento. Nunca use **Att.**; em português é **At.** para "atenção de". Redija a indicação de **A/C** ou **At.** abaixo do endereçamento na carta e não a escreva no envelope, pois há o risco de ser considerada de caráter pessoal.

Sendo mandada por fax, **A/C** vem na linha abaixo do número do fax.

- **Referência**

A referência facilita a distribuição da correspondência em uma firma grande. Se a carta é para uma pessoa física, não há necessidade de referência. Muitas vezes a referência indica os dados identificadores da correspondência, e o conteúdo da carta é apresentado em "Assunto". Faz-se, então, indicação de **n/ref.** e de **s/ref.** (se houver).

- **Vocativo**

A invocação "Prezados senhores" tem o vocábulo "senhores" grafado com **s** minúsculo.

Alguns preferem simplesmente "Senhores", sem a cortesia do termo "Prezados". Após o vocativo, pode-se utilizar vírgula (,); ponto (.) ou nenhuma pontuação, segundo Celso Cunha (*Nova gramática do português contemporâneo*).

- **Texto**

Atualmente está muito divulgado o sistema "bloco", de origem norte-americana: a mudança de parágrafo é feita com uma pauta maior e não se deixa distância da margem, isto é, sem "branco paragráfico". É um sistema que contraria a tradição da língua portuguesa e das demais línguas neolatinas. No Brasil, a ABNT (Associação Brasileira de Normas Técnicas) determina, na NB-311/1978, que o início de cada parágrafo do texto deve vir com recuo da margem, chamado de branco paragráfico.

As importâncias em dinheiro são também escritas por extenso, entre parênteses, com minúsculas. Outras indicações numéricas não precisam ser expressas por algarismos e também por extenso.

O uso de abreviaturas e siglas não é arbitrário, segue convenções. Certifique-se no tópico "Abreviatura e siglas mais usadas".

Os vocábulos que não sejam da língua portuguesa devem ser destacados graficamente por aspas, negrito ou tipo de letra diferente das demais: "software".

Verifique no dicionário ou no vocabulário ortográfico se o vocábulo não está aportuguesado, como náilon, leiaute.

- **Fecho**

Basta terminar com "atenciosamente", seguido por vírgula, ponto final ou sem nenhuma pontuação.

Nunca use "atentamente". Esse é o fecho espanhol.

A assinatura terá abaixo a indicação de quem assina e que função exerce. Não há necessidade de colocar o nome da firma, pois ele já está no timbre. Se o timbre for com o nome ou logotipo de um grupo de empresas coligadas, esclarece-se o nome da empresa junto à assinatura. Evite usar o carimbo para identificação de quem assina. Prefira colocar a assinatura do lado direito, para dar mais destaque. Se houver duas assinaturas, o responsável assina à direita e o co-responsável à esquerda. Se forem mais de duas, as assinaturas serão em coluna.

- **Após a assinatura**

Qualquer indicação de elementos anexos deve ser registrada ao pé da folha, no final da carta, sem especificar, só com indicação do número de anexos. Se houver cópias a serem enviadas a outros que não o destinatário especificado no endereçamento, escreva **c.c.** e relacione os nomes. Caso deseje que o destinatário não saiba sobre o envio de cópias, relacione só nas cópias, não no original.

Nunca use **P. S.** *(Post Scriptum)* em carta comercial, só em familiar. Se esqueceu algo, reescreva a carta toda, acrescentando o que faltou. A expressão "em tempo" é de ata e não deve ser usada em cartas comerciais.

Quando houver mais de uma folha, siga o que determina a ABNT na NB-311/1978:

5.1 Quando o ofício ou carta ocupar mais uma folha, usar:

a) para indicar continuação o sinal .../ a 30 mm do fim da página e a quatro espaços da margem direita;
b) para numerar as folhas subseqüentes, indicar o número de página entre hifens, a dois espaços a partir do alto da página e afastados, no mínimo, 8 mm da margem direita;
c) iniciar a continuação do texto a partir de, no mínimo, cinco espaços no alto da página.

Note bem:

Afirmam alguns que a carta "moderna" é aquela redigida no sistema bloco, tendo todos os elementos, da data até a assinatura, iniciados junto à margem esquerda. Na verdade, confundem as coisas. Há um sistema que é brasileiro (não só brasileiro, mas usado em muitos países europeus e latino-americanos) e que deveria ser utilizado pelas firmas sediadas no Brasil para a correspondência em língua portuguesa. A linguagem comercial moderna caracteriza-se pelas suas qualidades de clareza, correção, simplicidade e concisão. Evite, isto sim, os chavões, como "Vimos por meio desta...", "Sem mais para o momento...", "mui", o espanholismo "atentamente" no fecho, em vez de "atenciosamente". Não sublinhe desnecessariamente.

Faça a divisão silábica correta em final de linha, valendo-se do hífen, sem sublinhar letra. Não há justificativa para o sublinhado, pois não há marginação rigorosa no lado direito do texto.

Quanto mais breve, clara, correta e simples for a carta, mais moderna ela será.

MACIO Software

Av. Brigadeiro Luís Antônio, 2.247 CEP 01317-002 São Paulo SP

DV/53
HM/LS

São Paulo, 05 de maio de 2006.

A
Laime
Rua Divinópolis, 356
04158-000 São Paulo SP

Ref.: Processador de textos.

Prezados senhores.

Já recebemos o Unitexto 4.2. Sugerimos também o gerenciador de aplicações Escotilha para completar o "software" de que necessitam. Verifiquem as características nos folhetos anexos. O preço promocional em reais do Unitexto 4.2 mais o Escotilha é o equivalente a US$ 139,00 (cento e trinta e nove dólares) comerciais.

Ficaremos honrados com sua visita ao nosso estande na 6ª Fenasoft, no Pavilhão de Exposições do Anhembi, de 25 a 28 de maio p. f.

Atenciosamente,

Víctor Gil
Diretor de Vendas

2 anexos

LAIME ARTESANATO DE CHOCOLATES FINOS LTDA M. E.
Rua Divinópolis, 356 CEP 04158-000 São Paulo SP Tel. (11) 3766-4657

02 de maio de 2006

Cartão Publicidade S.A.
Rua Padre João Manuel, 7045
01411-001São Paulo SP

A/C Sra. Elisabete

Ref.: Pedido 135/94. Listas.

Prezados senhores.

O desconto que conseguimos com nossos fornecedores de matéria-prima repassamos aos nossos clientes; assim, podemos reduzir o valor do seu pedido para R$ 1.653,00 (um mil, seiscentos e cinqüenta e três reais). O vencimento será em 01.06.2006.

Atendendo a sua solicitação, enviamos anexas listas dos novos produtos desenvolvidos para o mês de maio.

Atenciosamente,

Íris Sousa
Diretora comercial

2 anexos

HS/LM

Assuntos para cartas comerciais:

1. Apresentação de funcionário.
2. Pedido de informações sobre candidato a emprego.

3. Participação de demissão de viajante.
4. Participação de constituição de sociedade.
5. Participação de alteração de sociedade.
6. Pedido de listas de preços.
7. Pedido de desculpas por atraso de entrega de mercadorias.
8. Reclamação pelo atraso de entrega de mercadorias.
9. Reclamação sobre mercadoria em desacordo com o pedido.
10. Oferta de máquinas.
11. Oferta de serviços.
12. Aviso de majoração de preços.
13. Reclamação pela falta de cumprimento de cláusulas contratuais.
14. Justificação de falta de cumprimento de cláusulas contratuais.
15. Resposta a pedido de remessa de mercadorias.
16. Comunicação sobre mudança de endereço.
17. Comunicação de inauguração de filial.
18. Solicitação de pagamento de título vencido.
19. Pedido de pagamento de seguro.
20. Pedido de informação sobre firma fornecedora.
21. Solicitação de crédito.
22. Chamada de candidato a emprego.
23. Pedido de prazo maior para resgate de duplicata.
24. Pedido de desculpas por engano em remessa de mercadoria.
25. Pedido de redução de encomenda.
26. Alteração de pedido e remessa urgente.
27. Desistência de representação.
28. Resposta a pedido de representação.
29. Resposta a pedido de revisão de cálculos.
30. Pedido de livro a ser enviado pelo reembolso postal.
31. Resposta a um pedido de informações cadastrais.
32. Convite para visitar exposição na Feira Mecânica.
33. Pedido de retirada de volumes do depósito da transportadora.
34. Notificação do envio de mercadorias por via ferroviária.
35. Apresentação de aviso prévio a funcionário.
36. Comunicação de dispensa por falta grave.
37. Comunicação de dissolução de uma firma.
38. Pedido de filial à matriz, solicitando mais funcionários.
39. Comunicado de matriz a filiais sobre alteração do sistema de cobranças.

40. Comunicação às filiais de campanhas de promoção.
41. Pedido de contribuições para a Apae.
42. Devolução de duplicata não aceita.
43. Negação de crédito e exigência de pagamento antecipado.
44. Envio de cheque para pagamento de cheque em carteira.
45. Alteração de orçamento ou proposta.
46. Remessa de anexo citado em carta anterior, mas não enviado.
47. Consulta sobre "leasing".
48. Oferta de novos produtos.
49. Impossibilidade de produção de equipamento.
50. Promoção de vendas.

Carta oficial

Na administração pública, a correspondência formal é feita por meio de ofício. A carta é usada em correspondência menos formal, como nas comunicações de caráter social: agradecimentos, convites, homenagens, comunicados a candidatos aprovados em concurso, correspondência com entidades particulares, tratando de assuntos genéricos.

As características são as mesmas da carta comercial.

Correspondência interna

A correspondência interna de uma empresa compreende várias modalidades, como relatórios, comunicações internas ou memorandos, avisos, circulares, bilhetes, ordens de serviço, memoriais e outros documentos criados para atender a necessidades específicas de uma empresa.

Destaquemos a *comunicação interna* ou *memorando.* A denominação tem variado entre as empresas, apesar de ambos os documentos serem praticamente iguais e terem as mesmas finalidades. Hoje a denominação mais freqüente é a *comunicação interna*, a qual serve para mensagens, solicitações, consultas, informações breves, respostas, enfim, comunicações, principalmente interdepartamentais.

A linguagem é simples, reproduzindo a fala que seria usada na comunicação oral. Não há necessidade das fórmulas de cortesia na abertura ou no fechamento, comuns nas cartas, mas devem ser tomados cuidados maiores quando se dirige a níveis hierárquicos superiores.

As empresas têm, normalmente, impresso próprio que corresponde a meia carta, para a padronização das comunicações internas. Uma sugestão pode ser um impresso com o seguinte cabeçalho:

COMUNICAÇÃO INTERNA

Para:	Dep. ....
De:	Dep. ....
Assunto:	Data: ....

Exemplo:

COMUNICAÇÃO INTERNA	Nº 17
Para: Antônio Carlos	Dep. Pessoal
De: Eduardo	Dep. Contab.
Assunto: Saída antecipada	Data: 08.05.2006

A funcionária Maria da Silva se retirou duas horas antes do fim do expediente para atender irmão que sofreu acidente.

Relatório

O relatório é um documento em que se registram observações, pesquisas, investigações, fatos, variando de acordo com o assunto e com as finalidades. Assim, há, por exemplo, relatório executivo, operacional, de estágio, de auditoria, de reunião de estudos.

A redação é a etapa final do desenvolvimento de um processo. Só será bem-feita se as etapas iniciais tiverem sido todas cumpridas com dedicação e cuidado. Para redigir bem, o relator deve ter expressão lingüística desenvolvida pelo treino constante de redação, alicerçada em bons conhecimentos gramaticais. A clareza e a correção devem constituir-se em preocupação constante para se obter um texto de leitura fácil e agradável.

• **Etapas da redação de um relatório**

Atitudes antes de se iniciar o trabalho de campo

1. Deve haver *preparação intelectual* para perfeito conhecimento do assunto a ser tratado no relatório. Esse estudo poderá ser feito pela leitura atenta da bibliografia pertinente e por meio de consulta a quem domina o assunto.
2. *Disposição psicológica* positiva facilitará a tarefa e o deixará mais atento e disposto para a realização de todo o trabalho.
3. A *fixação dos objetivos*, das finalidades, é imprescindível para o correto desenvolvimento das atividades.
4. A *determinação dos métodos* de trabalho deve ser feita criteriosamente, levando em conta os objetivos, as circunstâncias, os recursos — é a marcação de como será percorrido o caminho.
5. *Adequação ao destinatário*. A comunicação deverá ser de acordo com quem receberá a mensagem. Use a linguagem que atinja mais eficazmente quem vai ler e avaliar o relatório.
6. Pense no destinatário antes de iniciar o trabalho, para fazer as suas opções com mais acerto.

Durante o trabalho de campo

1. *Observações* devem ser cuidadosas, muito atentas. Para observar, concentre-se no trabalho, evitando distrações que desviem a atenção.

2. *Anotações:* não confie na memória nem a sobrecarregue. São as anotações que fornecerão os dados para a redação do relatório.
3. *A seleção das observações* relevantes é feita nos momentos de reflexão sobre o que já foi realizado, num processo de avaliação parcial.
4. *Conclusões parciais* decorrem da seleção de observações e de sua avaliação.
5. *Recomendações:* quais você apresenta, se o relatório é de caráter consultivo. Assuma posições com base em argumentos decorrentes dos fatos comprovados.
6. *Comentários dos outros envolvidos no trabalho.* Se o seu texto relata observações sobre o trabalho de outras pessoas, é preciso saber a opinião, as justificativas, as explicações — enfim, os argumentos que elas têm para explicar os fatos, esclarecer as dúvidas.
7. *Reavaliação do trabalho* é uma reflexão sobre o que fez para determinar os valores e estabelecer os níveis de importância dos elementos que serão relatados.

Redação da minuta

1. *Planifique, esquematize* o relatório antes de iniciar a redação da minuta. Preocupe-se com o plano para que seu texto seja eficiente na elaboração e também eficaz nos resultados.
2. *Cabeçalhos breves* facilitam a leitura e despertam mais interesse.
3. Use preferencialmente a *numeração progressiva*, pois ela ordena as seções, permitindo uma visão mais clara do conjunto relacionado com as partes do documento.
4. *A linguagem deve ser clara, correta, concisa, adequada.* É primordial conhecer bem as normas da língua portuguesa para reproduzir um texto de bom nível. Evite a linguagem afetiva num trabalho que deve ser técnico.
5. *A revisão do texto deve ser feita várias vezes na minuta.* Dê um espaço de tempo entre uma e outra releitura, para ter uma visão crítica mais acurada sobre o que escreveu.

Envie uma cópia para *os outros* envolvidos no trabalho, para que se pronunciem e a devolvam com observações.

Redação final

1. *Reestude o texto* da minuta e o pronunciamento dos outros interessados. Reveja não só suas observações, opiniões, mas também a expressão lingüística.
2. *Reescreva* o que for necessário; não se acomode nem seja impaciente.
3. *Cuide bem da apresentação gráfica,* com boa digitação, para que o trabalho possa ser lido com facilidade. Evite o uso de fontes com caracteres difíceis de ler. Não deve haver grafismos desnecessários, como abuso de sublinhados e de maiúsculas.
4. A *ilustração* com mapas, gráficos e gravuras facilita a comunicação. Observe se é mais conveniente intercalar as ilustrações no texto ou abrir uma seção para elas no final.
5. A *revisão* deve ser cuidadosa tanto no aspecto gráfico quanto no conteúdo. Se possível, peça para um colega fazer a revisão.
6. *Date, assine* e *encaminhe* o relatório.

Sugestão de esquema para um relatório

Capa:
título do relatório
nome do relator
cidade
ano

Folha de rosto:
Título do relatório Ref.:
Para:
Elaborado por:
Assunto:
Data de verificação:
Local:
Data de elaboração:
Tipo de relatório: (parcial, total, inicial, final)
Natureza: (normal, confidencial, reservado, secreto)

Nas folhas seguintes:
RESUMO
o quê?
por quê?
o que se fez?
recomendações

INTRODUÇÃO
Objetivos (o que se pretende)
Métodos (entrevistas, questionários, observações, testes...)
Meios (instrumentos)
Duração (quanto tempo?)
Pessoal envolvido (quem?)

DESENVOLVIMENTO
Fatos, constatações (exatos, objetivos, em seqüência)
Avaliação crítica (motivos e conseqüências, ou causas e efeitos)
Recomendações (medidas a serem tomadas)
Conclusões (resultados esperados)

ANEXOS
BIBLIOGRAFIA
LOCAL e DATA.

Assinatura
NOME LEGÍVEL
IDENTIFICAÇÃO FUNCIONAL

Note bem: É importante fazer o RESUMO. Quem lê o relatório pode estar satisfeito com as informações contidas no resumo e dispensar a leitura do restante. Se isso não ocorrer, o leitor terá adiante as informações que procura, pois quem redige tem obrigação de relatar tudo.

Destaque o resumo num quadro.

Ofício, memorando, fax

A redação de ofícios, memorandos, enfim, de atos administrativos em geral tem variado nas diversas esferas do poder público: cada Estado, cada prefeitura tem normas próprias, nem sempre atualizadas nem, muito menos, simplificadas. O *Diário Oficial da União* publicou, em 9 de março de 1992, o Decreto nº 468, de 06.03.1992, em que o Presidente da República estabelece regras para a redação de atos normativos do Poder Executivo. No mesmo dia, a Secretaria da Administração Federal baixou a Instrução Normativa nº 4, tornando obrigatória, nos órgãos da Administração Federal, a observação das modalidades de comunicação oficial constantes no "Manual de Redação da Presidência da República".

O Decreto nº 2.954, de 29.01.1999, republicado em 24.02.1999, estabelece regras para a redação de atos normativos de competência dos órgãos do Poder Executivo.

Essas normas podem servir de modelo para as demais esferas da administração pública, que não "ousam" simplificar sua correspondência oficial. Segue-se a transcrição das normas que podem provocar algum interesse fora da administração federal, como ofício, memorando e a transmissão de documentação por fax.

Decreto nº 2.954, de 29 de janeiro de 1999

Estabelece regras para a redação de atos normativos de competência dos órgãos do Poder Executivo.

Seção III

Da articulação e da técnica redacional

Articulação

Art. 19. Os textos dos atos de que trata este Decreto deverão ser elaborados com observância dos seguintes princípios:

I — a unidade básica de articulação será o artigo designado pela forma abreviada "Art.", seguido de algarismo arábico e do símbolo de número ordinal "º" até o de número 9, inclusive ("Art. 1º", "Art. 2º", etc.); a partir do de número 10, segue-se arábico correspondente, seguido de ponto ("Art. 10.", "Art. 11.", etc.);

II — caso necessário o acréscimo de dispositivo ao texto, conservarão estes a forma do inciso anterior, seguidos de letras maiúsculas, observando-se os seguintes exemplos: "Art. 1º-A.", "Art. 15-B", "Seção I-A", "Capítulo II-B";

III — a inserção de unidades inferiores ao artigo (parágrafos, incisos, alíneas ou itens) numa seqüência já existente não deverá ser feita na forma do inciso anterior, mas com renumeração, se não convier colocar unidade ao final da seqüência;

IV — a indicação de artigo será separada do texto por um espaço em branco, sem traços ou outros sinais;

V — o texto de um artigo inicia-se por letra maiúscula e termina por ponto, salvo nos casos em que contiver incisos, quando se encerra com dois-pontos;

VI — os incisos dos artigos e dos parágrafos devem ser designados por algarismos romanos seguidos de hífen, iniciados por letra minúscula, a menos que a primeira palavra seja nome próprio, e, ao final, pontuados com ponto-e-vírgula, exceto o último, que se encerra com ponto, e o que contiver desdobramento em alíneas, que se encerra com dois-pontos;

VII — nas seqüências de incisos, alíneas ou itens, o penúltimo elemento será pontuado com ponto e vírgula seguido da conjunção "e", quando de caráter cumulativo, ou da conjugação "ou", se a seqüência for disjuntiva;

VIII — o parágrafo único de artigo deve ser designado pela expressão "Parágrafo único", seguida de ponto;

IX — quando um artigo contiver mais de um parágrafo, este será designado pelo símbolo "§", seguido do algarismo arábico correspondente e do símbolo de número ordinal "º" até o nono parágrafo, inclusive ("§ 1º", "§ 2º", etc.); a partir do número 10, a designação deve ser feita pelo símbolo "§", seguido do algarismo arábico correspondente e de ponto "§ 10.", "§ 11.", etc.);

X — o texto dos parágrafos inicia-se com letra maiúscula e encerra-se com ponto, exceto se for desdobrado em incisos, quando se encerra com dois-pontos;

XI — os incisos desdobram-se em alíneas, que deverão ser grafadas com a letra minúscula correspondente, seguida de parênteses: "a)", "b)", etc.;

XII — as alíneas desdobram-se em itens, que deverão ser grafados por algarismos arábicos, seguidos de ponto ("1.", "2.", etc.);

XIII — o texto dos itens inicia-se por letra minúscula e termina em ponto-e-vírgula, salvo o último, que se encerra por ponto;

XIV — em remissões a outros artigos do texto normativo, deve-se empregar a forma abreviada "art.", seguida do número correspondente ("o art. 8º", no art. 15", etc.); quando o número for substituído por um adjetivo ("anterior", "seguinte", etc.), a palavra deverá ser grafada por extenso ("no artigo anterior", "no artigo seguinte");

XV — devem ser grafadas por extenso quaisquer referências, feitas no texto, a números e percentuais (trinta; dez; vinte e cinco; duzentos e trinta e cinco; zero vírgula zero; duzentos e trinta e quatro por cento; dois vírgula quinze por cento; etc.), exceto nos casos em que houver prejuízo para a compreensão do texto;

XVI — valores monetários devem ser expressos em algarismos arábicos, seguidos da indicação, por extenso, entre parênteses: R$ 3.800,00 (três mil e oitocentos reais);

XVII — as datas, quando grafadas por extenso, observarão as seguintes formas:

a) 4 de março de 1998 e não 04 de março de 1998;

b) 1.º de maio de 1998 e não 1 de maio de 1998;

XVIII — na primeira remissão a texto legal após a ordem de execução e nas citações em cláusulas revogatórias, a data do ato normativo deve ser grafada por extenso: Lei n.º 8.112, de 11 de dezembro de 1990; nas demais remissões, a citação deve ser feita de forma reduzida: Lei n.º 8.112, de 1990;

XIX — ao contrário do número das leis, a indicação do ano não deve conter ponto entre a casa do milhar e da centena: 1998, 1999, e não 1.998, 1.999, 2.000;

XX — para melhor localização e identificação dos dispositivos da lei poderá ser adotada a especificação temática do conteúdo de um artigo ou grupo de artigos, mediante título que preceda os dispositivos, grafado em letras minúsculas postas em negrito, justificado à esquerda, sem numeração (como adotado neste Decreto);

XXI — o agrupamento de artigos poderá constituir Subseção, o de Subseções, a Seção, o de Seções, o Capítulo, o de Capítulos, o Título, o de Títulos, o Livro e o de Livros, a Parte;

XXII — os Capítulos, os Títulos, os Livros e as Partes serão grafados em letras maiúsculas e identificados por algarismos romanos, podendo estas últimas desdobrar-se em Parte Geral e Parte Especial ou ser subdivididas em partes expressas em numeral ordinal, por extenso;

XXIII — as Subseções e Seções serão identificadas em algarismos romanos, grafadas em letras minúsculas e postas em negrito;

XXIV — deve-se usar um espaço simples entre capítulos, seções, artigos, parágrafos, incisos, alíneas e itens;

XXV — o texto deverá ter dezoito centímetros de largura, ser digitado em "Times New Roman corpo 12" em papel de tamanho "A-4" (vinte e nove vírgula quatro por vinte e um centímetros), tendo a margem esquerda dois centímetros e a direita, um centímetro;

XXVI — a epígrafe deverá ser grafada em caixa alta, sem negrito, de forma centralizada, propiciando identificação numérica singular do ato, e formada pelo título designativo da espécie normativa e pela data de promulgação; e

XXVII — a ementa, alinhada à direita, com nove centímetros, deverá ser grafada de forma concisa, a fim de permitir, de modo imediato, o conhecimento da matéria disciplinada, devendo guardar estreita correlação com a idéia central do texto, bem assim com o art. 1º do ato proposto.

Técnica redacional

Art. 20. As disposições serão redigidas com clareza, precisão e ordem lógica, observando o seguinte:
I — para obtenção de clareza:
a) usar as palavras es as expressões em seu sentido comum, salvo quando a norma versar sobre assunto técnico, hipótese em que se empregará a nomenclatura própria da área em que se esteja legislando;
b) usar frases curtas e concisas;
c) construir as orações na ordem direta, evitando preciosismo, neologismo e adjetivações dispensáveis;

d) buscar a uniformidade do tempo verbal em todo o texto das normas legais, dando preferência ao tempo presente ou ao futuro simples do presente; e
e) usar os recursos de pontuação de forma judiciosa, evitando os abusos de caráter estilístico;
II — para obtenção de precisão:
a) articular a linguagem, técnica ou comum, de modo a ensejar perfeita compreensão do objetivo do texto e a permitir que se evidencie com clareza o conteúdo e o alcance que o legislador pretende à norma;
b) expressar a idéia, quando repetida no texto, por meio das mesmas palavras, evitando o emprego de sinonímia com propósito meramente estilístico;
c) evitar o emprego de expressão ou palavra que confira duplo sentido ao texto;
d) escolher termos que tenham o mesmo sentido e significado na maior parte do território nacional, evitando o uso de expressões locais ou regionais; e
e) usar apenas siglas consagradas pelo uso, observando o princípio de que a primeira referência no texto seja acompanhada de explicitação de seu significado;
III — para a obtenção de ordem lógica:
a) reunir sob a categoria de agregação — subseção, seção, capítulo, título e livro — apenas as disposições relacionadas com o objetivo da norma;
b) restringir o conteúdo de cada artigo a um único assunto ou princípio; e
c) expressar por meio dos parágrafos os aspectos complementares à norma enunciada no *caput* do artigo e as exceções à regra por este estabelecida.

Manual de redação da Presidência da República (excerto)

Obs. Inseriu-se um excerto do capítulo 2 do *Manual de redação da Presidência da República* com o intuito de discorrer a respeito das comunicações oficiais, no caso, o ofício, o memorando e o fax.

Secretaria de Administração Federal
Instrução Normativa n.º 4, de 6 de março de 1992.
Atualizado pela subchefia para Assuntos Jurídicos da Casa Civil da Presidência da República em 2002.

Capítulo 2 – As comunicações oficiais

2. Introdução

A redação das comunicações oficiais deve, antes de tudo, seguir os preceitos explicitados no Capítulo I, *Aspectos Gerais da Redação Oficial.* Além disso, há características específicas de cada tipo de expediente, que serão tratadas em detalhe neste capítulo. Antes de passarmos à sua análise, vejamos outros aspectos comuns a quase todas as modalidades de comunicação oficial: o emprego dos pronomes de tratamento, a forma dos fechos e a identificação do signatário.

2.1. Pronomes de Tratamento

2.1.1. Breve História dos Pronomes de Tratamento

O uso de pronomes e locuções pronominais de tratamento tem larga tradição na língua portuguesa. De acordo com Said Ali[3], após serem incorporados ao português os pronomes latinos *tu* e *vos*, "*como tratamento direto da pessoa ou pessoas a quem se dirigia a palavra*", passou-se a empregar, como expediente lingüístico de distinção e de respeito, a segunda pessoa do plural no tratamento de pessoas de hierarquia superior. Prossegue o autor:

"Outro modo de tratamento indireto consistiu em fingir que se dirigia a palavra a um atributo ou qualidade eminente da pessoa de categoria superior, e não a ela própria. Assim aproximavam-se os vassalos de seu rei com o tratamento de *vossa mercê*, *vossa senhoria* (...); assim usou-se o tratamento ducal de *vossa excelência* e adotaram-se na hierarquia eclesiástica *vossa reverência*, *vossa paternidade*, *vossa eminência*, *vossa santidade.*"[4]

A partir do final do século XVI, esse modo de tratamento indireto já estava em voga também para os ocupantes de certos cargos públicos. *Vossa mercê* evoluiu para *vosmecê*, e depois para o coloquial *você*. E o pronome *vós*, com o tempo, caiu em desuso. É dessa tradição que provém o atual emprego de pronomes de tratamento indireto como forma de dirigirmo-nos às autoridades civis, militares e eclesiásticas.

2.1.2. Concordância com os Pronomes de Tratamento

Os pronomes de tratamento (ou de *segunda pessoa indireta*) apresentam certas peculiaridades quanto à concordância verbal, nominal e pronominal. Embora se refiram à segunda pessoa gramatical (à pessoa com quem se fala, ou a quem se dirige a comunicação), levam a

[3] SAID ALI, Manoel. *Gramática secundária histórica da língua portuguesa.* 3. ed. Brasília: Ed. Universidade de Brasília, 1964, p. 93-94.

[4] Id. Ibid.

concordância para a *terceira pessoa*. É que o verbo concorda com o substantivo que integra a locução como seu núcleo sintático: "Vossa *Senhoria nomeará* o substituto"; "Vossa *Excelência conhece* o assunto".

Da mesma forma, os pronomes possessivos referidos a pronomes de tratamento são sempre os da terceira pessoa: "Vossa *Senhoria* nomeará *seu* substituto" (e não "*Vossa... vosso...*").

Já quanto aos adjetivos referidos a esses pronomes, o gênero gramatical deve coincidir com o sexo da pessoa a que se refere, e não com o substantivo que compõe a locução. Assim, se nosso interlocutor for homem, o correto é "*Vossa Excelência está atarefado*", "*Vossa Senhoria deve estar satisfeito*"; se for mulher, "*Vossa Excelência está atarefada*", "*Vossa Senhoria deve estar satisfeita*".

2.1.3. Emprego dos Pronomes de Tratamento

Como visto, o emprego dos pronomes de tratamento obedece à secular tradição. São de uso consagrado:

Vossa Excelência, para as seguintes autoridades:

a) do Poder Executivo:
Presidente da República;
Vice-Presidente da República;
Ministros de Estado[5];
Governadores e Vice-Governadores de Estado e do Distrito Federal;
Oficiais-Generais das Forças Armadas;
Embaixadores;
Secretários-Executivos de Ministérios e demais ocupantes de cargos de natureza especial;
Secretários de Estado dos Governos Estaduais;
Prefeitos Municipais.

b) do Poder Legislativo:
Deputados Federais e Senadores;
Ministro do Tribunal de Contas da União;
Deputados Estaduais e Distritais;
Conselheiros dos Tribunais de Contas Estaduais;
Presidentes das Câmaras Legislativas Municipais.

[5] Nos termos do Decreto nº 4.118, de 7 de fevereiro de 2002, art. 28, parágrafo único, são Ministros de Estado, além dos titulares dos Ministérios: o Chefe da Casa Civil da Presidência da República, o Chefe do Gabinete de Segurança Institucional, o Chefe da Secretaria-Geral da Presidência da República, o Advogado-Geral da União e o Chefe da Corregedoria-Geral da União.

c) do Poder Judiciário:

Ministros dos Tribunais Superiores;
Membros de Tribunais;
Juízes;
Auditores da Justiça Militar.

O vocativo a ser empregado em comunicações dirigidas aos Chefes de Poder é *Excelentíssimo Senhor*, seguido do cargo respectivo:

Excelentíssimo Senhor Presidente da República,
Excelentíssimo Senhor Presidente do Congresso Nacional,
Excelentíssimo Senhor Presidente do Supremo Tribunal Federal.

As demais autoridades serão tratadas com o vocativo *Senhor*, seguido do cargo respectivo:
Senhor Senador,
Senhor Juiz,
Senhor Ministro,
Senhor Governador,

No envelope, o endereçamento das comunicações dirigidas às autoridades tratadas por *Vossa Excelência* terá a seguinte forma:

<table>
<tr>
<td>A Sua Excelência o Senhor
Fulano de Tal
Ministro de Estado da Justiça
70.064-900 — Brasília. DF</td>
<td>A Sua Excelência o Senhor
Senador Fulano de Tal
Senado Federal
70.165-900 — Brasília. DF</td>
<td>A Sua Excelência o Senhor
Fulano de Tal
Juiz de Direito da 10ª Vara Cível
Rua ABC, nº 123
01.010-000 — São Paulo. SP</td>
</tr>
</table>

Em comunicações oficiais, está abolido o uso do tratamento *digníssimo* (DD) às autoridades arroladas na lista anterior. A dignidade é pressuposto para que se ocupe qualquer cargo público, sendo desnecessária sua repetida evocação.

Vossa Senhoria é empregado para as demais autoridades e para particulares. O vocativo adequado é:

Senhor Fulano de Tal,
(...)

No envelope, deve constar do endereçamento:

Ao Senhor
Fulano de Tal
Rua ABC, nº 123
70.123 — Curitiba. PR

Como se depreende do exemplo anterior, fica dispensado o emprego do superlativo *ilustríssimo* para as autoridades que recebem o tratamento de *Vossa Senhoria* e para particulares. É suficiente o uso do pronome de tratamento *Senhor*.

Acrescente-se que *doutor* não é forma de tratamento, e sim título acadêmico. Evite usá-lo indiscriminadamente. Como regra geral, empregue-o apenas em comunicações dirigidas a pessoas que tenham tal grau por terem concluído curso universitário de doutorado. É costume designar por *doutor* os bacharéis, especialmente os bacharéis em Direito e em Medicina. Nos demais casos, o tratamento Senhor confere a desejada formalidade às comunicações.

Mencionemos, ainda, a forma *Vossa Magnificência*, empregada, por força da tradição, em comunicações dirigidas a reitores de universidade. Corresponde-lhe o vocativo:

Magnífico Reitor,
(...)

Os pronomes de tratamento para religiosos, de acordo com a hierarquia eclesiástica, são:
Vossa Santidade, em comunicações dirigidas ao Papa. O vocativo correspondente é:

Santíssimo Padre,
(...)

Vossa Eminência ou *Vossa Eminência Reverendíssima*, em comunicações aos Cardeais. Corresponde-lhe o vocativo:

Eminentíssimo Senhor Cardeal, ou
Eminentíssimo e Reverendíssimo Senhor Cardeal,
(...)

Vossa Excelência Reverendíssima é usado em comunicações dirigidas a Arcebispos e Bispos; *Vossa Reverendíssima* ou *Vossa Senhoria Reverendíssima* para Monsenhores, Cônegos e superiores religiosos. *Vossa Reverência* é empregado para sacerdotes, clérigos e demais religiosos.

2.2. Fechos para Comunicações

O fecho das comunicações oficiais possui, além da finalidade óbvia de arrematar o texto, a de saudar o destinatário. Os modelos para fecho que vinham sendo utilizados foram regulados pela Portaria nº 1 do Ministério da Justiça, de 1937, que estabelecia quinze padrões. Com o fito de simplificá-los e uniformizá-los, este Manual estabelece o emprego de somente dois fechos diferentes para todas as modalidades de comunicação oficial:

a) para autoridades superiores, inclusive o Presidente da República:
Respeitosamente,

b) para autoridades de mesma hierarquia ou de hierarquia inferior:
Atenciosamente,

Ficam excluídas dessa fórmula as comunicações dirigidas a autoridades estrangeiras, que atendem a rito e tradição próprios, devidamente disciplinados no *Manual de Redação* do Ministério das Relações Exteriores.

2.3. Identificação do Signatário

Excluídas as comunicações assinadas pelo Presidente da República, todas as demais comunicações oficiais devem trazer o nome e o cargo da autoridade que as expede, abaixo do local de sua assinatura. A forma da identificação deve ser a seguinte:

(espaço para assinatura)
NOME
Chefe da Secretaria-Geral da Presidência da República

(espaço para assinatura)
NOME
Ministro de Estado da Justiça

Para evitar equívocos, recomenda-se não deixar a assinatura em página isolada do expediente. Transfira para essa página ao menos a última frase anterior ao fecho.

3. O Padrão Ofício

Há três tipos de expedientes que se diferenciam antes pela finalidade do que pela forma: o *ofício*, o *aviso* e o *memorando*. Com o fito de uniformizá-los, pode-se adotar uma diagramação única, que siga o que chamamos de *padrão ofício*. As peculiaridades de cada um serão tratadas adiante; por ora busquemos as suas semelhanças.

3.1. Partes do Documento no Padrão Ofício

O *aviso*, o *ofício* e o *memorando* devem conter as seguintes partes:

a) **tipo e número do expediente, seguido da sigla do órgão que o expede:**

Exemplos:

Mem. 123/2002-MF

Aviso 123/2002-SG

Of. 123/2002-MME

b) **local e data** em que foi assinado, por extenso, com alinhamento à direita:

Exemplo:

Brasília, 15 de março de 1991.

c) **assunto**: resumo do teor do documento

Exemplos:

Assunto: Produtividade do órgão em 2002.

Assunto: Necessidade de aquisição de novos computadores.

d) **destinatário**: o nome e o cargo da pessoa a quem é dirigida a comunicação. No caso do ofício deve ser incluído também o *endereço*.

e) **texto**: nos casos em que não for de mero encaminhamento de documentos, o expediente deve conter a seguinte estrutura:

— introdução, que se confunde com o parágrafo de abertura, na qual é apresentado o assunto que motiva a comunicação. Evite o uso das formas: "*Tenho a honra de*", "*Tenho o prazer de*", "*Cumpre-me informar que*", empregue a forma direta;

— desenvolvimento, no qual o assunto é detalhado; se o texto contiver mais de uma idéia sobre o assunto, elas devem ser tratadas em parágrafos distintos, o que confere maior clareza à exposição;

— conclusão, em que é reafirmada ou simplesmente reapresentada a posição recomendada sobre o assunto.

Os parágrafos do texto devem ser numerados, exceto nos casos em que estes estejam organizados em itens ou títulos e subtítulos.

Já quando se tratar de mero encaminhamento de documentos a estrutura é a seguinte:

— introdução: deve iniciar com referência ao expediente que solicitou o encaminhamento. Se a remessa do documento não tiver sido solicitada, deve iniciar com a informação do motivo da comunicação, que é *encaminhar*, indicando a seguir os dados completos do documento encaminhado (tipo, data, origem ou signatário, e assunto de que trata), e a razão pela qual está sendo encaminhado, segundo a seguinte fórmula:

"Em resposta ao Aviso n.º 12, de 1.º de fevereiro de 1991, encaminho, anexa, cópia do Ofício n.º 34, de 3 de abril de 1990, do Departamento Geral de Administração, que trata da requisição do servidor Fulano de Tal."

ou

"Encaminho, para exame e pronunciamento, a anexa cópia do telegrama nº 12, de 1º de fevereiro de 1991, do Presidente da Confederação Nacional de Agricultura, a respeito de projeto de modernização de técnicas agrícolas na região Nordeste."

— desenvolvimento: se o autor da comunicação desejar fazer algum comentário a respeito do documento que encaminha, poderá acrescentar parágrafos de *desenvolvimento*; em caso contrário, não há parágrafos de desenvolvimento em aviso ou ofício de mero encaminhamento.

f) fecho (v. *2.2. Fechos para Comunicações*);

g) assinatura do autor da comunicação; e

h) identificação do signatário (v. *2.3. Identificação do Signatário*).

3.2. Forma de Diagramação

Os documentos do *Padrão Ofício* devem obedecer à seguinte forma de apresentação:

a) deve ser utilizada fonte do tipo *Times New Roman* de corpo 12 no texto em geral, 11 nas citações, e 10 nas notas de rodapé;

b) para símbolos não existentes na fonte *Times New Roman* poder-se-á utilizar as fontes *Symbol* e *Wingdings*;

c) é obrigatório constar a partir da segunda página o número da página;

d) os ofícios, memorandos e anexos destes poderão ser impressos em ambas as faces do papel. Neste caso, as margens esquerda e direta terão as distâncias invertidas nas páginas pares ("*margem espelho*");

e) o início de cada parágrafo do texto deve ter 2,5 cm de distância da margem esquerda;

f) o campo destinado à margem lateral esquerda terá, no mínimo, 3,0 cm de largura;

g) o campo destinado à margem lateral direita terá 1,5 cm;

h) deve ser utilizado espaçamento simples entre as linhas e de 6 pontos após cada parágrafo, ou, se o editor de texto utilizado não comportar tal recurso, de uma linha em branco;

i) não deve haver abuso no uso de negrito, itálico, sublinhado, letras maiúsculas, sombreado, sombra, relevo, bordas ou qualquer outra forma de formatação que afete a elegância e a sobriedade do documento;

j) a impressão dos textos deve ser feita na cor preta em papel branco. A impressão colorida deve ser usada apenas para gráficos e ilustrações;

l) todos os tipos de documentos do *Padrão Ofício* devem ser impressos em papel de tamanho *A-4*, ou seja, 29,7 x 21,0 cm;

m) deve ser utilizado, preferencialmente, o formato de arquivo *Rich Text* nos documentos de texto;

n) dentro do possível, todos os documentos elaborados devem ter o arquivo de texto preservado para consulta posterior ou aproveitamento de trechos para casos análogos;

o) para facilitar a localização, os nomes dos arquivos devem ser formados da seguinte maneira:

tipo do documento + número do documento + palavras-chaves do conteúdo

Ex.: "*Of. 123 — relatório produtividade ano 2002*"

3.3. Aviso e Ofício

3.3.1. Definição e Finalidade

Aviso e *ofício* são modalidades de comunicação oficial praticamente idênticas. A única diferença entre eles é que o aviso é expedido exclusivamente por Ministros de Estado, para autoridades de mesma hierarquia, ao passo que o ofício é expedido para e pelas demais autoridades. Ambos têm como finalidade o tratamento de assuntos oficiais pelos órgãos da Administração Pública entre si e, no caso do ofício, também com particulares.

3.3.2. Forma e Estrutura

Quanto a sua forma, *aviso* e *ofício* seguem o modelo do *padrão ofício*, com acréscimo do *vocativo*, que invoca o destinatário (v. *2.1 Pronomes de Tratamento*), seguido de vírgula.

Exemplos:

Excelentíssimo Senhor Presidente da República

Senhora Ministra

Senhor Chefe de Gabinete

Devem constar do cabeçalho ou do rodapé do *ofício* as seguintes informações do remetente:

– nome do órgão ou setor;

– endereço postal;

– telefone e endereço de correio eletrônico.

Exemplo de Ofício

5 cm

(297 x 210 mm)
[Ministério]
[Secretaria/Departamento/Setor/Entidade]
[Endereço para correspondência]
[Endereço — continuação]
[Telefone e Endereço de Correio Eletrônico]

Ofício nº 524/1991/SG-PR

Brasília, 2 de maio de 2006.

A Sua Excelência o Senhor
Deputado [Nome]
Câmara dos Deputados
70160-900 — Brasília — DF

Assunto: **Demarcação de terras indígenas**

Senhor Deputado,

2,5 cm

1. Em complemento às observações transmitidas pelo telegrama nº 154, de 3 de abril último, informo Vossa Excelência de que as medidas mencionadas em sua carta nº 6. 708, dirigida ao Senhor Presidente da República, estão amparadas pelo procedimento administrativo de demarcação de terras indígenas instituído pelo Decreto nº 22, de 4 de fevereiro de 1991 (cópia anexa).

3 cm

2. Em sua comunicação, Vossa Excelência ressalva a necessidade de que — na definição e demarcação das terras indígenas — fossem levadas em consideração as características socioeconômicas regionais.

3. Nos termos do Decreto nº 22, a demarcação de terras indígenas deverá ser precedida de estudos e levantamentos técnicos que atendam ao disposto no art. 231, § 1º, da Constituição Federal. Os estudos deverão incluir os aspectos etno-históricos, sociológicos, cartográficos e fundiários. O exame deste último aspecto deverá ser feito conjuntamente com o órgão federal ou estadual competente.

4. Os órgãos públicos federais, estaduais e municipais deverão encaminhar as informações que julgarem pertinentes sobre a área em estudo. É igualmente assegurada a manifestação de entidades representativas da sociedade civil.

5. Os estudos técnicos elaborados pelo órgão federal de proteção ao índio serão publicados juntamente com as informações recebidas dos órgãos públicos e das entidades civis acima mencionadas.

1,5 cm

6. Como Vossa Excelência pode verificar, o procedimento estabelecido assegura que a decisão a ser baixada pelo Ministro de Estado da Justiça sobre os limites e a demarcação de terras indígenas seja informada de todos os elementos necessários, inclusive daqueles assinalados em sua carta, com a necessária transparência e agilidade.

Atenciosamente,

[Nome]
[cargo]

Exemplo de Aviso

(297 x 210 mm)

5 cm

Aviso nº 45/SCT-PR

Brasília, 27 de abril de 2006.

A Sua Excelência o Senhor
[Nome e cargo]

Assunto: **Seminário sobre uso de energia no setor público.**

Senhor Ministro,

2,5 cm

Convido Vossa Excelência a participar da sessão de abertura do *Primeiro Seminário Regional sobre o Uso Eficiente de Energia no Setor Público*, a ser realizado em 5 de maio próximo, às 9 horas, no auditório da Escola Nacional de Administração Pública – ENAP, localizada no Setor de Áreas Isoladas Sul, nesta capital.

3,0 cm

1,5 cm

O Seminário mencionado inclui-se nas atividades do *Programa Nacional das Comissões Internas de Conservação de Energia em Órgãos Públicos*, instituído pelo Decreto nº 99.656, de 26 de outubro de 1990.

Atenciosamente,

[nome do signatário]
[cargo do signatário]

3.4. Memorando

3.4.1. Definição e Finalidade

O *memorando* é a modalidade de comunicação entre unidades administrativas de um mesmo órgão, que podem estar hierarquicamente em mesmo nível ou em nível diferente. Trata-se, portanto, de uma forma de comunicação eminentemente interna.

Pode ter caráter meramente administrativo, ou ser empregado para a exposição de projetos, idéias, diretrizes, etc. a serem adotados por determinado setor do serviço público.

Sua característica principal é a agilidade. A tramitação do memorando em qualquer órgão deve pautar-se pela rapidez e pela simplicidade de procedimentos burocráticos. Para evitar desnecessário aumento do número de comunicações, os despachos ao memorando devem ser dados no próprio documento e, no caso de falta de espaço, em folha de continuação. Esse procedimento permite formar uma espécie de processo simplificado, assegurando maior transparência à tomada de decisões, e permitindo que se historie o andamento da matéria tratada no memorando.

3.4.2. Forma e Estrutura

Quanto a sua forma, o *memorando* segue o modelo do *padrão ofício*, com a diferença de que o seu destinatário deve ser mencionado pelo cargo que ocupa.

Exemplos:

Ao Sr. Chefe do Departamento de Administração

Ao Sr. Subchefe para Assuntos Jurídicos

Exemplo de Memorando

(297 x 210 mm)

5 cm

Mem. 118/DJ

Em 28 de abril de 2006.

Ao Sr. Chefe do Departamento de Administração

Assunto: **Administração. Instalação de microcomputadores**

1. Nos termos do Plano Geral de informatização, solicito a Vossa Senhoria verificar a possibilidade de que sejam instalados três microcomputadores neste Departamento.

3 cm

2. Sem descer a maiores detalhes técnicos, acrescento, apenas, que o ideal seria que o equipamento fosse dotado de disco rígido e de monitor

padrão EGA. Quanto a programas, haveria necessidade de dois tipos: um processador de textos, e outro gerenciador de banco de dados.

3. O treinamento de pessoal para operação dos micros poderia ficar a cargo da Seção de Treinamento do Departamento de Modernização, cuja chefia já manifestou seu acordo a respeito.

1,5 cm

4. Devo mencionar, por fim, que a informatização dos trabalhos deste Departamento ensejará racional distribuição de tarefas entre os servidores e, sobretudo, uma melhoria na qualidade dos serviços prestados.

Atenciosamente,

[Nome do signatário]
[cargo do signatário]

(...)

7. Fax

7.1. Definição e Finalidade

O fax (forma abreviada já consagrada de fac-simile) é uma forma de comunicação que está sendo menos usada devido ao desenvolvimento da Internet. É utilizado para a transmissão de mensagens urgentes e para o envio antecipado de documentos, de cujo conhecimento há premência, quando não há condições de envio do documento por meio eletrônico. Quando necessário o original, ele segue posteriormente pela via e na forma de praxe.

Se necessário o arquivamento, deve-se fazê-lo com cópia xerox do fax e não com o próprio fax, cujo papel, em certos modelos, se deteriora rapidamente.

7.2. Forma e Estrutura

Os documentos enviados por fax mantêm a forma e a estrutura que lhes são inerentes.

É conveniente o envio, juntamente com o documento principal, de folha de rosto, i. é., de pequeno formulário com os dados de identificação da mensagem a ser enviada, conforme exemplo a seguir:

[Órgão Expedidor]
[setor do órgão expedidor]
[endereço do órgão expedidor]

Destinatário:____

Nº do fax de destino:____

Data:_______/_______/____

Remetente: ____

Tel. p/ contato:_______________________ Fax/correio eletrônico:____________________

Nº de páginas: esta +__________________Nº do documento:________________________

Observações:____

Parte 2

Subsídios gramaticais

Capítulo 1
Pontuação

Sinais gráficos

A pontuação é empregada a fim de representar, na escrita, o relacionamento sintático, a dinâmica da fala, marcando a entoação, as pausas respiratórias e enfáticas.

O modo de se expressar oralmente pode variar de acordo com a emoção, com as intenções, com o fôlego — determinando o ritmo, a entoação da frase. Essa subjetividade reflete-se na pontuação do texto, o que torna, por vezes, facultativo o emprego estilístico de alguns sinais. As normas gramaticais regulamentam os casos obrigatórios e indicam as proibições. São essas normas objetivas que nos interessam na linguagem jurídica. Veremos os casos mais freqüentes.

São sinais de pontuação: ponto final | . |; ponto de interrogação | ? |; ponto de exclamação | ! |; dois-pontos | : |; ponto-e-vírgula | ; |; vírgula | , |; reticências | ... |; travessão | — |; hífen | - |; aspas duplas |“ ”|; aspas simples |‘ ’|; parênteses |( )|; colchetes |[ ]|; asterisco | * |; barra | / |; apóstrofo | ’ |.

Vírgula

• Separa elementos ou orações que têm o mesmo valor, quando não vêm ligados por *e*, *nem*, *ou*:

O racionalismo construíra uma forma arbitrária, abstrata, racional, estranha à vida, à experiência dos fenômenos.

Note bem:

a) Usa-se a vírgula antes de *e*, *nem*, *ou*, se estiverem repetidos na frase.

A decisão é sua: ou estuda, ou trabalha, ou viaja.

Nem veio, nem explicou a ausência, nada sabemos sobre ele.

b) Separa orações ligadas por *e* quando estas tiverem sujeitos diferentes:

O Direito refere-se à realização de valores coletivos, e a Moral visa à dos valores pessoais.

- Isola elemento ou oração de valor explicativo, retificativo, conclusivo e o aposto:

Localizada no mesmo lugar, no Largo de São Francisco, ocupa um prédio barroco.
O Direito, mediante coação do poder público, destina-se à satisfação dos interesses variáveis.
A discussão deve ater-se à realidade, isto é, aos fatos comprovados.
Encontrei ontem o Miranda, o desembargador.
Só se pronunciará quando tiver certeza, é claro.

- Isola palavra que indica chamamento (vocativo):

Senhor, responda com clareza!

Venha cá, Sr. José. Venha cá, Sr. José, e traga a relação das despesas.

- Separa termo ou oração que indica circunstância no início da oração ou se intercala entre partes da oração:

Na primeira definição, encontramos referência a esta idéia.
Visam, neste caso, os ideais a realizar os valores relativos.
Quando terminarem as pesquisas, apresentem um relatório.
A validade, como sabemos, pertence à essência do Direito.

Note bem: Quando se indica a circunstância por meio de uma palavra, dispensa-se o uso da vírgula, a não ser que se queira dar realce a esta circunstância:
Ontem, a sessão terminou muito tarde.
Aqui se estuda com dedicação. Aqui, deve haver disciplina!
Realmente não sei. Realmente, foi um caso bastante complexo.

- Separa localidade da datação:

São Bernardo do Campo, 17 de novembro de 2000.

- Indica supressão de palavras (em geral, o verbo):

Ele é um estudioso de leis, e ela, de artes.

Jonas trabalha no fórum; Alexandre, na universidade.

• Separa orações coordenadas pelas conjunções *mas, porém, todavia, contudo, entretanto, senão, no entanto, não obstante, ora, logo, portanto, por conseguinte, pois, por isso, porque, porquanto*:

A sentença não atende aos preceitos do citado artigo, pois carece de fundamentos, como será demonstrado a seguir.
Sem razão, portanto, "data venia", o acórdão que exige também a ciência pessoal do autor de que tal efetivação ocorreu para que se inicie o prazo.
O advogado recorreu da sentença, mas o tribunal julgou improcedente.
Era um réu confesso, logo foi condenado.

Note bem:

a) Se quiser dar realce, pode usar ponto-e-vírgula antes:
Não é um conceito funcional vazio; mas um princípio eficaz.

b) Se os vocábulos *pois, porém, todavia, contudo, entretanto, no entanto, portanto* não vierem no início da oração, deverão ser isolados por vírgulas:
O autor, portanto, não logrou demonstrar o interesse processual para a medida pleiteada.
As razões do recurso foram apresentadas; devemos, pois, aguardar a sentença.

• Separa orações adjetivas de valor explicativo (podem ser retiradas do texto sem prejuízo do entendimento):

Não há como abstrair na postulação da autora, que aqui pleiteia, qualquer fundamento válido.
Válter, que ficou de vir às 9h, só chegou às 11h30min.
A educação, que é imprescindível, não é esquecida pelos pais.

• Indica pausa de realce:

Este caso tão comentado, eu não o analisei.
Sim, senhor. Não, senhor. (Às vezes, a pausa não existe na fala.)

ATENÇÃO:
Não se separam por sinais de pontuação os elementos sintaticamente necessários em ordem direta.
A outra prova pretendida pela embargante não foi deferida.

Ponto final

• Assinala fim de período:

Esclareça o autor sobre a propositura da ação principal.

- Usa-se depois de abreviaturas:

  Despachou nas fls. 155 e 156.

- Separa algarismos em datas e grupos de três algarismos (da direita para a esquerda) nos números que indicam quantidade:

  Em 09.03.1997, foi lavrado o despacho.

  1.253 processos.

  Mas: *processo nº 1253, Avenida Brasil, 1253.*

> **Note bem:** Quando a abreviatura está no final do período, basta um ponto, que indicará a abreviatura e o final do período:
> *Comprei disquetes, papel sulfite, tinta para impressora etc.*

Ponto-e-vírgula

- Indica pausa de leitura maior que a da vírgula e menor que a do ponto final:

  Tal é curial; intuitivo mesmo.

- Separa partes de um período que se equivalem e das quais pelo menos uma contém vírgula:

  O Direito se refere ao valor da justiça; a Estética, ao da beleza.

- Separa itens de enunciados enumerativos:

> **Art. 14.** A soberania popular será exercida pelo sufrágio universal e pelo voto direto e secreto, com valor igual a todos, e, nos termos da lei, mediante:
> I — plebiscito;
> II — referendo;
> III — iniciativa popular.

Dois-pontos

Empregam-se para anunciar:

- Citação:

  Ao indeferir a liminar, declarou a ilustre juíza: "Isto forma quadro seguro e indicativo de que o perigo na demora não se estabelece para a requerente, a ponto de justificar a liminar pleiteada".

• Enumeração explicativa:

Os objetivos eram estes: promover ajuste fiscal, diminuir o "déficit".

• Esclarecimento, síntese ou conseqüência:

Resolveu que atitude tomar: requerer nova perícia.

Olhou para o relógio: três horas.

Não se esforçou: foi reprovado.

Ponto de interrogação

• Indica pergunta direta:

Por que não foi analisado o pedido a tempo? Por quê?

• É seguido por reticências quando se denota dúvida:

Será que ela consegue?... Duvido.

Ponto de exclamação

• Indica entoação exclamativa:

Isto não é admissível!

Oh! que alegria!

• Pode-se combinar o ponto de interrogação com o de exclamação, assim *?!* ou *!?*:

Você?! Quem esperaria por esta!

• Pode-se reforçar a entoação exclamativa com *!!* ou *!!!*:

Viva a liberdade!! Morra a tirania!!!

Reticências

• Indicam interrupção de pensamento:

Esclareço que ontem... Prestem mais atenção!

• Indicam hesitação ou prolongamento da idéia:

Não sei se devo voltar...

Não vá se esquivando, dá muito na vista...

- A supressão de palavra ou de palavras é marcada por quatro pontos:

  O Escritório.... está tendo muitas dificuldades financeiras.

  O B.el...., nem quero dizer seu nome, é um crápula!

- Pode haver combinações de sinais: ..., ?... ?!... !... !?...

Parênteses

- Intercalam explicações e circunstâncias secundárias:

  Os critérios de valoração estão delineados na lei processual (art. 20, § 3º, CPC).

  Na época, apelou contra empresas de telecomunicações (Telebrás, Telesp).

- Empregam-se na indicação de subitens e de subalíneas:

  a) b) c)

Colchetes

- Isolam construção que já contém parênteses:

  Esta quantia [R$ 1.000.000,00 (um milhão de reais)] foi pleiteada como indenização.

Barra

- Separa versos de um poema transcrito sem solução de continuidade:

  Terra adorada / Entre outras mil / És tu, Brasil / Ó Pátria amada!

- Emprega-se em abreviaturas:

  A/C (aos cuidados de), c/c (conta corrente).

- Separa o número do documento e o ano, indicado pela década:

  71/97

- Emprega-se na expressão *e/ou* para indicar alternativa:

  João Santos e/ou Jacó Sé.

Aspas

- Isolam citações:

  O acórdão embargado (fl.543) expressa que: "não há interesse da empresa em recorrer porque o acórdão regional absolveu a reclamada da condenação de honorários".

- Isolam palavras e expressões estrangeiras, gírias, títulos de obras:

  Levou um "notebook" para o fórum.

  "O Estado de S. Paulo" publicou o discurso na íntegra.

  É um novo "software" para escritórios de advocacia.

> **Note bem:**
> Em vez de empregar aspas, pode-se optar pelo destaque gráfico em negrito ou em itálico:
> O *show* foi ótimo.
> Comprou o **software** anunciado.

- Realçam ou ironizam:

  A medida se considera "efetivada" com a liminar ou com a sentença final.

  Pensam que isto é a "modernidade" nos textos?

  Que "maravilha" de resultado: nota um.

- Usam-se aspas simples para isolar palavras, expressões ou frases de um texto que já esteja entre aspas:

  Machado de Assis escreveu: "Grata populo est tabella... *Em português: 'O voto secreto agrada ao povo, porque lhe dá força para dissimular o pensamento e olhar com firmeza para os outros'".*

Travessão

- Indica mudança de interlocutor:

  – Por quê?

  – Você sabe bem o motivo! — respondeu ele irritado.

- Liga nomes de lugares, indicando origem e destino:

  Pista Rio–São Paulo.

- Pode haver uso de travessão em vez de parênteses, dois-pontos, vírgula ou vírgulas:

Há um orgulho estúpido — e vão — em lutar contra o tempo.

Sinto que o leitor estremeceu — ou devia estremecer.

Perturbavam-no duas coisas — a ambição e o arrependimento.

Tudo pronto para as férias — espírito e coração — e eis aí que me aparece este trabalho.

Asterisco

• Usado entre as linhas da pauta depois de vocábulo, para remeter, no final da página ou do capítulo, a uma citação ou a um comentário sobre o vocábulo ou sobre o trecho.

• Indica supressão do nome:

*No dia seguinte, abro uma folha política e leio a notícia de que, por decretos de 13, tínhamos sido nomeados presidente e secretário da província de *** o Lobo Neves e eu.*

Apóstrofo

Atualmente, na linguagem brasileira:

• indica supressão de vogal, já consagrada pelo uso, em certas palavras compostas ligadas pela preposição de, como em copo-d'água, mãe d'água, pau-d'água, pau-d'arco;

• reproduz pronúncias populares: 'tá, 'tava, 'pera um pouco, pér'la.

Note bem: Evite empregar em outros casos, como:

a) nas expressões de uso constante e geral na linguagem vulgar: ca, coa, cas, coas (com + a, as), co, cos (com + o, os), pra, pras, pro, pros (para + a, as, o, os), pra (para);

b) na pluralização de siglas: CDBs, BOs.

ATENÇÃO:

O estudo do emprego do hífen será feito separadamente por causa da complexidade do assunto, que foi regulamentado pela Academia Brasileira de Letras no seu *Formulário ortográfico* publicado em 1943 e, até hoje, não alterado oficialmente. A Lei nº 5.765, de 18.12.1971, modificou somente a acentuação gráfica.

EXERCÍCIOS

1. Pontue este trecho de *Memórias póstumas de Brás Cubas*, de Machado de Assis:

Nhonhô era um bacharel único filho de seu casamento que na idade de cinco anos fora cúmplice inconsciente de nossos amores Vieram juntos dous dias depois e confesso que ao vê-los ali na minha alcova fui tomado de um acanhamento que nem me permitiu corresponder logo às palavras afáveis do rapaz

2. Pontue as seguintes frases:

a) Se devidos fossem os honorários advocatícios nunca poderiam ser arbitrados em 30% trinta por cento

b) Visam os ideais condicionados à situação cultural do momento realizar os valores relativos

c) Este querer não se refere à vida individual à consciência mas à vida social

d) Os conceitos universais empregados são de início as formas hipostasiadas da existência humana a que se aspira

e) O acórdão regional visceralmente contra o que afirma o acórdão embargado deu provimento ao recurso do reclamante fl 478

f) Por fim é desnecessário nos julgamentos que se vislumbre e expresse que o recorrente intenta com a inconformidade decisão de forma diversa daquela manifestada no julgamento

g) Requer depois de cumpridas as formalidades de estilo a remessa dos autos ao Egrégio Tribunal Regional Federal

h) Analisando o pedido de reconsideração indeferiu a medida

i) Tal procedimento do juízo *a quo* fere preceito constitucional art. 5º inciso LV

j) Proferindo a sentença indeferindo o pleito e encerrando desta forma o processo restringiu a defesa da recorrente

l) Observe o despacho não requer a interposição da ação principal apenas solicita esclarecimentos

m) Além da base para julgamento da ação deve também ser analisada a propositura da ação principal

n) Concedida a medida liminar ou se for negada julgada procedente a ação cautelar tem trinta dias para efetivar ou executar a medida sob pena de caducidade conforme art. 808

o) O homem isolado e livre é uma ficção

p) Trata-se de um mero devaneio da requerente a conclusão de que deve somente R$ 500,00 quinhentos reais

q) Portanto à luz do Código de Processo Civil da doutrina e da jurisprudência conclui-se que a contagem do prazo para a propositura da ação principal ainda não se iniciou

r) Diante de todo o exposto cabalmente provado a requerida pede que seja depositada em seu favor a diferença que lhe é devida

s) Alguns preferem ler romances outros biografias

t) Caro amigo não se esqueça de rever com cuidado os textos redigidos há pouco

u) Estudou muito esforçou-se bastante aprendeu portanto a resolver estes problemas

3. Pontue o trecho a seguir:

O conteúdo dessa declaração vai ao encontro de outro grande escrito daquele período a *Declaração dos Direitos Humanos e do Cidadão* de 1789 que inaugura a Revolução Francesa Aqui o individualismo foi exaltado e protegido diante do poder estatal sem distinções favorecendo o igualitarismo que estabelece que a "humanidade dos direitos humanos se torna universal na medida em que qualquer indivíduo possui atributos de homem" (SOARES 2004 p.18) Este documento foi seguido da *Declaração dos Direitos da Mulher e da Cidadã* (1791) e da *Declaração dos Direitos* (Constituição Francesa de 1793) Essa tríade de enunciados em defesa do cidadão reivindica os direitos naturais inerentes ao ser humano tais como liberdade propriedade segurança entre outros em detrimento do poder estatal Segundo o pensamento da época a constituição desses direitos representou a consagração de um conjunto de teorias que têm no jusnaturalismo e no contratualismo (os homens possuem direitos naturais anteriores à formação da sociedade) a determinação dos direitos que o Estado deve respeitar e fazer cumprir Importante ressaltar que essas duas escolas o *contratualismo* e o *jusnaturalismo* nasceram do ideal de indivíduo exaltado na modernidade que por sua vez influenciou na formação de correntes do pensamento construtoras da concepção do direito moderno.

O pensamento político responsável pela afirmação dos direitos franceses e norte-americanos tem no Iluminismo o foco das atenções O Iluminismo foi uma escola filosófica que invocou a razão e a análise da realidade social com o intuito de desestabilizar as instituições conservadoras dentre elas a monarquia e a Igreja Essa filosofia posteriormente transposta para os movimentos sociais inerentes ao século XVIII propiciou uma consciência crítica e o estabelecimento de conceitos fundamentais para a afirmação dos direitos individuais conceitos esses desenvolvidos por inúmeros pensadores "iluministas" Dentre eles cabe citar Jean-Jacques Rousseau (1712-1778) que em sua obra *Contrato social* pretende estabelecer os meios para coibir a usurpação do governo Rousseau parte do princípio de que o homem é originariamente bom e que a sociedade o corrompe vagarosamente transformando-o.

A França absolutista apresenta-se como exemplo emblemático dessa sociedade corruptível cercada por nobres corruptos e padres usurpadores A única forma de modificar a situação política daquele momento seria por uma mudança radical proveniente de um pacto social entre as partes a partir do qual deveria instituir-se uma sociedade com base nos direitos do cidadão e no respeito a ele A soberania deveria estar nas mãos do povo e não na do governo Rousseau tornou-se assim o grande teórico dos direitos constituídos por criar uma "cartilha revolucionária" que propunha a igualdade a liberdade e a justiça como finalidades para o homem em sociedade.

Nesse ambiente de mudanças é que foi redigida a *Declaração dos Direitos Humanos e do Cidadão* que afirma a igualdade desde o nascimento a liberdade como um princípio inerente (tanto a liberdade de expressão como a liberdade de opção religiosa) o livre-arbítrio e o direito à propriedade entre outros Destacamos a seguir um artigo dessa declaração para percebermos sua conotação libertária

A liberdade consiste em poder fazer tudo quanto não incomode o próximo assim o exercício dos direitos naturais de cada homem não tem limites senão nos que asseguram o gozo destes direitos Estes limites não podem ser determinados senão pela lei (Art. IV Declaração dos Direitos Humanos e do Cidadão 1789)

A mulher também contemplada com direitos que anteriormente lhe foram relegados é igualada ao homem

A mulher nasce e vive igual ao homem em direitos As distinções sociais não podem ser fundadas a não ser no bem comum (Art. I Declaração dos Direitos da Mulher e da Cidadã 1791)

E finalizando a tríade de direitos franceses temos a aprovação pela Convenção Nacional francesa da Declaração de 1789 agora acrescida de artigos que protegem o povo contra qualquer forma de opressão.

O Povo Francês convencido de que o esquecimento e o desprezo dos direitos naturais do homem são as únicas causas das infelicidades do mundo resolveu expor numa declaração solene estes direitos sagrados e inalienáveis a fim de que todos os cidadãos podendo comparar sem cessar os atos do Governo com o fim de toda instituição social não se deixem jamais oprimir e aviltar pela tirania para que o Povo tenha sempre diante dos olhos as bases da sua liberdade e de sua felicidade o Magistrado a regra dos seus deveres o Legislador o objeto da sua missão (Preâmbulo Declaração dos Direitos Humanos e do Cidadão 1793)

Este trecho foi extraído do livro *A Declaração Universal dos Direitos Humanos*, de Regina Célia Pedroso. Companhia Editora Nacional, 2005. p.7-10.

Capítulo 2
Maiúsculas iniciais

O uso de letra maiúscula no início de palavras foi regulamentado pela Academia Brasileira de Letras no *Formulário ortográfico*. Com base nessa regulamentação, podemos destacar os seguintes empregos:

- No começo de período, verso ou citação direta:

  Vinícius de Moraes escreveu:

  "Ao ver uma rosa branca
  O poeta dissse: Que linda!"

- Nos substantivos próprios:

  Deus, Jonas, Lulu, Jaú, Primeiro Tribunal de Alçada Civil do Estado de São Paulo, Rua Direita, Largo da Carioca, Via Láctea, Banco do Brasil, Zé, Mão-de-Vaca.
  Mas: *joão-de-barro, castanha-do-pará, Zeca é um maria-vai-com-as-outras.*

- Nos nomes que designam altos conceitos políticos ou religiosos:

  Nação, Estado, Pátria, Igreja.

- Nos nomes de altos cargos, dignidades ou postos:

  Cardeal, Ministro da Justiça, Governador do Estado.

- Nos nomes de artes, ciências, disciplinas:

  Pintura, Direito Civil, Filologia Portuguesa.

- Nos nomes dos pontos cardeais quando designam regiões:

  as danças do Norte, povos do Oriente.

  Mas: *Viajou pelo país de norte a sul.*

- Nos nomes de festas religiosas:

  o Natal, a Páscoa, Semana Santa, Yom Kippur.

  Mas: *o carnaval.*

- Nos nomes de eras, épocas históricas:

  Hégira, Idade Média.

Note bem: *Viajará em setembro, num sábado.*
Mora na Rua Sete de Setembro. O 1º de Maio foi comemorado com passeata.
Janeiro é mês de férias.

- Nos títulos de publicações e produções artísticas:

  Jornal do Brasil, Os Girassóis, As Minas de Prata, Histórias sem Data.

Note bem: As partículas de conexão devem ser grafadas com minúsculas.

- Nos pronomes e expressões de tratamento:

  Excelentíssimo Senhor Presidente da República, Vossa Senhoria,
  Suas Excelências.

ATENÇÃO:
O uso da letra maiúscula no início das palavras varia de acordo com o idioma. Assim, em alemão, todo substantivo inicia-se com a letra maiúscula. Atualmente, nos textos empresariais, há um uso exagerado de maiúsculas no início de palavras. Fique atento, evite excessos, consulte as normas gramaticais. A ortografia, no Brasil, é regulamentada por lei.

Capítulo 3
Encontros vocálicos

Para aprender a acentuar os vocábulos, é preciso saber separar as sílabas. Para fazer divisão silábica, é necessário ter noção dos encontros vocálicos.

Ditongo

Grupo constituído por vogal e semivogal ou por semivogal e vogal na mesma sílaba: *aura, régua.*

- **Ditongo oral** (Na sua pronúncia, a emissão do ar sai só pela boca.)

  Decrescente (vogal + semivogal): *vai, leitura, idéia, foi, jóia, gratuito, grau, meu, chapéu, saiu, estoura.*

  Crescente (semivogal + vogal): *glória, série, sério, régua, tênue, vácuo, tranqüilo.*

- **Ditongo nasal** (O ar sai em parte pelo nariz, em parte pela boca.)

  Decrescente: *mãe, cãibra, câimbra, pão, falam, bem, tens, ações, muito.*

  Crescente: *quando, freqüência, pingüim.*

Note bem: Nos verbos, ditongo /ão/ nas oxítonas: *falarão*; nas paroxítonas: *falaram.*

Tritongo

Encontro de semivogal (u) + vogal + semivogal numa mesma sílaba.

Oral: *quaisquer, averigüei, delinqüiu, enxaguou.*

Nasal: *saguão, águam, míngüem, saguões.*

Hiato

Encontro de duas vogais, mas em sílabas diferentes: *saímos, perdoe, habitue, lêem, vôo.*

Pode haver hiato de vogal com ditongo (*po ei ra*), de ditongo com vogal (*prai a*) e de ditongo com ditongo (*cai ais*).

EXERCÍCIOS

1. Sublinhe os vocábulos que apresentam hiato:

Luís, cai, mau, triângulo, petróleo, argúem, Jaú, cairdes, quantia, genuíno, réu, cuida, noiva, paisinho, queixa, trens, veículo, sociais, Piauí, pai, sorria.

2. Indique e classifique os encontros vocálicos:

polícia ______________________

policia ______________________

direito ______________________

contratou ______________________

efetuar ______________________

espécie ______________________

descrêem ______________________

apóio ______________________

quitação ______________________

realizásseis ______________________

quão ______________________

judicial ______________________

devaneio ______________________

ação ______________________

apaziguava ______________________

desiguais ______________________

Capítulo 4
Hífen

Usa-se o hífen:

- Em palavras compostas em que os elementos, com independência fonética, não conservam isoladamente sua significação:

  mal-estar, meia-noite, quinta-feira, água-marinha, pára-choque.

> **Note bem:** Veja a diferença de significação marcada pelo hífen:
> *Problema à-toa. / Permanecia à toa na janela.*
> *O seu dia-a-dia era sempre o mesmo. / Ela melhora dia a dia.*
> *O torneiro fez uma rosca sem-fim. / É um filme sem fim inesperado.*
> *Gastou o pé-de-meia na compra da casa. / Perdeu um pé de meia azul.*

- Para ligar o pronome pessoal oblíquo ao verbo, aos pronomes *nos* e *vos* e à palavra *eis*:

  vendê-lo, estuda-se, comunicamo-lhes, no-lo, vo-los, ei-lo.

- Nos vocábulos formados pelos prefixos que representam formas adjetivas:

  greco-romano, latino-americano, luso-brasileiro, póstero-palatal, capim-açu.

- Com os prefixos acentuados — *além, aquém, recém, pós, pré, pró*:

  além-mundo, aquém-mar, recém-nascido, pós-meridiano, pré-escolar, pró-britânico.

Note bem: Sem hífen com nomes geográficos: *além Andes.*

- Com os prefixos *bem, sem, sota, soto, vice, nuper, ex, co, grã, grão*:

  bem-estar, sem-cerimônia, sota-piloto, soto-ministro, vice-reitor, nuper-falecido, ex-diretor, co-arrendar, co-proprietário (**mas:** *coabitar, coadjuvar, coeficiente* e outras formas tradicionais), *grã-cruz, grão-duque.*

Note bem: Há vocábulos com dupla grafia no *Vocabulário ortográfico*:
bem-dizente/bendizente, bem-dizer/bendizer,
bem-fazente/benfazente, bem-fazer/benfazer,
bem-feito/benfeito, bem-querença/benquerença,
bem-querente/benquerente, bem-querer/benquerer,
bem-vindo/benvindo, bem-visto/benvisto.

- Na divisão dos vocábulos em sílabas:

  en-ge-nha-ri-a, pi-au-i-en-se, rit-mo.

- Após *não*, quando usado como prefixo:

  não-engajado, não-linear, não-simétrico, não-pagamento, não-conformidade.

- Forma-se um único vocábulo, sem hífen, com:

  áudio: *audiovisual, audiofreqüência;*
  macro: *macroeconomia* [exceção: *macro-história* (também *macroistória*)];
  mega: *megavoltampère, megawatt-hora* (**mas:** *mega-hertz*);
  micro: *microelétrodo, microssegundo* [exceções: *micro-habitat, micro-hênrio, micro-história* (também *microistória*), *micro-inch*];
  mini: *minissaia, minicomputador, minifundiário;*
  vídeo: *videofone, videocassete, videofreqüência, videoclipe.*

Há prefixos que podem ser empregados com ou sem hífen, dependendo da letra inicial da palavra a que se unem. Na tabela a seguir, o sinal **x** indica as letras diante das quais os prefixos terão hífen.

Prefixo	Vogal	H	R	S	Exemplo
auto	x	x	x	x	auto-educação
contra	x	x	x	x	contra-almirante
extra	x	x	x	x	extra-oficial (exc.: extraordinário)
infra	x	x	x	x	infra-hepático
intra	x	x	x	x	intra-ocular
neo	x	x	x	x	neo-republicano
proto	x	x	x	x	proto-revolucionário
pseudo	x	x	x	x	pseudo-revelação
semi	x	x	x	x	semi-selvagem
supra	x	x	x	x	supra-sensível
ultra	x	x	x	x	ultra-sensível
ante		x	x	x	ante-histórico
anti		x	x	x	anti-higiênico
arqui		x	x	x	arqui-rabino
sobre		x	x	x	sobre-saia
hiper		x	x		hiper-realista
inter		x	x		inter-regional
super		x	x		super-homem
ab			x		ab-rogar
ad			x		ad-renal
ob			x		ob-reptício
sob			x		sob-roda
sub		x	x		sub-reino (também seguido por *b*: sub-base)
mal	x	x			mal-educado
pan	x	x			pan-helenismo

EXERCÍCIOS

1. Escreva um vocábulo formado com os elementos indicados, usando hífen quando for necessário:

auto acusatório ______________
pré nupcial ______________
ante nupcial ______________
recém nomeado ______________
inter relacionado ______________
mal entendido ______________
video conferência ______________
terça feira ______________
afro americano ______________
vice diretor ______________
arqui inimigo ______________
sul mineiro ______________
co proteger ______________
ab reação ______________
nuper publicado ______________
sem número ______________
anti imperialismo ______________
contra aviso ______________
extra estrutural ______________

intra racial ______________
sobre excesso ______________
não execução ______________
ultra sonografia ______________
sub item ______________
sem terra ______________
ex empregado ______________
inter câmbio ______________
meio dia ______________
proto história ______________
vale refeição ______________
supra citado ______________
super reação ______________
pan americano ______________
sem vergonhismo ______________
mal estar ______________
cesta básica ______________
rio grandense ______________
mão de ferro ______________

2. Exemplifique em frases a diferença de significação:

bom-dia ______________
bom dia ______________
abaixo assinado ______________
abaixo-assinado ______________

Capítulo 5
Divisão silábica

A divisão silábica não se baseia na formação do vocábulo, mas na sua pronúncia. As normas que regem a divisão silábica são do *Formulário ortográfico*. Com base nessas normas, formularam-se as regras a seguir.

• **Regras**

1. Toda sílaba deve ter uma vogal: *psi-có-lo-gos*.
2. Consoante entre vogais forma sílaba com a vogal que a segue: *i-ne-le-gí-vel*.
3. Separam-se letras dobradas e também *cç*, *sc*, *sç*, *xc*: *dê-em, mô-o, ca-a-ba, mar-rom, su-ces-so, oc-ci-pi-tal, dic-ção, des-cer, cres-çam, ex-ces-si-vo*.
4. Separam-se os hiatos: *sa-ú-de, pi-au-í-en-se*.
5. Em seqüência de consoantes que não formam grupos articulados, separam-se as consoantes de acordo com a pronúncia: *bis-coi-to, bi-sa-nu-al; cis-pla-ten-se, Ci-sal-pi-no; des-lin-dar, de-sa-cau-te-la-do; dis-por, di-sen-te-ri-a; trans-por, trân-si-to; ex-por, e-xer-cer; sub-lin-gual, su-bli-mar; sub-ro-gar; ad-le-gar*.

• **Não se separam:**

1. Grupos de consoantes articuladas: *re-tra-ba-lhar, su-bli-me, adre-na-li-na, re-fres-co, a-cla-ma-ção, a-gra-va-men-to, di-a-crô-ni-co, re-pre-sa;*
2. Grupos *ch*, *lh*, *nh*: *a-char, o-lho, ca-mi-nho*;
3. Ditongos e tritongos: *au-to-res, pas-téis, gra-tui-to, de-si-guais, sa-guões*.

EXERCÍCIO

Com uma barra vertical, divida os vocábulos em sílabas:

ideais
realizações
interurbano
judicial
discernísseis
apoiávamos
compreensão
paisinho
paizinho
subtraiu
abrangência
instâncias
alheamento
irresignação

escorreito
imprescindível
consciência
circunscrito
subsidiassem
intersecção
descendente
ineficácia
rítmico
abstração
caísseis
jóias
feiíssimo
interstício

Capítulo 6
Acentuação gráfica

A Academia Brasileira de Letras, pelos Decretos-leis nº 292, de 23.02.1938, e nº 5186, de 13.01.1943, foi incumbida de elaborar o vocabulário ortográfico da língua portuguesa no Brasil. A Academia estabeleceu um *Formulário ortográfico,* no qual constam as normas de acentuação gráfica. Essas normas foram modificadas em 18.12.1971, pela Lei nº 5765.

Com base nessas determinações oficiais, apresentamos as normas a seguir.

A acentuação recai sobre uma sílaba pronunciada mais fortemente, denominada sílaba tônica, que pode ser a última, penúltima ou antepenúltima. Conforme a posição da sílaba tônica, o vocábulo classifica-se em:

- **oxítono** (tônica na última sílaba): *fé, bacharel*;
- **paroxítono** (tônica na penúltima sílaba): *júri, advogado*;
- **proparoxítono** (tônica na antepenúltima sílaba): *jurídico, Fátima.*

Recebem acentuação gráfica os vocábulos:

- **Oxítonos terminados por:**

-a*, *-as: *Pará, hás, fá-lo-ás*;

-e*, *-es: *café, pés, dendê, lês, vendê-lo-ei*;

-o*, *-os: *só, avós, pô-lo, dispôs*;

-ém*, *-éns (com mais de uma sílaba): *porém, contém-no, armazéns.*

ATENÇÃO:
Atenção para os verbos *ter* e *vir* e seus derivados:
Ele tem — vem — retém — advém
Eles têm — vêm — retêm — advêm

- **Paroxítonos terminados por:**

  -i, ***-is***: *táxi*, *lápis*, *tênis* (os prefixos em ***-i*** não são acentuados: *semi-eixo*);
  -u,***-us***: *jiu-jítsu*, *vírus*, *bônus*, *Vênus*;
  -ã, ***-ãs***, ***-ão***, ***-ãos***: *órfã*, *ímãs*, *acórdão*, *bênção*;
  -ôo, ***-ôos***: *vôo*, *enjôos*;
  -êem: *crêem*, *dêem*, *lêem*, *vêem*, *descrêem*, *relêem*;
  -um, ***-uns***: *álbum*, *fóruns*;
  -l: *insopitável*;
  -n: *hífen*, *cânon*;
  -r: *éter*, *fêmur* (prefixos não são acentuados: *super-humano*, *inter-racial*);
  -x: *látex*, *fênix*;
  -ps: *bíceps*, *fórceps*;
  ditongo: *fáceis*, *lêsseis*, *ânsia*, *princípio*, *espécie*, *água*, *tênue*.

Note bem: Não se põe acento agudo na sílaba tônica dos verbos terminados em ***-qüe***, ***-qüem***: *apropinqüe*, *delinqüem*.

- **Proparoxítonos — todos são acentuados graficamente:**

  epígrafe, árabe, hermenêutico, quilômetros, Mônica.

Note bem: As demais regras de acentuação não levam em conta se o vocábulo é oxítono ou se é paroxítono.

- **Ditongos tônicos abertos — *éi, éu, ói*:**

  papéis, idéia, réus, sói, apóia.

- **Há trema no *u* átono pronunciado dos grupos *güe, güi, qüe, qüi*:**

  bilíngüe, pingüim, cinqüenta, qüinqüênio.

- **Recebe acento agudo o *u* tônico dos grupos *gúe, gúi, qúe*:**

  averigúe, argúi, obliqúe.

Acentuação gráfica

- **Recebem acento agudo o *i* ou *u* tônico isolado da vogal anterior e que não forma sílaba com o fonema seguinte (com exceção do *s*) ou não é seguido por *nh*:**
  constituía, extraído, aí, atribuí, faísca, saúde, viúvo.

- **Há acento em vocábulos tônicos que são homônimos de átonos:**

Tônicos	Átonos
pára (verbo)	*para* (prep.)
péla, pélas (s. f. e verbo)	*pela, pelas* (*per + la, las*)
pélo (verbo), pêlo, pêlos (s. m.)	*pelo, pelos* (*per + lo, los*)
pêra, péra (s. f.)	*pera* (prep. arcaica)
pólo, pólos; pôlo, pôlos (s. m.)	*polo, polos* (arcaicos)
pôr (verbo)	*por* (prep.)
porquê (s. m. ou final de frase)	*porque* (conj.)
quê (s. m., interj. ou final de frase)	*que* (conj. ou pron.)
côa, côas (s. f. e verbo)	*coa, coas* (*com + a, as*)

- **Acentua-se *pôde* (pretérito perfeito do indicativo) para diferenciar de *pode* (presente do indicativo):**

  Ontem não pôde vir, mas hoje pode.

> **Note bem:** Os nomes próprios são acentuados graficamente como os nomes comuns: *José, Luís, Antônio, Nélson, Válter, Luísa, Márcia, Ásia, Índia, Lituânia, Jaú.*

EXERCÍCIOS

1. Justifique o motivo da acentuação gráfica:

a) sério ______

b) número ______

c) altruísmo ______

d) você ______

e) tranqüilizásseis ______

f) elétron ______

g) têxtil ______________________________

h) reféns ______________________________

2. Acentue as palavras se necessário. Procure sempre saber o motivo da acentuação.

imprescindivel
orgao
carater
essencia
explicavel
meses
propria
item
insito
emerito
subsidio
prejuizo
tambem
dispares
proton
sensiveis
viuva
contabil
pulover
alugueis
Lucia
consequencia
instancia
jurisdicional
amiude
inconfundiveis
Canada
campainha
juri
novel
extraido
avos
probatoria
ataude
especie
anulavel
onus
destroi
revolver
corolario

desaguem
quinquelingue
Estevao
assembleia
paragrafo
legais
renitencia
subsequente
guisa
Claudio
advem
doo
codigo
joia
lastima
cipo
ciencia
para-quedas
instituido
dai
balaustre
sucumbencia
polo aquatico
poluiram
Marcio
aguentasseis
anteveem
alcool
aguarras
gratuito
neutrons
torax
pasteis
ruidos
humanoide
Uilson
onibus
beneficencia
rubrica
miuda

interim
sanduiche
ibero
assessoria
Jau
silex
Araujo
apaziguem
contem
aneis
serie
saidas
heroismo
polo
texteis
apoio
cinquentenario
retribui
parabens
lotus
martir
pivo
odisseia
Vitor
Vitoria
suino
subsistencia
espontaneo
periodo
arguem
eletroima
sucia
volei
amasia
taxi
Suiça
recondito
eloquencia

Capítulo 7
Prosódia

- **Pronúncia de vocábulos com a letra *u*:**

  (**ü** é pronunciado; **u** não é pronunciado em **gue**, **gui**, **que**, **qui**)

  adquirir
  alcagüetar
  antigüidade ou antiguidade
  argüição, argüinte
  argüir
  distinguir
  eqüidade
  eqüidistância ou equidistância
  eqüidistante ou equidistante
  eqüidistar ou equidistar
  eqüilátero ou equilátero
  eqüino (cavalar)
  equino (ouriço)
  eqüipolente
  eqüipotencial
  eqüissonância
  eqüissonante
  equitação
  eqüitativo ou equitativo
  eqüivalência ou equivalência
  eqüivalente ou equivalente
  eqüivaler ou equivaler
  exeqüência
  exeqüendo
  inquérito
  inquirir
  liqüefação ou liquefação
  liqüefato ou liquefato
  liqüefazer ou liquefazer
  liqüefeito ou liquefeito
  liqüidação ou liquidação
  liqüidador ou liquidador
  liqüidante ou liquidante
  liqüidar ou liquidar

liqüidatário ou liquidatário
liqüidável ou liquidável
liqüidez ou liquidez
liqüidificação ou liquidificação
liqüidificador ou liquidificador
liqüidificar ou liquidificar
líqüido ou líquido
qüestão ou questão
qüestionar ou questionar
qüestionário ou questionário
qüestionável ou questionável
qüiproquó
retorqüir ou retorquir
sangüinário ou sanguinário

- **Pronúncia de alguns vocábulos**

acro**ba**ta ou a**cró**bata
ane**x**im (cs)
a**va**ro
a**zá**lea
azi**a**go
bávaro
benefi**cên**cia
benefi**cen**te
boêmia (pop. boe**mi**a)
cabe**leirei**ro
cânon
caran**gue**jo
chávena
cir**cui**to
cível
ci**vil**
d**e**stilaria
dig**ni**tário
disenteria
edito (parte de lei)
édito (ordem judicial)
empecilho
estra**té**gia
es**tu**prar
e**vic**ção
filan**tro**po
fluido (subst.)
flu**í**do (verbo)
for**tui**to
fr**ea**da
gra**tui**to
hie**ró**glifo
i**be**ro
ido**nei**dade
ímprobo
impu**di**co
incinerar
in**fli**gir
ínterim
irr**e**qui**e**to
írrito
látex
juni**o**res
maquina**ri**a
maqui**ná**rio
misan**tro**po
mis**ter**
mor**ta**dela
ne**cro**pse
necro**psi**a
No**bel**
no**vel**
ômega
ponti**a**gudo
prateleira
pra**ze**roso
privilégio
pro**jé**til ou proje**til**
re**ceo**so
reivindicar
réptil ou rep**til**
ru**bri**ca
ru**im**
sub**si**diária (si)
sub**sí**dio (si)
sub**si**stência (si)
sub**si**stir (si)
tê*x*til
tó**xi**co (cs)
trólebus
um**e**decer
xe**rox**

Capítulo 8
Estrangeirismos

O vocabulário de uma língua amplia-se não só com as criações vernáculas, mas também com os empréstimos de outras línguas, que ocorrem por meio de contatos culturais, comerciais e políticos e da necessidade de incorporar ao português termos que se referem aos avanços científicos e tecnológicos, e assim são utilizadas novas palavras, novos equipamentos e novos nomes, como fax.

A princípio, o vocábulo é transcrito como ele é grafado na língua de onde provém, como "layout"; posteriormente, se permanecer, é dicionarizado com aportuguesamento da ortografia, como leiaute. Assim ocorreu com vocábulos que hoje são empregados só na forma aportuguesada, como futebol, abajur — apesar da resistência inicial dos puristas, que desejavam o uso de outros vocábulos para esses significados: ludopédio, lucivelo.

A resistência hoje para o aportuguesamento é também dos que preferem usar vocábulos em língua estrangeira. Parece-lhes que, desse modo, dão maior destaque, demonstram maior conhecimento, valorizam o produto.

Não podemos deixar de fazer empréstimos lingüísticos quando for necessário, mas, se já houver vocábulo equivalente em português, é claro que devemos usá-lo. Por exemplo, use desempenho em vez de "performance". Se não houver nenhum vocábulo correspondente, verifique se está aportuguesado. Se estiver, não deixe de escrever a forma dicionarizada.

No *Vocabulário ortográfico da língua portuguesa*, da Academia Brasileira de Letras, encontramos: bói, copidescar, copidesque, copirraite, estândar, estande, estressar, estresse, hol, leiautação, leiautador, leiautar, leiautista, lêiser, náilon, turnê, uísque, uisqueria, xampu. No *Dicionário Aurélio século XXI*, há também: contêiner, ofsete, ofsetista, soçaite.

Se usar palavras e expressões que não sejam da língua portuguesa, não deixe de destacá-las com aspas, negrito ou itálico: "data venia", **promoteur**, *software*.

EXERCÍCIO

Indique quais palavras ou expressões podem ser traduzidas. Depois tente traduzi-las:

leasing ____________________

merchandising ____________________

marketing ____________________

ranking ____________________

high technology ____________________

businessman ____________________

tour de force ____________________

know-how ____________________

début ____________________

pole position ____________________

feedback ____________________

design ____________________

lingerie ____________________

folder ____________________

Capítulo 9
Reduções vocabulares

As reduções gráficas de vocábulos podem ser:

Abreviaturas, para uso geral, conforme convenção: *Sr.* por *Senhor*;

Abreviações, para uso restrito por um grupo ou em trabalho técnico-científico: *OS* (ordem de serviço), *EB* (*Encyclopædia Britannica*);

Símbolos convencionados internacionalmente: *m* por *metro*;

Siglas, que podem ser:

a. siglemas, com características de palavra: *Petrobras*;

b. siglóides, sem características de palavra: *USP*.

O *Vocabulário ortográfico da língua portuguesa* da Academia Brasileira de Letras traz, no seu final, "Reduções mais correntes", de onde transcrevemos siglas e abreviaturas.

Outra fonte é o *Quadro geral de unidades de medida*, publicado pelo Instituto Nacional de Metrologia e Normalização de Qualidade Industrial (Inmetro), encarregado da aplicação das unidades legais de medidas do Sistema Internacional de Unidades (SI) do *Bureau International des Poids et Mesures*.

As unidades de medida do SI são abreviadas com letra maiúscula inicial quando provêm de um nome próprio, como W, V, Hz, kV; mas por extenso são escritas com minúsculas: watt, volt, hertz, quilovolt. Não segue essa norma a indicação de temperatura: °C = grau Celsius (exceto "centígrados" e "centesimais").

Note bem:

- As palavras técnicas de origem grega terminadas em **-ma** são masculinas: 400g = quatrocentos gramas.
- Não abrevie nomes geográficos: São Paulo (não S.Paulo), São Bernardo do Campo, Rua General Osório, São José do Rio Preto, Pindamonhangaba.
- Escreva 3,45m; 150cm^3 (não 150cc); 80km/h — para indicar velocidade.
- CDB, TR e outras siglas semelhantes pluralizam-se: CDBs, TRs.
- Indicação de tempo: 8h; 8h15min; 8h15min28s (sem pontuar).
- Ângulo plano: 3º12'20" (três graus, doze minutos, vinte segundos).
- Datas: 08.03.1998 (cf. NBR 5892).

Abreviaturas e siglas mais usadas

a ou a. ou (a) ou (a.) — assinado(a)

aa ou aa. ou (aa) ou (aa.) — assinados(as)

A — ampère(s)

A. — autor

AA. — autores

abr. — abril, abreviatura

abrev. — abreviação, abreviatura

a.c. — *anno currente*, no corrente ano

a.C. — antes de Cristo

A.C. — *anno Christi*, na era cristã

AC — Acre

a/c ou A/C — aos cuidados de

A.D. — *anno Domini*, do ano do Senhor, na era cristã

adm. — administração, administrativo

Adv. ou advoc. — Advocacia

adv.º ou Advº ou adv$^{\underline{o}}$ — advogado

ago. — agosto

Al. — alameda

Alm. — almirante

alq. — alqueire(s)

a.m. — *ante meridiem*, antes do meio-dia

AM — Amazonas

ap. — aprovado, apud (= em)

AP — Amapá

ap. ou apart. — apartamento

arc. — arcaico

assoc. — associação

Av. — avenida

BA — Bahia

B.^{éis} — bacharéis

B.^{el} — bacharel

BR — Brasil

Brig$^{\underline{o}}$ ou Brig.º — brigadeiro

C — carbono

C. — carta, código, comum

c/ — com, conta

ºC — grau Celsius

C.Ág. — código de águas

cap. — capital, capitão, capítulo, capoeira

cc — comarca

c.c. — confere, conforme, com cópia

c/c — conta corrente

C.C. — código civil

C.Com. — código comercial

CE — Ceará

c.^{el} ou C^{el} — coronel

cent. — centavo(s)
CEP — código de endereçamento postal
cf. — compare, confere, confira, verifique, confronte, confronte com
cfr. — confira, confronte
Cia ou C^{ia} ou Cia. ou C.^{ia} — companhia
CIC — cartão de identificação do contribuinte
cif. ou C.I.F. — *cost, insurance, freigh* — custo, seguro e frete
cm — centímetro(s)
cód. — códice, código
cód. águas — código de águas
cód. civ. ou cód. civil — código civil
cód. com. — código comercial
cód. cont. — código de contabilidade
cód. fl. — código florestal
cód. just. mil. — código de justiça militar
cód. mil. — código militar
cód. pen. ou cód. penal — código penal
cód. proc. — código de processo
cód. proc. civ. — código de processo civil
cód. proc. penal — códogo de processo penal
cód. trab. — código do trabalho
cogn. — cognome
com. — comandante, comendador, comercial, comércio, comum
comte ou comte. — comandante
conf. — conferência
cons. ou consel. ou conselh. — conselheiro
const. ou Const. — constituição
cp. — compare, coteje, confronte
CPF — cadastro de pessoa física
créd. — crédito
ctv. — centavo | ctvs. — centavos
c.v. — cavalo(s)-vapor
C.V. — componente vertical
cx ou Cx ou cx. ou Cx. — caixa
d ou d/ — dia(s)
D. — digno
D. — dom, dona
Da ou Da. ou D^{a} ou D.^{a} — dona
d.C. ou D.C. — depois de Cristo
d/d — dias de data
DD. ou Dig.^{mo} — dignísssimo
decr. ou dec. — decreto
dep. ou depto. — departamento
Des.^{dor} ou desemb. ou Desemb. ou Des.^{or} — desembargador
dez. — dezembro
DF — Distrito Federal
dir. — direito
Dir. adm. — direito administrativo
Dir. ant. — direito antigo
Dir. can. — direito canônico
Dir. civ. ou Dir. civil — direito civil
Dir. com. ou Dir. comerc. — direito comercial
Dir. cons. ou Dir. consuet. — direito consuetudinário
Dir. const. — direito constitucional
Dir. corp. — direito corporativo
Dir. crim. — direito criminal
Dir. ecl. ou Dir. ecles. — direito eclesiástico
Dir. fam. — direito familiar
Dir. feud. — direito feudal
Dir. fis. ou Dir. fiscal — direito fiscal
Dir. int. ou Dir. intern. — direito internacional
Dir. int. públ. – direito internacional público

Dir. leg. – direito legislativo

Dir. mar. ou Dir. marit. — direito marítimo

Dir. obr. — direito das obrigações

Dir. parl. — direito parlamentar

Dir. pen. ou Dir. penal — direito penal

Dir. pol. — direito político

Dir. proc. — direito processual

Dir. proc. civ. – direito processual civil

Dir. proc. pen. – direito processual penal

Dir. públ. — direito público

Dir. rom. — direito romano

Dir. rur. — direito rural

Dir. suc. — direito de sucessão

Dir. trab. — direito do trabalho, direito trabalhista

Dir. trib. — direito tributário

docs. — documentos

Dr. ou D.^{r} — doutor | Drs. — doutores

Dra ou Dra. ou Dr.ª ou D^{ra} ou D.^{ra} — doutora

Dr.^{as} — doutoras

dz. — dúzia(s)

E. — editor, Estado, Este

econ. — economia

ed. — edição

edif. — edifício

e.g. — *exempli gratia*, por exemplo

E.M. — em mão(s), estado-maior

Emª ou Em.ª — Eminência

Emb. ou Emb^{or} — Embaixador

Em^{mo} ou Em.^{mo} — Eminentíssimo

eng. — engenharia

engª — engenheira

engº — engenheiro

ES — Espírito Santo

et al. — *et alii* ou *et aliae*, e outros, e outras

etc. — *et cetera*, e o resto

et seq. — *et sequens*, e o seguinte

et seqq. — *et sequentes*, e os seguintes

EUA — Estados Unidos da América

ex. — exemplar(es), exemplo(s), por exemplo

Exª ou Ex.ª — excelência

Exma — excelentíssima

Exmo ou Exmo — excelentíssimo

f., fl. ou fol. — folha | ff., fls. ou fols — folhas

F. — fulano

fasc. — fascículo(s)

fev. — fevereiro

fg. ou fig. — figura

FN — Fernando de Noronha

Fº — filho

FOB — *free on board*, livre a bordo

for. — forense, praxe forense

fr. — francês, franco(s), frase, fruto

Fr. — Frei

g — grado(s), grama(s)

g. — gênero, grau(s)

G^{al}, G.^{al} ou Gen. — general

GMT — *Greenwich Meridian Time*, hora do Meridiano de Greenwich

GO — Goiás

gov. — governador, governadoria, governo

gr — grado(s)

gr. — grão (peso), grátis, grau, grego, grosa(s)

grav. — gravura

grs. — grosa(s)

h — hora(s)

h. — homens

ha — hectare(s)

H.P. — *horse-power*, cavalo-vapor

Hz — hertz

ib. ou ibid. — ibidem, no mesmo lugar

id. — idem, o mesmo

i.e. — *id est*, isto é

Il.^{ma} — ilustríssima

Il^{mo} ou Il^{mo}. — ilustríssimo

Ir. — irmão (religioso)

jan. — janeiro

Jr ou Jr. — júnior

jul. — julho

jun. — junho

jur., juris., jurisp. ou jurispr. — jurisprudência

J^{z} ou J.^{z} — juiz

kg — quilograma(s)

km — quilômetro(s)

km/h — quilômetro(s) por hora

K.O. — *knock out*, fora de combate

kW — quilowatt(s)

kWh — quilowatt(s)-hora

l ou l. — linha(s)

L ou ℓ (manuscrito) — litro(s)

lb. — libra, libra-peso

l.c. ou loc.cit. — *loco citato*, no lugar citado

L^{da}, L.^{da}, Ltd., ltda., Ltda. ou Lt.^{da} — limitada

leg. fin. — legislação financeira

legisl. — legislação

leg. soc. — legislação social

liv., l^{o} ou l.^{o} — livro

m — metro(s)

m. — masculino, mês, meses

m/ — meu(s), minha(s)

MA — Maranhão

maj. — major

maj.-brig. — major-brigadeiro

M^{al} ou M.^{al} — marechal

mar. — março

m/c — minha carta, minha conta

m/d — meses de data

M.D. — muito digno

M^{e} — mestre

M.^{e} — madre

M.E. — microempresa

med. — medicina | méd. — médico

med. leg. — medicina legal

med. trab. — medicina do trabalho

memo. ou memor. — *memorandum*, memorando

mens. — mensal

mercad. — mercadologia

MG — Minas Gerais

mi — milha marítima

mil. — milha, militar

min — minuto(s) (de tempo)

mm — milímetro(s)

m.^{mo} — meritíssimo

m/p — meses de prazo

MS — Mato Grosso do Sul

MT — Mato Grosso

n. — nome, número(s)

n/ — nosso(s), nossa(s)

N — Norte

n.b. ou N.B. — *nota bene*, note bem

n/c — nossa carta, nossa casa, nossa conta

n/ch — nosso cheque

NE — Nordeste

n^{o}, N^{o} ou n.^{o} — número

n/o — nossa ordem

non seq. — *non sequitur*, não segue

nov. — novembro

N.S. — Nosso Senhor

N.S.ª — Nossa Senhora
O — oxigênio, Oeste
obs. — observe, observação
of. — oferece(m), oficial, ofício
O.K. — *all correct*, tudo bem
op. cit. — *opere citato*, na obra citada; *opus citatum*, obra citada
out. — outubro
p. ou pág. — página | pp. ou págs. — páginas
p/ — para, por
P., Pe ou P.e — Padre
P. — praça
PA — Pará
PB — Paraíba
P.B. — peso bruto
p.c. — pacote(s)
p/c — por conta
pç. — peça(s)
P.D. — pede deferimento
PE — Pernambuco
P.E.F. — por especial favor
P.E.O. — por especial obséquio
p. ex. — por exemplo
p.f. — ponto de fusão, próximo futuro (mês)
P.F. — por favor
pg. — pago, pagou
PI — Piauí
P.J. — pede justiça
pl. — plural
P.L. — peso líquido
p.m. — peso molecular
p.m. — *post meridiem*, depois do meio-dia
p.m. — *post mortem*, depois da morte
P.M. — prefeitura municipal
pol. — polegada(s)
pop. — população, popular(es), popularmente
p.p. — por procuração, próximo passado (mês)
PR — Paraná
pref. — prefeito, prefeitura
P.R.J. — pede recebimento e justiça
proc. — processo, processualística, procuração, procurador
prof. ou Prof. — professor
profs. ou Profs. — professores
prof.ª ou Prof.ª — professora
prof.as ou Prof.as — professoras
P.S. — *post scriptum*, pós-escrito
q.e.d. ou Q.E.D. — *quod erat demonstrandum*, o que era para se demonstrar
ql. — quilate(s)
quinz. — quinzenal
quinzen. — quinzenário
q.v. — *quantum vis:* quanto se queira; *quod vide:* veja isto, queira ver, queira voltar
R. — *recipe*, recebe, Rei, Rainha, reprovado, réu, rua
rec.º — recebido
ref. — referência, referente, reformado
reg. — regência, região, regimento, regional, registro, regular
Rem.te — remetente
rev., Rev. ou Rev.do — reverendo
Revmo ou Rev.mo — Reverendíssimo
R.I.P. — *requiescat in pace*; descanse em paz
RJ — Rio de Janeiro (Estado)
RN — Rio Grande do Norte
RO — Rondônia

rod. — rodovia

r.p.m. — rotação por minuto

r.p.s. — rotação por segundo

RR — Roraima

R.S.V.P. — *répondez, s'il vous plaît*; respondei, por favor

s — segundo(s) (de tempo)

S. — Santa, Santo, São, Sul

s/ — sem, seu(s), sua(s)

S.A. — sociedade anônima

s/a — seu aceite

sc. — *scilicet*, a saber, quer dizer

s/c — sua carta, sua conta, sua casa

SC — Santa Catarina

S.C. — sociedade civil

s.d. ou s/d — sem data

SE — Sergipe

S.E. — Sudeste

séc. — século

secr. — secretária(o), secretaria

seg. — seguinte | segg. — seguintes

seg. — segundo, seguro(s)

S.Em.^{a} — sua eminência | S. Em.^{as} — suas eminências

sent. — sentença, sentido

s.e.o. ou S.E.O. — salvo erro ou omissão

set. — setembro

S.Ex.ª — sua excelência | S. Ex.^{as} — suas excelências

s/l — seu lançamento, sobreloja, sua letra

S.M.J. — salvo melhor juízo

Snr. — Senhor | Snr^{a} — Senhora

s.o.s ou S.O.S. — *save our souls*, salve nossas almas; *save our ship*, salve nosso navio

SP — São Paulo (Estado)

S.P.Q.R. — *senatus populusque romanus*; o senado e o povo romano

Sr, S^{r}, S.^{r} ou Sr. — senhor; *sênior*, o mais velho

s/r — sem residência

Sr.^{a} — senhora | Sras — senhoras

Sres, S^{res}, S.^{res}, Sres. ou Srs. — senhores

S^{rta}, Sr^{ta} ou Sr.^{ta} — senhorita

S.S.^{a} — sua senhoria | S.S.^{as} — suas senhorias

Sta, Sta. ou Sta — santa

S^{to}, Sto. ou S.^{to} — santo

t — tonelada(s)

t. — termo(s), tomo(s)

T. — tara, tempo, termo, travessa

tb. — também

tel. — telefone, telefonia, telegrama

telef. — telefone, telefonia

ten., Ten., t.^{te}, T^{te} ou T.^{te} — tenente

ten.-cel.,T^{te} C^{el}, T.^{te} C.^{el} — tenente-coronel

test. — testemunha

test$^{\underline{o}}$ — testamento

TO — Tocantins

ton. — tonel, tonéis

Trav. — travessa

trib. — tribunal, tributário, tributos

TV — televisão

urb. — urbanismo, urbanista, urbano

urban. — urbanista

V — volt(s)

v. — veja(m), verbal, verso, *versus* (contra), você

v/ — vosso(s), vossa(s)

V. — veja(m), velocidade, vila, Virgem, visto, você

V^{a} ou V.^{a} — viúva

VA — volt-ampère

vel. — velocidade

V. Em.ª — vossa eminência | plural: V.E.^{mas}

V. Ex.ª — vossa excelência | plural: V.Ex.^{as}

v.g. — *verbi gratia*, por exemplo

vº — verso (lado posterior)

vol. — volume | vols. — volumes

vs. — *versus*, contra

V.S.ª — vossa senhoria | V.S.^{as} — vossas senhorias

W — watt(s)

X.P.T.O. — excelente, magnífico, sem par

Siglas e siglemas da área jurídica e afins

AA — Ação Anulatória

ac. — Acórdão

AC (Ap. Cível) (Ap.) — Apelação Cível

AC — Ação Cautelar

AC — Ato Complementar

ACI — Ação Cautelar Inominada

ACO (ACOr) (AO) — Ação Cível Originária

ACP — Ação Civil Pública

ACr — Apelação Criminal

ACrim — Ação Criminal

AD — Ação Declaratória

ADCT — Ato das Disposições Constitucionais Transitórias da Constituição de 05.10.88

ADI (ADIn) — Ação Direta de Inconstitucionalidade

AFPS — Auditor Fiscal da Previdência Social

AFRF — Auditor Fiscal da Receita Federal

AG (Ag.) — Agravo

AgI — Agravo de Instrumento

AgRg — Agravo Regimental

AgRg no Prec. — Agravo Regimental no Precatório

AI (Ag. de Instr.) — Agravo de Instrumento; Ato Institucional

AIR — Adicional do Imposto de Renda

AIT — Agravo de Instrumento Trabalhista

AJ — Arquivo Judiciário

Alca — Área de Livre Comércio das Américas

AMS — Apelação em Mandado de Segurança

Anfavea — Associação Nacional dos Fabricantes de Veículos Automotores

AP — Apelação

Ap. Crim. — Apelação Criminal

APn — Ação Penal

AR — Ação Rescisória

AR (Resc.) — Ação Rescisória

Arg. Inc. — Argüição de Inconstitucionalidade

BC (Bacen) — Banco Central

BID — Banco Interamericano de Desenvolvimento

Bird — Banco Internacional de Reconstrução e Desenvolvimento

BNDES — Banco Nacional de Desenvolvimento Econômico e Social

BNH — Banco Nacional da Habitação

Boletim — Boletim da Sociedade Brasileira de Direito Internacional

Bovespa — Bolsa de Valores do Estado de São Paulo

C — Câmara

CA — Conflito de Atribuições

CC — Código Civil (Lei nº 3.071, de 01.01.1916); Câmara Cível; Conflito de Competência

CCI — Câmara de Comércio Internacional

Ccom (Cco, CCB) — Código Comercial (Lei nº 556, de 25.06.1850)

Ccomp — Conflito de Competência

Ccrim. — Câmara Criminal

CDB — Certificado de Depósito Bancário

CDC — Código de Defesa do Consumidor (Lei nº 8.078, de 11.09.1990)

CDI — Comissão de Direito Internacional das Nações Unidas (ILC)

CDPub — Câmara de Direito Público

CDPriv — Câmara de Direito Privado

CE — Câmara Especial; Corte Especial

Cebepej — Centro Brasileiro de Estudos e Pesquisas Judiciais

Cebrap — Centro Brasileiro de Análise e Planejamento

CEE — Comunidade Econômica Européia

CEF — Caixa Econômica Federal

CEI — Comunidade dos Estados Independentes

CEP — Código de Ética Profissional

Cepal — Comissão Econômica para a América Latina

C Esp. — Câmara Especial; Câmara Especial de Férias

Cesp — Companhia Energética de São Paulo

C Esp. Dpriv — Câmara Especial de Direito Privado

CEU — Centro de Extensão Universitária

CF — Constituição Federal

CGT — Confederação Geral dos Trabalhadores

Chesf — Companhia Hidrelétrica do São Francisco

CIF — *Cost Insurance Freight* (Custo, seguro e frete)

CIJ — Corte Internacional de Justiça (Haia)

CPJI — Corte Permanente de Justiça Internacional

CIP — Conselho Interministerial de Preços

Cipa — Comissão Interna de Prevenção de Acidentes

CIPP — Código Internacional sobre Práticas Publicitárias

CJ — Conflito de Jurisdição

CJF — Conselho da Justiça Federal

CJI — Comitê de Juristas Interamericanos (Rio)

CLT — Consolidação das Leis do Trabalho (Dec.-lei nº 5.452, de 01.05.1943)

CMN — Conselho Monetário Nacional

CNM — Conselho Nacional da Magistratura

CNPJ — Cadastro Nacional de Pessoa Jurídica

CNT — Código Nacional de Trânsito

Cofins — Contribuições para a Seguridade Social

Comp. — Competência

Conf. At. — Conflito de Atribuição

Conf. Comp. — Conflito de Competência

Conf. Jur. — Conflito de Jurisdição

Cor. Par. — Correição Parcial

CP — Código Penal (Dec.-lei nº 2.848, de 07.12.1940, com os arts. 1º a 120 modificados pela Lei nº 7.209, de 11.07.1984); Correição Parcial

CPC — Código de Processo Civil (Lei nº 5.869, de 11.01.1973)

CPC ant — Código de Processo Civil antigo (Dec.-lei nº 1.608, de 18.09.1939)

CPI — Código da Propriedade Industrial (Lei nº 5.772/71)

CPMF — Contribuição Provisória sobre Movimentação Financeira

CPP — Código de Processo Penal (Dec.-lei nº 3.689, de 03.10.1941)

CRJE — Colégio Recursal do Juizado Especial

CS — Corte Superior

CSM — Conselho Superior da Magistratura

CSN — Companhia Siderúrgica Nacional

Cs. Reuns. — Câmaras Cíveis Reunidas

CTB — Código de Trânsito Brasileiro

CTN — Código Tributário Nacional (Lei nº 5.172, de 25.10.1966)

CUT — Central Única dos Trabalhadores

CVM — Comissão de Valores Mobiliários

CVM-AD — Ato Declaratório da CVM

CVRD — Companhia Vale do Rio Doce S.A.

DC — Dissídio Coletivo

Dec. — Decreto

Dec. Leg. (dec. leg.) — Decreto Legislativo

Dec.-lei — Decreto-lei

Deij — Departamento de Execuções da Infância e da Juventude

Del. — Deliberação

Des. — Desembargador

Desa. (Des.(ª)) — Desembargadora

Desp. — despacho

DGJ — Duplo Grau de Jurisdição

DI — Dissídio Individual

Dieese — Departamento Intersindical de Estatística e Estudos Socioeconômicos

DIP — Direito Internacional Público

disp. trans. — disposição transitória

DJ — Diário da Justiça

DJE — Diário da Justiça do Estado de São Paulo

DJU — Diário da Justiça da União

DNER — Departamento de Estradas de Rodagem

DNRC — Departamento Nacional do Registro do Comércio

Doce — Diário Oficial das Comunidades Européias

DOE — Diário Oficial do Estado

DOU — Diário Oficial da União (Brasília)

DSS 8030 — Formulário "Informações sobre Atividades com Exposição a Agentes Agressivos", implantado pelo INSS

DTCF — Disposições Transitórias da Constituição Federal

DVC — Delegacia de Vigilância e Capturas

EA — Estatuto da Advocacia (Lei nº 8.906, de 04.07.1994)

EAC — Embargos na Apelação Cível

EAR — Embargos em Ação Rescisória

ECA — Estatuto da Criança e do Adolescente (Lei nº 8.069, de 13.07.1990)

ECT — Empresa Brasileira de Correios e Telégrafos

ED — Embargos de Divergência

ED (Edcl) — Embargos Declaratórios (ou de Declaração)

EE — Embargos à Execução

EI — Embargos Infringentes

em. — ementa

Em. Const. — Emenda Constitucional

Em. Reg. — Emenda Regimental

embs. — embargos

Eoab — Estatuto da Ordem dos Advogados do Brasil (Lei nº 4.215/1963)

EPM — Escola Paulista da Magistratura

ERE — Embargos em Recurso Extraordinário

ET — Estatuto da Terra (Lei nº 4.504, de 30.11.1964)

FAO — *Food and Agriculture Organization* (Organização para a Agricultura e Alimentação das Nações Unidas)

Febem — Fundação Estadual do Bem-Estar do Menor

FED — Fundo Europeu de Desenvolvimento

FGTS — Fundo de Garantia do Tempo de Serviço. Criado pelo governo federal em 13 de setembro de 1966, o fundo, constituído de depósitos bancários efetuados em nome dos empregados para suportar indenizações trabalhistas, obrigou as empresas sujeitas à Consolidação das Leis do Trabalho (CLT) a depositarem até o dia 30 de cada mês, em conta bancária vinculada, o equivalente, na época, a 80% do salário de cada funcionário que renunciasse ao sistema de indenização até então vigente e optasse pelo fundo.

FMI — Fundo Monetário Internacional. Organização financeira internacional criada na Conferência Internacional de Bretton Woods (em New Hampshire, EUA), em 1944. Agência especializada da ONU, com sede em Washington, integra o sistema financeiro internacional, paralelamente ao Bird (Banco Internacional de Reconstrução e Desenvolvimento).

"*O FMI foi criado com a finalidade de promover a cooperação monetária no mundo capitalista, coordenar as paridades monetárias (evitar desvalorizações concorrenciais) e levantar fundos entre os diversos países membros, para auxiliar os que encontrem dificuldades nos pagamentos internacionais.*" (Sandroni, *Novo Dicionário de Economia*).

Gatt — Acordo Geral de Tarifas e Comércio (*General Agreement on Tariffs and Trade* / OMC)

HC — *Habeas corpus*

HD — *Habeas data*

IAA — Instituto do Açúcar e do Álcool

Iasp — Instituto dos Advogados de São Paulo

IBC — Instituto Brasileiro do Café

IBCCrim — Instituto Brasileiro de Ciências Criminais

IBDF — Instituto Brasileiro de Direito de Família (Instituto Brasileiro de Desenvolvimento Florestal)

IBGE — Instituto Brasileiro de Geografia e Estatística

Ibovespa — Índice da Bolsa de Valores de São Paulo

Ibre — Instituto Brasileiro de Economia

Ibri — Instituto Brasileiro de Relações Internacionais

IBV — Índice da Bolsa de Valores

ICM — Imposto sobre Circulação de Mercadorias

ICMS — Imposto sobre Circulação de Mercadorias e Serviços (resultado da fusão do ICM com ISS, de acordo com a Constituição de 1988)

Idec — Instituto de Defesa do Consumidor

I.E.E. — *Institut d'Études Européennes*

IGP — Índice Geral de Preços

Ihladi — Instituto Hispano-Luso-Americano de Direito Internacional

IIRGD — Instituto de Identificação Ricardo Gumbleton Daunt

Imbel — Indústria de Material Bélico do Brasil

Imesc — Instituto de Medicina Social e de Criminologia de São Paulo

Incijur — Instituto de Ciências Jurídicas

IN-DNRC — Instrução Normativa do Departamento Nacional do Registro do Comércio

Inf. STF — Informativo STF

INPI — Instituto Nacional da Propriedade Industrial

INSS — Instituto Nacional do Seguro Social

IN — Instrução Normativa

Inst. — Instrução

IOF — Imposto sobre Operações Financeiras

IPC — Índice de Preços ao Consumidor

IPC-R — Índice de Preços ao Consumidor-Real

Ipea — Instituto de Pesquisa Econômico-Social Aplicada ou Instituto de Planejamento Econômico e Social

IPI — Imposto sobre Produtos Industrializados

IPTU — Imposto Predial e Territorial Urbano

IPVA — Imposto sobre a Propriedade de Veículos Automotores

IR — Imposto de Renda

Iuperj — Instituto Universitário de Pesquisas do Rio de Janeiro

j. — julgado (a) em

JDI — *Journal du Droit International*

Jucesp — Junta Comercial do Estado de São Paulo

LAF — Lei das Alienações Fiduciárias (Dec.-lei nº 911, de 01.10.1969)

LAJ — Lei de Assistência Judiciária (Lei nº 1.060, de 05.02.1950)

LAP — Lei da Ação Popular (Lei nº 4.717, de 29.06.1965)

LBF — Lei do Bem de Família (Lei nº 8.009, de 29.03.1990)

LC — Lei Cambial (Dec. nº 2.044, de 21.12.1908)

LC — Lei Complementar

LC (LCH) — Lei do Cheque (Lei nº 7.357, de 02.09.1985)

LCM — Lei de Correção Monetária (Lei nº 6.899, de 08.04.1981)

LCP — Lei das Contravenções Penais (Dec.-lei nº 3.688, de 03.10.1941)

LdN — Liga das Nações

LD — Lei das Desapropriações (Dec.-lei nº 3.365, de 21.06.1941)

LD — Lei das Duplicatas (Lei nº 5.474, de 18.07.1968)

LDi — Lei do Divórcio (Lei nº 6.515, de 26.12.1977)

LEF — Lei das Execuções Fiscais (Lei nº 6.830, de 22.09.1980)

LEP — Lei de Execução Penal (Lei nº 7.210, de 11.07.1984)

LF — Lei de Falências (Dec.-lei nº 7.661, de 21.06.1945)

LHD — Lei do *Habeas Data* (Lei nº 9.507, de 12.11.1997)

LI — Lei do Inquilinato (Lei nº 8.245, de 18.10.1991)

LICC — Lei de Introdução ao Código Civil (Dec.-lei nº 4.657, de 04.09.1942)

Lile — Lei sobre a Intervenção e Liquidação Extrajudicial de Instituições Financeiras (Lei nº 6.024/74)

Lioe — Lei de Infrações à Ordem Econômica (Lei nº 8.884/94)

LJE — Lei dos Juizados Especiais (Lei nº 9.099, de 26.09.1995)

LL — Lei de Locações Prediais Urbanas (Lei nº 8.245/91)

LMS — Lei do Mandado de Segurança (Lei nº 1.533, de 31.12.1951)

LOJF — Lei de Organização da Justiça Federal (Lei nº 5.010, de 30.05.1966)

LOM — Lei Orgânica da Magistratura Nacional (Lei Compl. nº 35, de 14.03.1979)

Loss — Lei Orgânica da Seguridade Social (Lei nº 8.212, de 24.07.1991)

LPB — Lei dos Planos de Benefícios da Previdência Social (Lei nº 8.213, de 24.07.1991)

LR — Lei dos Recursos Extraordinário e Especial (Lei nº 8.038, de 28.05.1990)

LRB — Lei da Reforma Bancária (Lei nº 4.595/1964)

LRP — Lei dos Registros Públicos (Lei nº 6.015, de 31.12.1973)

LS — Lei dos Seguros (Dec.-lei nº 73/1966)

LSA — Lei das Sociedades por Ações (Lei nº 6.404, de 15.12.1976)

LSQ — Lei das Sociedades por Quotas de Responsabilidade Limitada (Dec. nº 3.708, de 10.01.1919)

LU — Lei Uniforme sobre Letras de Câmbio e Notas Promissórias (Anexo II da Convenção de Genebra, promulgada pelo Dec. nº 57.663/66)

MCF — Lei da Medida Cautelar Fiscal (Lei nº 8.397, de 06.01.1992)

Med. Prov.; MP — Medida Provisória

Mercosul — Mercado Comum do Sul (Tratado de Assunção, 26 de março de 1991, com alterações posteriores, com destaque para o Protocolo Adicional ao Tratado de Assunção sobre a estrutura institucional do Mercosul, o Protocolo de Ouro Preto, de 17 de dezembro de 1994; Decreto 350). Inclui atualmente os seguintes países: Brasil, Argentina, Uruguai e Paraguai.

MI — Medida de Injunção

Min. — Ministro

Minc — Ministério da Cultura

MP — Ministério Público

MRE/SGIE/NAT — Ministério das Relações Exteriores/Subsecretaria-Geral de Assuntos de Integração, Econômicos e de Comércio Exterior/Núcleo de Assessoramento Técnico (Brasília)

MS (M.S.) — Mandado de Segurança

MST — Movimento dos Trabalhadores Rurais sem Terra

MTb — Ministério do Trabalho

M.V. (m.v.) — maioria de votos
Nafta — *North American Free Trade Agreement* (Tratado Norte-americano de Livre Comércio — Washington, Ottawa, Cidade do México, 8-11-14 e 17 de dezembro de 1992)
OAB — Ordem dos Advogados do Brasil
OEA — Organização dos Estados Americanos
OMC — Organização Mundial do Comércio (Genebra)
ONG — Organização não-governamental
ONU — Organização das Nações Unidas. (Dir. intern. públ.) Organismo internacional governamental de Estados fundado em 1945, em decorrência da II Guerra Mundial, com base em um documento assinado por cinqüenta países — Carta das Nações Unidas — em 26.06.1945, em São Francisco, Califórnia, EUA. Destinada a preservar a paz, a segurança mundial, a cooperação entre os povos, tanto na área econômico-social quanto na técnico-científica, a entidade congrega hoje quase todos os Estados do Mundo. Como tal, sucedeu à Liga ou Sociedade das Nações, de 1919.
Otan — Organização do Tratado do Atlântico Norte (o mesmo que Nato)
§§ — parágrafos
§ ún. — parágrafo único
par. ún. — parágrafo único
PGE — Procuradoria Geral do Estado
PIB — Produto Interno Bruto
PIS — Programa de Integração Social
PNB — Produto Nacional Bruto
PO — Parecer de Orientação
Procon — Procuradoria de Proteção e Defesa do Consumidor
Port. — Portaria
Prov. — Provimento
Rcl — Reclamação
RCrim — Recurso Criminal
rel. — Relator
rela. — Relatora
RE — Recurso Extraordinário
RECrim — Recurso Extraordinário Criminal
REO — Recurso *Ex Officio*
Res. — Resolução
REsp. (Rec. Esp.) — Recurso Especial
RHC — Recurso de *Habeas Corpus*
RMS — Recurso em Mandado de Segurança
Ret. — retificação, retificado
Rev. — Revisor, revogado
RO — Recurso Ordinário
ROHD — Recurso Ordinário em *Habeas Data*
Rp — Representação
RR — Recurso de Revista
RSE — Recurso em Sentido Estrito (Recurso Criminal)
RvCrim — Revisão Criminal
S.A. — Sociedade Anônima
SDC — Seção de Dissídios Coletivos
SDI — Seção de Dissídios Individuais
SE — Sentença Estrangeira
Sebrae — Serviço Brasileiro de Apoio às Micro e Pequenas Empresas
seç. — seção
segs. — seguintes
Senac — Serviço Nacional do Comércio
Senai — Serviço Nacional de Aprendizagem Industrial
Sivam — Sistema de Vigilância da Amazônia
SME — Sistema Monetário Europeu

SPC — Sociedade de Proteção ao Crédito

SS — Suspensão de Segurança

STF — Supremo Tribunal Federal

STJ — Superior Tribunal de Justiça

supl. — suplemento

SUS — Sistema Único de Saúde

TA — Tribunal de Alçada (Civil)

TAC (TACivil) — Tribunal de Alçada Civil

Tacrim — Tribunal de Alçada Criminal

TACrimMG — Tribunal de Alçada Criminal de Minas Gerais

TACrimSP — Tribunal de Alçada Criminal de São Paulo

TAMG — Tribunal de Alçada de Minas Gerais

TAPR — Tribunal de Alçada do Paraná

TCE — Tribunal do Contas do Estado

TCM — Tribunal de Contas do Município

TCU — Tribunal de Contas da União

TFR — Tribunal Federal de Recursos

TJ — Tribunal de Justiça

TJCE — Tribunal de Justiça do Ceará

TJSC — Tribunal de Justiça de Santa Catarina

TJSP — Tribunal de Justiça de São Paulo

TP — Tribunal Pleno

TRE — Tribunal Regional Eleitoral

TRF — Tribunal Regional Federal

TRT — Tribunal Regional do Trabalho

TSE — Tribunal Superior Eleitoral

TST — Tribunal Superior do Trabalho

UF — União Federal

Ufesp — Unidade Fiscal do Estado de São Paulo

Ufir — Unidade Fiscal de Referência

UFM — Unidade Fiscal do Município (São Paulo)

UIT — União Internacional de Telecomunicações (em inglês, ITU), criada em 1865, vinculada à ONU e com sede em Genebra

Unctad — *United Nations Conference on Trade and Development* (Conferência das Nações Unidas para o Comércio e Desenvolvimento), órgão permanente da ONU, criado em 1964, com sede em Genebra. Objetivo: acelerar a taxa de crescimento econômico dos países menos desenvolvidos.

Unesco — *United Nations Educational Scientific and Cultural Organization* (Organização das Nações Unidas para a Educação, a Ciência e a Cultura, entidade especializada da ONU, com sede em Paris — ONU, “Carta”, art. 57). (Dir. intern. públ.)

v. — veja

vol. (ou v.) — volume

V.U. (v.u., v. un.) — votação unânime

v.v. — voto vencido

Grupos, agremiações e associações

Aasp — Associação dos Advogados de São Paulo

Abei — Associação Brasileira de Estudos da Integração

ABNT — Associação Brasileira de Normas Técnicas

ACSP — Associação Comercial de São Paulo

ADPERJ — Associação dos Defensores Públicos do Estado do Rio de Janeiro

Aladi — Associação Latino-Americana de Desenvolvimento e Integração (Tratado de Montevidéu, 12 de agosto de 1980)

Alalc — Associação Latino-Americana de Livre Comércio (Tratado de Montevidéu, 18 de fevereiro de 1960)

AMB — Associação dos Magistrados Brasileiros

Apamagis — Associação Paulista de Magistrados

EFTA — Associação Européia de Livre Comércio (*European Free Trade Association*)

Periódicos

AFDI — *Annuaire Français de Droit International*

AFMT — Anais Forenses do Estado de Mato Grosso

Ajil — *American Journal of International Law*

Ajuris — Revista da Associação dos Juízes do Rio Grande do Sul

Amagis — Revista da Associação dos Magistrados Mineiros

BAASP (Bol. AASP) — Boletim da Associação dos Advogados de São Paulo

BDI — Boletim de Direito Imobiliário

BMJTACrimSP — Boletim Mensal de Jurisprudência do Tribunal de Alçada Criminal de São Paulo

Bol. do TFR — Boletim do Tribunal Federal de Recursos

Bol. do TRF — Boletim do Tribunal Regional Federal

EF — Ementário Forense

EJTARJ — Ementário de Jurisprudência dos Tribunais de Alçada do Rio de Janeiro

EJTFR — Ementário de Jurisprudência do Tribunal Federal de Recursos

EJTJES — Ementário de Jurisprudência do Tribunal de Justiça do Espírito Santo

EJTJMS — Ementário de Jurisprudência do Tribunal de Mato Grosso do Sul

EJTJRJ — Ementário de Jurisprudência do Tribunal de Justiça do Rio de Janeiro

EJTJSE — Ementário de Jurisprudência do Tribunal de Justiça de Sergipe

Em. da Jur. — Ementário da Jurisprudência (do TFR)

ESTJ — Ementário do Supremo Tribunal de Justiça

Goiasjuris — Ementário de Jurisprudência do Tribunal de Justiça de Goiás
IOB JUR — Repertório IOB de Jurisprudência
IUJ na Ap. — Incidente de Uniformização de Jurisprudência na Apelação
JBC — Jurisprudência Brasileira Criminal
JC — Jurisprudência Catarinense
JD — Jurisprudência e Doutrina
JM — Jurisprudência Mineira
JSTF — Jurisprudência do Supremo Tribunal Federal
JSTF-TRF — Jurisprudência do Superior Tribunal de Justiça e dos Tribunais Regionais Federais
JSTJ — Jurisprudência do Supremo Tribunal de Justiça
JTA — Revista de Jurisprudência dos Tribunais de Alçada Civil de São Paulo
JTACrimSP — Julgados do Tribunal de Alçada Criminal de São Paulo
JTACSP — Julgados dos Tribunais de Alçada Civil de São Paulo
JTAMG — Julgados do Tribunal de Alçada de Minas Gerais
JTARS — Julgados do Tribunal de Alçada do Rio Grande do Sul
JTJ — Jurisprudência do Tribunal de Justiça (SP)
JTJ — Revista de Jurisprudência do Tribunal de Justiça do Estado de São Paulo
Just. — *Justitia*, revista da Procuradoria-Geral de Justiça de São Paulo
Lex — Lex, seção de legislação federal
Lex est. — Lex, seção de legislação estadual paulista
Lex-JTA — Lex-Jurisprudência dos Tribunais de Alçada Civil de São Paulo
Lex-Marg. — Lex, seção de legislação federal, Marginália
PJ — Paraná Judiciário
Ramagis — Revista da Associação dos Magistrados de Minas Gerais
RAMPR — Revista da Associação dos Magistrados do Paraná
RBDP — Revista Brasileira de Direito Penal
RBDP — Revista Brasileira de Direito Processual
RCDUFU (ou RFDUU) — Revista do Curso de Direito da Universidade Federal de Uberlândia
RCJ — Revista de Crítica Judiciária
RCJF — Regimento de Custas da Justiça Federal (Lei nº 9.289, de 04.07.1996)
RCPDF — Revista do Conselho Penitenciário do Distrito Federal
RDA — Revista de Direito Administrativo
RDC — Revista de Direito Civil
RDDP — Revista da Defensoria Pública (RJ)
RDI — Revista de Direito Imobiliário

RDJDF — Revista de Doutrina e Jurisprudência do Tribunal de Justiça do Distrito Federal e dos Territórios

RDM — Revista de Direito Mercantil, Industrial, Econômico e Financeiro

RDP — Revista de Direito Penal

RDP — Revista de Direito Público

RDPC — Revista de Direito Penal e Criminologia

RDT — Revista de Direito Tributário

RDTJRJ — Revista de Direito do Tribunal de Justiça do Rio de Janeiro

RESM-MS — Revista da Escola Superior da Magistratura de Mato Grosso do Sul

RF — Revista Forense

RFO — Revista do Foro (Tribunal de Justiça da Paraíba)

RGDIP — *Revue générale de droit international public*

RIAPR — Revista do Instituto dos Advogados do Paraná

RIL — Revista de Informação Legislativa

RIOBJ — Repertório IOB de Jurisprudência

RISTF — Regimento Interno do STF

RISTJ — Regimento Interno do STJ

RJ — Revista Jurídica

RJC — Revista do Juizado Especial Cível

RJDTACrimSP — Revista de Jurisprudência e Doutrina do Tribunal de Alçada Criminal de São Paulo

RJE — Revista dos Juizados Especiais

RJM — Revista Jurisprudência Mineira (editada pelo TJMG)

RJTAMG — Revista de Julgados do Tribunal de Alçada de Minas Gerais

RJTJERGS — Revista de Jurisprudência do Tribunal de Justiça do Estado do Rio Grande do Sul

RJTJESP — Revista de Jurisprudência do Tribunal de Justiça do Estado de São Paulo

RJTJMS — Revista de Jurisprudência do Tribunal de Justiça de Mato Grosso do Sul

RJTJRJ — Revista de Jurisprudência do Tribunal de Justiça do Rio de Janeiro

RJTJSP — Revista de Jurisprudência do Tribunal de Justiça de São Paulo

RJTJRS — Revista de Jurisprudência do Tribunal de Justiça do Rio Grande do Sul

RMPSE — Revista do Ministério Público do Estado de Sergipe

ROA — Revista da Ordem dos Advogados (SP)

RP — Revista de Processo

RPGERS — Revista da Procuradoria-Geral do Estado do Rio Grande do Sul

RPGESP — Revista da Procuradoria-Geral do Estado de São Paulo

RPGR — Revista da Procuradoria-Geral da República

RSTJ — Revista do Superior Tribunal de Justiça

RT — Revista dos Tribunais

RT-CDC — Revista Tributária — Caderno de Direito Constitucional e Ciência Política

RT-CDT — Revista Tributária — Caderno de Direito Tributário e Finanças Públicas

RTFR — Revista do Tribunal Federal de Recursos

RT Inf. — RT Informa

RTJ — Revista Trimestral de Jurisprudência (do STF)

RTJE — Revista Trimestral de Jurisprudência dos Estados

RTJPA — Revista do Tribunal de Justiça do Estado do Pará

RTRF-1 — Revista do Tribunal Regional Federal da 1ª Região

RTRF — 3ª Região — Revista do Tribunal Regional Federal da 3ª Região (sede: São Paulo)

RTRF — 4ª Região — Revista do Tribunal Regional Federal da 4ª Região (sede: Recife)

Capítulo 10
Plural dos nomes compostos

- **Os dois termos vão para o plural:**
    1. dois substantivos: *tenente-coronel* — *tenentes-coronéis*
    2. substantivo mais adjetivo: *cartão-postal* — *cartões-postais*
    3. adjetivo mais substantivo: *pública-forma* — *públicas-formas*
    4. numeral mais substantivo: *segunda-feira* — *segundas-feiras*

- **Apenas o primeiro termo vai para o plural:**
    1. termos ligados por preposição: *pão-de-ló* — *pães-de-ló*
    2. o segundo elemento especifica o primeiro, indicando finalidade ou semelhança: *salário-família* — *salários-família; banana-maçã* — *bananas-maçã*

- **Apenas o segundo termo vai para o plural:**
    1. termos sem hífen: *girassol* — *girassóis*
    2. verbo mais substantivo: *bate-boca* — *bate-bocas*
    3. palavra invariável mais palavra variável: *vice-presidente* — *vice-presidentes*
    4. palavras repetidas: *tico-tico* — *tico-ticos*
    5. adjetivo mais adjetivo: olho azul-claro — *olhos azul-claros*

- **Nenhum dos termos varia:**
    1. palavras que não têm flexão nominal: *o leva-e-traz* — *os leva-e-traz*

2. o segundo elemento já está no plural: *o saca-rolhas — os saca-rolhas*
3. adjetivo composto cujo último elemento é um substantivo: *saia azul-turquesa — saias azul-turquesa*
4. com a expressão "cor de" (às vezes oculta): *blusa cor-de-rosa — blusas cor-de-rosa; pó laranja — pós laranja; lenço cinza — lenços cinza*

Note bem: Há palavras que fogem à regra:
dois padre-nossos, calças azul-marinho, os arco-íris, três bem-te-vis, os surdos-mudos, as surdas-mudas.
Há outras que têm duas formas no plural:
pombos-correio(s), bananas-maçã(s). relógios-pulseira(s), peixes-boi(s), homens-rã(s), navios-tanque(s), guardas-marinha(s), salvo(s)-condutos.
Qualquer no plural é *quaisquer.*

EXERCÍCIO

Passe as frases para o plural:

a) O uniforme era verde-oliva.

____

b) Na praia, estava o salva-vidas.

____

c) Pintou seu auto-retrato com tinta a óleo.

____

d) O altar-mor é o principal da igreja.

____

e) Rezou a ave-maria com devoção.

____

f) Na coleção do filatelista havia até olho-de-boi.

____

g) A garota usava saia azul-pavão.

____

h) É sociedade sueco-teuto-brasileira.

____

i) Colégio de universidade é escola-modelo.

____

j) Encontrou o guarda-florestal perto do rio.

____

l) O político está protegido pelo guarda-costas.

____

m) O navio guarda-costa patrulha o litoral.

____

n) Havia também salário-educação.

____

o) Existe perigo de curto-circuito.

____

p) A parede da sala era verde-mar.

____

q) Ele tocava reco-reco.

____

r) O meio-dia era agradável por causa do concerto musical.

____

s) Precisou consultar cirurgião-dentista.

____

t) Comprou água-de-colônia para dar de presente.

____

u) Ele é, de fato, joão-ninguém.

____

Capítulo 11
Numerais

Grafia de algarismos

Segundo o Instituto Nacional de Metrologia, Normalização e Qualidade Industrial (Inmetro), os números que representam quantias em dinheiro ou quantidades de mercadorias, bens ou serviços em documentos para efeitos fiscais, jurídicos e/ou comerciais, devem ser escritos com os algarismos separados em grupos de três, a contar da vírgula para a esquerda e para a direita, com pontos separando estes grupos entre si. Ex.: 1.997m, R$ 1.911,00. Nos demais casos, os algarismos da parte inteira e os da parte decimal dos números são separados em grupos de três a contar da vírgula para a esquerda e para a direita, com pequenos espaços entre estes grupos, ou os algarismos da parte inteira e os da parte decimal são escritos seguidamente, isto é, sem separação em grupos. Por exemplo: no ano de 1997 ou 1 997, RG 1 003 308 ou 1003308. O espaçamento entre um número e o símbolo é de um toque, se não houver risco de fraude: 2 kg, R$ 3.091,00 ou R$ 3.091,00.

Numeral encerra idéia de quantidade, ordem, proporção. Pode ser:

cardinal — quando indica quantidade: um, dois, três, dez;

ordinal — quando indica ordem: primeiro, décimo, centésimo;

multiplicativo — quando indica multiplicação: duplo, quádruplo;

fracionário — quando indica parte da unidade: meio, terço.

Numerais

ROMANOS	ARÁBICOS	CARDINAIS	ORDINAIS
I	1	um	primeiro
II	2	dois	segundo
III	3	três	terceiro
IV	4	quatro	quarto
V	5	cinco	quinto
VI	6	seis	sexto
VII	7	sete	sétimo
VIII	8	oito	oitavo
IX	9	nove	nono
X	10	dez	décimo
XI	11	onze	undécimo ou décimo primeiro
XII	12	doze	duodécimo ou décimo segundo
XIII	13	treze	décimo terceiro
XIV	14	catorze ou quatorze	décimo quarto
XV	15	quinze	décimo quinto
XVI	16	dezesseis	décimo sexto
XVII	17	dezessete	décimo sétimo
XVIII	18	dezoito	décimo oitavo
XIX	19	dezenove	décimo nono
XX	20	vinte	vigésimo
XXI	21	vinte e um	vigésimo primeiro
XXX	30	trinta	trigésimo
XL	40	quarenta	quadragésimo
L	50	cinqüenta	qüinquagésimo
LX	60	sessenta	sexagésimo
LXX	70	setenta	septuagésimo ou setuagésimo
LXXX	80	oitenta	octogésimo
XC	90	noventa	nonagésimo
C	100	cem	centésimo
CC	200	duzentos	ducentésimo

CCC	300	trezentos	trecentésimo ou tricentésimo
CD	400	quatrocentos	quadringentésimo
D	500	quinhentos	qüingentésimo
DC	600	seiscentos	sexcentésimo ou seiscentésimo
DCC	700	setecentos	septingentésimo ou setingentésimo
DCCC	800	oitocentos	octingentésimo ou octogentésimo
CM	900	novecentos	noningentésimo ou nongentésimo
M	1 000	mil	milésimo
$\overline{\text{X}}$	10 000	dez mil	dez milésimos ou décimo milésimo
$\overline{\text{C}}$	100 000	cem mil	cem milésimos ou centésimo milésimo
$\overline{\text{M}}$	1 000 000	um milhão	milionésimo
$\overline{\text{M}}$	1 000 000 000	um bilhão	bilionésimo

MULTIPLICATIVOS	FRACIONÁRIOS
duplo	meio
triplo	terço
quádruplo	quarto
quíntuplo	quinto
sêxtuplo	sexto
séptuplo	sétimo
óctuplo	oitavo
nônuplo	nono
décuplo	décimo
undécuplo	onze avos
duodécuplo	doze avos
cêntuplo	centésimo

Nomes relacionados com numerais

1. unicelular, unissex, unirracial
2. bibásico, bissílabo, dígrafo, dígono, dualismo, dueto
3. tresavô ou trisavô, trirradial, trissecular

4. quadrangular, quadrissílabo, quadruplicar, tetracampeão, tetraidrato
5. qüinqüênio, qüinqüesseriado, pentarradial, pentassulfato
6. sexangular, sextavado, hexagonal, hexassubstituto
7. septenário, setúplice, heptaedro, heptassílabo
8. octangular, octossecular
9. novena, novênio, enegonal, eneandro
10. decenal, decenário, década, decágono
11. undecaedro, undecágono, hendecaedro, hendecassílabo
12. duodecimal, duodenário

Numerais por extenso

• **Cardinais**

Na leitura e grafia dos numerais cardinais, devemos observar:

1. a conjunção **e** intercala-se entre as centenas e as dezenas e entre as dezenas e as unidades:
   3.557.621 = três milhões, quinhentos e cinqüenta e sete mil, seiscentos e vinte e um;
2. usa-se **e** depois de mil, milhões, bilhões... quando a seguir houver um algarismo seguido de zeros:
   53.700 = cinqüenta e três mil e setecentos, 5.300.000 = cinco milhões e trezentos mil;
3. usa-se **e** depois de mil se o algarismo da centena for **zero**:
   74.069 = setenta e quatro mil e sessenta e nove;
4. o último vocábulo é sempre precedido por **e**:
   1.203 = um mil, duzentos e três, 1.100.017 = um milhão, cem mil e dezessete.

Note bem:

• A única forma correta para 50 é **cinqüenta** (nunca cincoenta).

• É indiferente escrever **catorze** ou **quatorze**.

• O correto é escrever **um**, **três**, **dez** — mesmo em recibos, cheques e documentos comerciais (hum é interjeição).

• O **numeral por extenso** após o algarismo, quando for necessário por segurança, **grafa-se com maiúscula inicial**: R$ 3.002,00 (Três mil e dois reais).

• Milhão é masculino e com ele é que se faz a concordância do numeral. *Dois milhões e trezentas mil pessoas votaram. Um milhão de mulheres protestaram.*

• Conto é um numeral que equivale a um milhão. Caiu em desuso no Brasil, mas continua sendo empregado em Portugal:
Vendeu a jóia em Lisboa por um conto de escudos. A casa do bisavô custou quarenta contos de réis.

• Nem sempre o numeral indica uma quantia exata. Pode ser uma expressão retórica:
Já lhe disse isso um milhão de vezes. Cristo disse aos discípulos que perdoassem setenta vezes sete.

- **Ordinais**

Observe:

1. se o número for constituído de **dois** ou **três** algarismos, **não** haverá **vírgula** no **extenso**:

   321º = trecentésimo vigésimo primeiro.

2. haverá vírgula após **milésimo**, **milionésimo**, **bilionésimo**:

   357.876.543º = trecentésimo qüinquagésimo sétimo milionésimo, octingentésimo, septuagésimo sexto milésimo, qüingentésimo quadragésimo terceiro.

3. Quando nos referimos ao dia **1**, devemos usar o **ordinal** e não o cardinal:

   O evento ocorreu em primeiro de agosto. Primeiro de abril!

4. Na enumeração de reis, papas, séculos, capítulos, usa-se o ordinal até **dez**. De onze em diante, usa-se o cardinal:

   Dom Pedro II (segundo), Paulo VI (sexto), João X (décimo), Pio XII (doze), capítulo XVI (dezesseis).

5. Na enumeração de portarias, decretos, leis, o ordinal é usado até **nove** e o cardinal, de **dez** em diante:

   artigo 9º (nono), art. 10 (dez).

6. Na enumeração de páginas, folhas, casas, apartamentos, poltronas, empregam-se os **cardinais**:

   página 3 (três), apart. 52 (cinqüenta e dois).

7. Se o numeral anteceder o substantivo, será **ordinal**:

   vigésimo século, décimo terceiro volume, segundo ato, undécimo andar, duodécimo capítulo.

8. Conforme Celso Cunha e Silveira Bueno (*Nova gramática do português contemporâneo)*, pode-se dizer *meio-dia e meia* (concordância lógica com hora) ou pode ser *meio-dia e meio* (concordância por proximidade, analógica).

9. Cuidado com o uso de *meio*. Pode ser advérbio e, assim, não tem forma feminina. É errada a frase: *estou meia cansada*; o correto é *estou meio cansada.*

- **Substantivos coletivos numerais**

Indicação de anos seguidos: biênio (2), triênio (3), quadriênio (4), qüinqüênio ou lustro (5), sexênio (6), setênio (7), oitênio (8), novênio (9), decênio ou década (10), centenário ou século (100), sesquicentenário (150), milênio (1.000).

- **Bodas**

De madeira (5º aniversário de casamento), de estanho (10º), de cristal (15º), de porcelana (20º), de prata (25º), de pérola (30º), de coral (35º), de esmeralda (40º), de rubi (45º), de ouro (50º), de diamante (60º), de brilhante (75º).

EXERCÍCIOS

1. Escreva os numerais cardinais por extenso:

6.563.023 ____________________

____

16.664.456.009 ____________________

____

2. Escreva por extenso os numerais ordinais:

563º ____________________

824º ____________________

656ª ____________________

972º ____________________

736º ____________________

3. Escreva os numerais por extenso:

Dom José V ____________________

Papa Pio XII ____________________

Rei Luís XI ____________________

XXI século ____________________

século VI ____________________

capítulos VII e XCIII ____________________

4. Escreva os numerais fracionários por extenso:

1/16 ____________________

3/52 ____________________

5. Como você pode expressar um multiplicativo de 13?

____

6. Escreva em algarismos romanos:

1998 ____________________

1874 ____________________

4546 ____________________

Capítulo 12
Regência verbal

Na regência verbal, estuda-se a complementação de um verbo, isto é, se o seu objeto é direto, sem preposição, ou se é indireto, com preposição, ou se não precisa de complemento algum. Determina-se o significado do verbo de acordo com a regência.

- **Acordar**

  despertar: *O carcereiro acordou o detento. Acordou-o de um sono pesado. A ré acordou preocupada com o julgamento.*

  concordar: *Finalmente, acordaram uma solução. As partes acordarão nestas cláusulas. Acordam em manter o preço. Os líderes acordaram entre si. É preciso acordar idéias com ações.*

- **Adjudicar**

  transferir ao executante em paga de seu crédito contra o executado: *O tribunal adjudicou-lhe os bens móveis e imóveis do devedor.*

  ligar, vincular: *Adjudicou sua atuação a melhores condições de trabalho.*

- **Aduzir**

  expor, alegar: *Não aduziu provas irrefutáveis na sua defesa.*

- **Advogar**

  defender: *Ela advoga bem causas de família.*

interceder: *O deputado advogou pela promoção social do migrante.*

exercer a profissão de advogado: *Advoga numa grande empresa.*

• **Agradar**

causar agrado, satisfazer: *A medida não agradou aos contribuintes.*
contentar, afagar: *Nunca consegue agradá-la. A tia agradava a sobrinha.*

• **Agravar**

tornar pior: *O desemprego agrava a situação. O frio agravou seus males.*
oprimir: *A lei agravou o povo com novos tributos.*
recorrer mediante agravo: *Agravou da sentença, mas não teve provimento.*

• **Ajudar**

auxiliar: *Ajudou o amigo. Ajudou-o a mudar-se. Ajudou-o na pesquisa. Ajudou-lhe a pagar a viagem.*
valer-se: *Ajudava-se de parentes para saldar as despesas médicas.*
favorecer: *A boa leitura ajuda a pensar melhor.*

• **Ajuizar**

avaliar: *Ajuizamos os outros pelos seus atos.*
considerar: *Ajuizou que o empreendimento era economicamente viável.*
calcular: *Deverão ajuizar todos os danos materiais em alguns milhões.*
levar a juízo: *A demanda ainda não foi ajuizada.*
tornar-se sensato: *O acidente ajuizou-o. Ajuizou-se com o acidente.*

• **Aliar**

associar: *Aliou o útil com o agradável. Aliou a vontade ao esforço.*
juntar(-se): *Aliaram-se contra o governo para defender seus interesses.*
harmonizar(-se): *Aliavam-se gênios diferentes. A cidadania não se alia à (***ou** *com a) corrupção.*

• **Alienar**

transferir a outrem a posse de: *Alienará de si os imóveis.*
alucinar, enlouquecer: *O tóxico alienou-o.*
desvirtuar: *Alienaram as finalidades do simpósio.*

• **Alvitrar**

dar parecer, sentenciar: *O juiz alvitrou a condenação da ré.*
propor, sugerir: *Alvitra esta medida. Alvitrou-lhe que se mudasse dali.*

• **Amparar**

suster: *Amparou os desabrigados. Ampara-se ao (***ou** *no) corrimão. Ampararam-se contra o muro.*

proteger(-se): *Ampara-se de (***ou** *contra) invasores. Amparou-se no (***ou** *ao) pai. Apavorados, amparam-se debaixo da escada.*

• **Apelar**

recorrer: *Apelou da emoção para a razão. Ela apelou a S. Antônio. Apelou grosseiramente para a ignorância.*

interpor recurso: *O advogado apelará da sentença para o Supremo Tribunal.*

• **Aprazer**

agradar, interessar: *Vem quando lhe apraz. Aprouve-me (de) voltar logo.*

• **Arbitrar**

resolver, sentenciar: *O juiz arbitrou-lhe o pagamento da pensão. Devia arbitrá-lo a pagar as custas.*

• **Argüir**

acusar: *Argúi o marido de abandono do lar. O remorso argúi-o.*

reprovar: *Ela argüía-lhe o descaso no trato das coisas públicas.*

demonstrar: *O seu procedimento argüía a seriedade da situação.*

examinar, questionar: *Os examinadores argüíram longamente os acadêmicos.*

• **Argumentar**

arrazoar, raciocinar: *A acusação argumentou com provas contra o réu.*

servir de prova: *A omissão argumenta a favor de (***ou** *contra) Nélson.*

discutir: *O mestre se abstém de argumentar com ela sobre religião.*

• **Aspirar**

inalar, respirar: *Aspiravam o ar da manhã na praia.*

desejar muito: *Aspiramos a uma vida melhor. Você aspira ao cargo? Não aspiro a ele.* (com este significado, não se usa *-lhe, -lhes)*

• **Assegurar**

garantir: *O estudo assegura uma vida mais intensa. Asseguro-lhe que irei.*

convencer: *Asseguraram-no de um processo rápido.*

• **Assentir**

concordar: *O promotor assentiu em rever o caso.*

aceder: *A mãe assente aos desejos da filha.*

• **Assistir**

socorrer: *O médico assiste (a)o paciente.*

cuidar: *O tutor assiste o órfão.*

presenciar: *Ontem assistiu ao jogo? Não assisti a ele (não se usa -lhe).*

caber: *Não lhe assiste o direito de criticar.*

auxiliar: *O serviço social deve assistir aos desabrigados.*

morar: *Há tempos que assiste em Moji das Cruzes.*

• **Atender**

dar atenção: *Não atenderam as (***ou** *às) ponderações da defesa.*

considerar: *Atende, antes de tudo, as (***ou** *às) próprias necessidades.*

observar: *Atendiam de longe aos acontecimentos.*

acatar: *Atendeu aos conselhos dos familiares.*

acolher: *Aqui atende os que o procuram.*

deferir: *O diretor atendeu as reivindicações.*

receber: *O governador não atenderá os grevistas.*

• **Atingir**

tocar, acertar: *Atingiu suavemente o rosto. Atingiu o alvo.*

conseguir: *Atingiram as metas programadas.*

dizer respeito: *Este decreto não nos atinge.*

alcançar: *A abstenção de votantes atingiu (a) um grau elevado. Muitos alunos não atingiram (a)o que o mestre explicava.*

• **Avisar**

informar: *Avisamos-lhe que o preço subiu. Avisamo-lo de que o preço subiu.*

prevenir: *Avisei-os das dificuldades da prova. Avisei-o para que vendesse. As autoridades sanitárias avisam os fumantes sobre o perigo de fumar.*

• **Avocar**

atrair: *Avocou os descontentes ao partido.*

atribuir-se: *O tribunal avocou a si o processo.*

fazer voltar: *O temor avocou-lhe a solidariedade.*

- **Carecer**

não ter: *A reclamação carece de importância.*

precisar: *O acidentado ainda carece de cuidados médicos. Vocês não carecem voltar aqui neste mês.*

- **Chegar**

vir: *Elas já chegaram. Chegou cedo ao fórum. Cheguei a casa bem tarde.*

bastar: *O salário não chega para as despesas.*

atingir: *Os gastos do escritório chegaram a R$ 15.000,00 neste mês.*

ir a ponto de: *Chegou a parar de fumar por causa dela.*

> **Note bem:** Com verbos que indicam movimento, destino, deve-se usar a preposição *a* e não a preposição *em*. Daí:
> *Chegar a casa.*

- **Cogitar**

tencionar: *Cogito seguir carreira na magistratura.*

planejar: *Cogitamos uma grande festa de formatura.*

cuidar: *Não cogitava de fazer um seguro mais abrangente.*

meditar: *Após cogitar no caso, encontrou várias soluções. Cogitei disto.*

- **Comparecer**

aparecer, ir: *Deve comparecer hoje à reunião. Comparecerá ao (***ou** *no) tribunal amanhã. Compareceu perante (***ou** *ante) o juiz.*

- **Comunicar**

participar: *Comunicou-lhe que a reunião foi adiada* sine die.

transmitir: *Comunicará os resultados para a assembléia.*

ligar-se: *A sala comunica com os dois quartos.*

levar: *Uma das portas comunica para o terraço.*

falar: *As garotas comunicam-se entre si.*

participar: *Comunicou o casamento.*

transmitir-se: *O entusiasmo comunicou-se aos presentes.*

- **Comutar**

atenuar: *O juiz comutou em multa a pena de prisão.*

trocar: *Comutaram uns produtos por outros com comerciantes estrangeiros.*

• **Consignar**

declarar: *Os jornais não consignaram estas falcatruas.*
entregar para ser negociado em comissão: *A editora consignou-lhe cem exemplares.*
dedicar: *Em sessão solene, consignou elogios ao notável jurista.*

• **Consistir**

constituir-se: *Seu lazer consiste em ler romances policiais.*
compor-se: *O patrimônio consiste em imóveis e veículos.*

• **Custar**

obter-se com: *A classificação custou-lhe muito estudo.*
valer: *Estas jóias custam muito caro.*
ter dificuldades: *Os meninos, geralmente, custam mais a falar.*
ser difícil: *Custa-me chegar.* (verbo na 3ª pes. sing., varia o pronome: *te, lhe...*)

• **Decidir**

resolver: *Decidiu rapidamente a questão. Decidi que seria melhor voltar.*
opinar, sentenciar: *O tribunal decidiu ontem o pleito.*
convencer: *O advogado conseguiu decidi-lo a não recorrer.*
pronunciar-se: *O júri decidiu-se pela condenação. Decidiu-se contra o réu.*

• **Declinar**

desviar-se do rumo: *O foguete declinou e explodiu.*
descair, inclinar-se: *O terreno declina para o rio. O sol declina no horizonte.*
decair: *O organismo declina na velhice. Sem modernizar-se, eles declinam.*
recusar: *Declinei (d)estas responsabilidades e (d)estas honras.*
enunciar: *Declinou ao delegado o endereço dos cúmplices.*

• **Defrontar**

pôr frente a frente: *O policial defrontou-o com o denunciante.*
encarar: *Defrontou (com) os adversários. Defrontei(-me) com um louco.*

• **Deparar**

encontrar de repente: *Deparei (com) um bom amigo ontem no fórum.*
encontrar: *O grupo deparou solução ao problema.*
surgir: *As ocasiões se lhe depararam.*

- **Dignar-se**

  condescender, haver por bem: *O desembargador dignou-se de receber-me. Digne-se, Excelência, aceitar meus sinceros cumprimentos pelo discurso.*

- **Emprestar**

  ceder: *Emprestou ao colega livros de Direito Romano.*

  dar: *Aquela situação emprestava-lhe muitas preocupações.*

  dar a juros: *O banco emprestou-lhe o dinheiro a juros subsidiados.*

- **Esposar**

  casar: *O sacerdote esposou-os. Esposou-se com uma nutricionista.*

  tomar a seu cuidado: *Esposaram estes encargos com dedicação.*

  defender: *Esposou a causa dos desamparados.*

- **Esquecer**

  não ter memória de: *Esqueceu os nomes dos colegas. Esqueceu-se do nome da colega. Esqueci-me de trazer o texto. Esqueceu-se de que viajaria.*

  descuidar: *Muitas vezes esqueceu as obrigações.*

  sair da lembrança: *Esqueceram-lhe os momentos de felicidade.*

- **Esquivar**

  evitar: *Esquivaram um encontro com o acusador. Esquivou-se a uma visita.*

  tratar com desdém: *Muitos a esquivam.*

  eximir-se: *Não se esquiva de suas obrigações.*

  afastar-se dissimuladamente: *Foi o primeiro a esquivar-se.*

- **Estabelecer**

  firmar: *Estabeleceu um ótimo conceito na praça.*

  constituir: *Estabeleceu grandes empresas da área de alimentação.*

  determinar: *A Constituição estabelece que todos são iguais.*

  fixar: *O domicílio é o lugar onde ele estabelece a sua residência.*

  instalar: *Estabeleceu a sede em Piraçununga. Estabeleceu-se na Mooca.*

  conceder: *O juiz estabeleceu-lhe uma pensão razoável.*

- **Estribar**

  pôr os pés nos estribos: *Estribou os pés com firmeza.*

  firmar: *Estribou o prédio em terreno firme. O teto estriba(-se) sobre colunas.*

  fundamentar: *Estribou a defesa em provas indiscutíveis.*

• **Eximir**

dispensar: *Eximiram-no de algumas obrigações. Ninguém o exime à (***ou*** da) indenização de prejuízos.*

esquivar: *Exime-se a reuniões. Eximem-se de festas.*

isentar, absolver: *Os amigos eximiram-no de qualquer culpa.*

• **Fundamentar**

documentar, justificar: *O advogado conseguiu fundamentar sua defesa.*

basear: *Fundamentou-se em testemunhos. Fundamentou a tese em autoridade.*

lançar os alicerces: *A construtora fundamentou bem o prédio.*

• **Gostar**

achar bom sabor: *Gosta de berinjela e de jiló.*

ter afeição: *Todos gostavam do menino.*

ter tendência: *Gosta de retórica e de música.*

costumar: *Gostava de andar pelo parque.*

achar bom, agradável: *Gostei do projeto. Gostei de que voltassem.*

provar, degustar: *Gostou vários tipos de vinho.*

• **Implicar**

demandar: *Qualquer alteração implica muito planejamento.*

envolver: *Implicaram a Elisete na alteração de datas.*

antipatizar: *Vivia implicando com os colegas.*

meter-se: *Implicaram-se em grandes empréstimos bancários.*

• **Importar**

trazer para dentro: *Importamos petróleo da Venezuela.*

resultar: *Os desacertos políticos importaram grandes prejuízos ao povo.*

envolver: *Esta modificação importou grande investimento.*

atingir: *As novas obras importaram em R$ 1.250.000,00.*

convir: *Importa conhecer bem a situação.*

fazer caso: *Não se importe com a inveja. Importo-me de voltar.*

• **Incorporar**

reunir, unir: *Vão incorporar as três destilarias. Incorporou-o no (***ou*** ao) pelotão. Incorporaram-no com os outros.*

• **Informar**

comunicar: *Informaram-lhe os resultados da pesquisa. Informaram-no dos resultados da pesquisa. Informaram-no sobre os resultados da pesquisa.*

dar parecer: *O subchefe informou o processo de modo favorável.*

• **Interpelar**

pedir explicações: *Interpelou o suspeito sobre (***ou*** acerca de, a respeito de) suas despesas injustificadas.*

citar o devedor para que cumpra a obrigação: *Interpelou o comerciante.*

• **Interpor**

colocar entre: *O pai interpôs-se entre os filhos. Interpõe a placa colorida entre a luz e a tela.*

opor: *A fiscalização interpunha-se ao adiamento das mudanças.*

entrar em juízo: *Elas interpuseram embargos à execução da sentença.*

• **Lembrar**

recordar: *A brincadeira das crianças lembrava a infância distante. Ainda bem que me lembrei de trazer as fotos. Lembrei trazer as fotografias.*

sugerir: *Lembrou que o melhor seria voltarem mais cedo.*

advertir: *Lembrei-lhe que deveria ser mais claro na descrição.*

ocorrer: *Lembrou-me telefonar-lhe à noite.*

• **Localizar**

encontrar: *Localizou logo os artigos do código.*

situar-se: *O escritório de advocacia está localizado na Praça da Sé.*

fixar: *O governo localizou os sem-terra em áreas devolutas.*

• **Morar**

residir: *Mora na (***ou*** à —* **forma antiquada***) Rua Traipu. Morava num sobrado. Morava sozinha.*

estar: *A paz mora na alma do justo.*

• **Necessitar**

precisar: *Necessito (de) muita tranqüilidade. Necessitou (de) viajar. As artes necessitam (de) que haja maior apoio da sociedade.*

exigir: *O prédio necessita (de) reparos. A oratória necessita (de) dedicação.*

• **Notificar**

informar: *Notificaram a decisão aos amigos. Notificaram-lhes a decisão.*

comunicar segundo as formalidades de praxe ou de lei: *Notificar o indiciado da nova data. Notifiquem-se os reclamados.*

• **Obedecer**

sujeitar-se à vontade de: *Devemos obedecer aos regulamentos e às leis. Obedecia-lhe por respeito. As ordens foram obedecidas integralmente.*

• **Orientar**

indicar o rumo: *Orientou o motorista para a direita.*

guiar: *Orienta seu desempenho por bons princípios. Orientou-se bem antes de apresentar seus argumentos.*

informar-se: *Orientou-se nos estudos com o professor Bueno. Antes da compra orientaram-se sobre a situação da empresa.*

• **Partilhar**

fazer partilha: *Partilhou os bens com (***ou** *entre) os filhos.*

participar: *Partilha o temor com a amiga. Partilho do entusiasmo deles.*

• **Pedir**

solicitar: *Pediu ao pai que o acordasse cedo. Pediu-lhe para acordá-lo.*

exigir, reclamar: *Pediu ao jurados a absolvição da ré.*

suplicar: *Peça a Deus perdão de seus erros!*

• **Perdoar**

desculpar: *Perdoou a dívida ao irmão. Perdoou-lhe o erro. Perdoe ao filho!*

• **Persuadir**

convencer: *Persuadiu os alunos de que estava certo. Persuadiu-o a voltar. Quer persuadir-lhe que o preço é bom. Persuadiu-se a (***ou** *de) viajar.*

• **Precisar**

necessitar: *Precisam (de) dinheiro. Preciso (de) que me contem a verdade. Precisam-se analistas.* (suj. "analistas") *Precisa-se de analistas.* (suj. indeterm.)

especificar: *O perito precisou o lugar e a hora.*

• **Preferir**

escolher: *Prefiro o teatro ao Estádio. Prefiro ler a ver televisão.*

- **Presidir**

dirigir: *Presidir (a) um Estado. Presidiu (a)o tribunal? Presidiu a ele.*

- **Proceder**

ter fundamento: *A sua reclamação não procede.*
provir: *A matéria-prima procede de Brodósqui.*
fazer, realizar: *Procedeu-se ao recolhimento. Procedeu-se ao início da festa.*
comportar-se: *Procederam muito bem durante toda a viagem.*

- **Querer**

desejar: *Continuo querendo o livro. Quis voltar. Quer que voltem logo.*
estimar: *Querem muito ao pai. Ela lhe quer muito bem.*
desejar que seja: *A mãe quer o filho um grande advogado.*

- **Reclamar**

protestar: *Reclamei contra o abuso de autoridade. As associações de classe reclamam continuamente.*
queixar-se: *É uma companhia desagradável, reclama da comida, de tudo.*
clamar: *Continuamos reclamando (por) nossos direitos.*
reivindicar: *Reclamam melhores salários e condições de trabalho.*

- **Recorrer**

pedir socorro, proteção: *Na doença, recorre a Deus. Recorreu ao primo.*
valer-se: *Recorreu à violência. Recorreu à poupança para comprar o carro.*
apelar: *Recorrerá da sentença. Recorremos de uma instância para outra.*

- **Residir**

morar: *Reside em Ilhéus. Reside na (***ou** *à —* **forma antiga***) Rua Paiçandu. Residiram na Praça Pio X.*
consistir: *A dificuldade reside no pouco esforço de alguns.*

- **Responder**

comunicar em resposta: *Respondeu a proposta ao anúncio. Respondeu sim. Respondeu a uma série de quesitos.*
equivaler: *Os lucros não respondiam aos grandes investimentos.*
retribuir: *Respondeu bem aos cuidados.*
ser responsável: *Em caso de evicção, eles respondem pela importância.*

• **Resultar**

provir: *Resultaram-lhe muitos lucros da decisão tomada.*

redundar: *Seus planos resultaram em estrondosos fracassos.*

• **Sentar**

pôr sobre um assento: *Sentou o filho menor no sofá. Sentou-o sobre o muro.*

tomar assento: *Sentou-se à mesa para o almoço. Sentou-se na mesa e ficou balançando os pés. Sentaram-se todos em redor da fogueira.*

• **Servir**

prestar serviços: *A copeira serviu café aos visitantes.*

convir: *Estas amizades não lhe servem, meu filho.*

estar ao serviço: *Ele serve o presidente há muitos anos.*

tomar uma porção: *Não quer servir-se da salada?*

• **Simpatizar**

agradar-se: *Simpatizo bastante com os que se dedicam.*

aprovar: *Os jurados simpatizaram com a argumentação do promotor.*

ter simpatia recíproca: *Simpatizaram-se no primeiro encontro.*

• **Situar**

colocar: *O autor situou bem a questão dentro do contexto.*

edificar: *Está em hotel sito no Centro. A firma está situada na Rua Quinze.*

pôr-se: *Situaram-se no salão à direita da entrada. Situa-se entre os melhores.*

• **Suceder**

acontecer: *Não lhe sucedeu nada disto que contou. Sucedeu o que eu previa.*

vir após: *Nas fábricas, a eletricidade sucedeu ao vapor. Os filhos sucederam ao pai na administração dos negócios. Sucederam-lhe muito bem.*

repetir-se: *As pesquisas sucedem-se e não se encontra solução alguma.*

• **Transcender**

ultrapassar: *O avião transcende as montanhas num instante.*

exceder: *A saúde pública transcende os interesses partidários.*

sobressair: *Transcende os colegas em inteligência e dedicação.*

- **Transigir**

ceder: *O senador transigiu com a comissão em alguns itens. Transigiram com a maioria sobre a privatização de algumas empresas estatais.*

ser tolerante: *Não se pode transigir na disciplina. Não transija com os desonestos. Infelizmente, transigiu sobre um assunto tão importante.*

- **Usufruir**

ter posse e gozo de: *O usufrutuário pode usufruir o prédio.*

desfrutar, gozar: *Procura usufruir (d)os momentos de tranqüilidade.*

- **Usurpar**

tomar à força: *Usurpou a presidência ao eleito legitimamente.*

conseguir fraudulentamente: *Usurpou a maior parte da herança.*

privar: *Usurpou aos familiares a alegria de uma grande comemoração.*

- **Vir**

chegar: *Os clientes vieram ao (***ou** *para o) escritório. Ela veio até a janela. Veio de Franca para São Paulo. Com a emoção, vêm lágrimas aos olhos.*

ocorrer: *Vieram-lhe fortes emoções. Veio-lhe um ruim pressentimento.*

aduzir: *A defesa veio com argumentos discutíveis.*

regressar: *Vieram do Nordeste após um mês de trabalho.*

descender: *Eles vêm de uma família tradicional na cidade.*

- **Visar**

pôr o visto: *O gerente visou o cheque.*

mirar: *Visou o alvo com cuidado e acertou o tiro.*

objetivar, pretender: *Visava ao bem da população. O artista visa um fim estético em suas obras.*

Note bem:

Apesar das restrições de puristas, os bons gramáticos aceitam o complemento sempre sem preposição, não importando o significado do verbo *visar*.

EXERCÍCIO

Complete, se necessário, com preposições, artigos ou pronomes:

a) Ao advogado alvitrou-________ que aduzisse ________ outros argumentos.

b) Irá apelar ________ pronunciamento ________ instância superior.

c) Esta medida agravará ________ contribuinte ________ mais impostos.

d) Ainda não ajuizaram ________ pleito.

e) Deverá arbitrar ________ requerente ________ pagamento das custas.

f) Os oligopólios acordaram ________ praticar preços mais altos.

g) A matriz alienou ________ filial os veículos de entrega.

h) O causídico agravou ________ condenação.

i) Deverá argüir ________ médico ________ negligência no tratamento.

j) Todos aspiram ________ uma posição de destaque.

l) O deputado advogou ________ melhoria de condições do ensino.

m) A repartição fiscalizadora assentirá ________ prazo maior.

n) O sindicato quer que atendam ________ todas as reivindicações.

o) Talvez possa comparecer ________ sessão plenária.

p) Pronunciou-se sim. Decidiu ____________________ adiamento.

q) Não quero argumentar ________ você ________ política partidária.

r) O trabalho dele consiste ________ defender os imigrantes clandestinos.

s) Os policiais defrontaram- ________________ os possíveis assaltantes.

t) Você assistiu ________ debates sobre menores carentes?

u) O tribunal comutará ________ prestação de serviços ________ pena.

v) Na assembléia, foi consignado ________ ato de louvor ________ síndico.

x) Esqueceram______________ trazer as fotos do veículo acidentado.

z) Avisei ________ clientes sobre os riscos da proposta.

Capítulo 13
Crase

A crase é a fusão de vogais iguais. Há crase, por exemplo, na leitura do numeral 21, que se escreve *vinte e um*, mas lê-se *vinteum*. Compare com a leitura de 31: *trinta e um*.

A crase que mais nos interessa é a da preposição **a** com os artigos femininos **a** - **as**, ou pronomes demonstrativos **a** - **as**, ou ainda com o **a** de aquele(s), aquela(s), aquilo. A crase com a preposição **a** é indicada por um acento grave (`), assim:

à = a + a

às = a + as

àquele(s) = a + aquele(s)

àquela(s) = a + aquela(s)

àquilo = a + aquilo

Casos de utilização da crase

- **Crase da preposição** a **com os artigos femininos** a – as

Quando há crase com o artigo (**a, as**), ela só pode ocorrer antes de palavra feminina.

Um dos modos de verificar se há ou não crase é fazer a substituição do termo feminino por um masculino e observar se deveria ser usado **ao** ou **aos**:

Voltei a cidade. ⇨ *Voltei ao litoral. — portanto: Voltei à cidade.*

Referiu-se as leis. ⇨ *Referiu-se aos amigos. — logo: Referiu-se às leis.*

Para haver crase da preposição **a** com o artigo **a**, é preciso que as palavras admitam este artigo antes de si. Para verificar, mude a frase de modo que haja uma outra preposição; poderá, então, observar se há só preposição ou há preposição + artigo:

Rezou a Nossa Senhora. (É devoto de Nossa Senhora.)

Compareci a reuniões e a festivais. (**a** antes de plural é só preposição, pois o artigo seria pluralizado)

É obrigatório o comparecimento às aulas. (⇨ aos debates)

- **Com a palavra** *distância*

Com a palavra *distância*, ocorre crase quando a distância vier determinada:

Estava à distância de cinqüenta metros. Seguiam-no a distância.

- **Locuções adverbiais, prepositivas e conjuncionais formadas com substantivos femininos**

Por haver preposição **a** e para maior clareza, geralmente há crase nas locuções adverbiais, prepositivas e conjuncionais formadas com substantivos femininos:

à noite, à direita, às vezes, à milanesa, às pressas, às três horas, à custa de, à medida que, às ocultas etc.

Às vezes, sai às pressas de casa.

Note bem: Observe a diferença de significação motivada pelo uso ou não da crase:

- *Cheirou a gasolina para se certificar o que era. Limpou peças; agora ficou cheirando à gasolina.*
- *Recebeu a bala na perna. Recebeu à bala os assaltantes.*
- *Saiu a francesa tão admirada. Ele saiu à francesa, bastante magoado.*

Observe: *Comprou a prestação. (⇨ a prazo;* não: *ao prazo)*

- *Escreve a tinta. (⇨ a lápis;* não: *ao lápis)*
- *Vendeu o carro a vista. (⇨ a prazo;* não: *ao prazo)*

Mas: *À vista de seus argumentos, ficarei.*

- **Crase com pronomes demonstrativos**

Crase com pronomes demonstrativos **a, as, aquele(s), aquela(s), aquilo**:

Irei àquela exposição. (⇨ ao encontro)

Refere-se àquilo? (⇨ ao caso)

Ela estava unida à de Bajé. (⇨ ao de)

Falará às que se interessarem. (⇨ aos que)

Casos em que não há crase

• Antes de palavras masculinas

Antes de palavras masculinas, a não ser que esteja oculta a expressão **moda de**:

Gosta de assistir a filmes românticos. Comprou a prazo quadros a óleo.

Mas: *Estilo à Rui Barbosa.*

• Antes de nomes que não aceitam artigo

Antes de nomes que não aceitam artigo, principalmente nomes de lugares e a palavra **casa**, quando não forem modificados por outros termos:

Voltou ontem a Curitiba. Voltarei à bela Paris.

Chegou a casa mais cedo. Ontem foi à casa da noiva.

Note bem:

Modo prático de verificar

Se for empregado o verbo **vir** no lugar de um verbo que precisa de complemento com a preposição **a**, haverá crase quando equivaler a **vir da**; não haverá quando equivaler a **vir de.** Com o verbo **estar**: se equivaler a **estar em**, é sem crase; se equivaler a **estar na**, é com crase.

Vou à Penha. (Vim da Penha. Estive na Penha.)

Vou a Copacabana. (Vim de Copacabana. Estive em Copacabana.)

Voltou a casa. (Vim de casa. Estive em casa.)

Voltou à casa do pai. (Veio da casa do pai. Esteve na casa do pai.)

Viajou à histórica Parati. (Veio da histórica Parati. Esteve na histórica Parati.)

• Palavras repetidas

Quando há repetição de palavras:

Estavam frente a frente. (⇨ lado a lado)

• Diante de pronomes em geral

Dirijo-me a Vossa Senhoria. (Isto é de V. S.ª. — de é só preposição*)*

Disse a você. (Confio em você. — em é só preposição*)*

Dirigiu-se a esta seção. [Dirigiu-se a (não: *ao) este lugar.]*

Escreveu a todas as filiais. (Recebeu relatórios de todos. — de é só preposição*)*

Mas: *Não fale às outras. (⇨ aos outros — a+os)*

São estas as cartas às quais responderei. (⇨ os cartões aos quais — a+os)

Amadeu mandou uma carta à Sr.ª Maria. (Isto é da Sr.ª Maria. — de+a)

Avisou à Sr.ta Inês sobre os relatórios. (São papéis da Sr.ta Inês. — de+a)

• **Antes de verbos**

Começou a escrever. (Penso em escrever)

• **Antes da palavra *terra* quando em oposição a *bordo***

No porto, os passageiros desceram a terra. (Estão em terra.)

Mas: *Jogou o adversário à terra. Os astronautas foram à Lua e voltaram à Terra.*

• **Antes de dias (masculino) e antes de horas (feminino)**

Cuidado: Não há crase antes de dias (masculino) como há antes de **horas** (feminino):

O curso será de 12 a 17 de maio, das 13 às 17 horas.

Casos facultativos

Como é facultativo o uso do artigo diante de pronomes possessivos e de nomes próprios femininos, é também facultativa a crase:

Dirigiu-se a nossa turma. (⇨ a nosso grupo)
ou
Dirigiu-se à nossa turma. (⇨ ao nosso grupo)

Referiu-se a nossas ações. (⇨ a nossos títulos)
ou
Referiu-se às nossas ações. (⇨ aos nossos títulos)

Dei um livro a (ou *à*) *Maria.* [verifique: *É colega de* (ou *da*) *Maria.*]

Note bem: Se o nome próprio estiver modificado, deverá haver crase nessa situação:

Mandou o cheque à Luísa da Contabilidade. (⇨ Confio na Luísa da Contabilidade.)

EXERCÍCIO

Ponha o acento grave onde for necessário:

a) Interpôs embargos a execução da falência.

b) Entende ser devida a reforma a luz dos argumentos ali esposados.

c) O reconhecimento obedece a idéia de que a ordem realiza valores.

d) Chegou a casa de Márcia as quinze horas.

e) A eficácia está ligada a realização dos valores históricos.

f) É preciso dar cumprimento a resolução judicial a tempo.

g) A coação objetiva só a reparação ou a punição.

h) Quanto a esta pendência, trata-se de um caso a parte.

i) A moral interessa o aspecto exterior da conduta humana.

j) A validade pertence a essência do Direito.

l) Remeteu a Itu para novas informações a respeito dos custos.

m) A normatividade moral impõe-se a subjetividade do agente.

n) Pretendo ir a reunião e, depois, viajar a Portugal e a França.

o) Vista a conjuntura, passemos a explicitação dos contornos.

p) A sala esvaziou-se a ponto de se interromper a assembléia.

q) Estes princípios servem de base a formulação da norma jurídica.

r) Serviu isto de acostamento as alegações da apelante.

s) Com relação as coisas corpóreas, podem ser fungíveis ou infungíveis.

t) A quantidade de absolvições foi inferior a de condenações.

u) A ciência do Direito ou serve a vida ou não serve para nada.

v) Acho que é bom quanto aquelas medidas judiciais.

x) As normas não se assemelham as de outras ciências.

z) Isto não se refere a vida individual, a consciência, mas a vida social.

Capítulo 14
Pronomes

<table>
<tr><th colspan="2">Pessoas do discurso</th><th>1ª
(a que fala)</th><th colspan="2">2ª (com quem se fala)</th><th colspan="2">3ª (de quem se fala)</th></tr>
<tr><th rowspan="2">Pronomes pessoais</th><th>Subjetivos</th><td>eu
nós</td><td>tu
vós</td><td>você, V.S.ª...
vocês,
V.S.as...</td><td colspan="2">ele, ela, S.S.ª... eles, elas,
S.S.as...</td></tr>
<tr><th>Objetivos</th><td>me, mim,
comigo
nos, conosco
(preposição
+) nós</td><td>te, ti,
contigo
vos,
convosco
(preposição
+) vós</td><td>o, a, lhe, se,
si, consigo
você, V.S.ª...
os, as, lhes,
se, si,
consigo
vocês,
V.S.as...</td><td colspan="2">o, a, lhe, se, si, consigo
S.S.ª... (preposição +)
ele/ela
os, as, lhes, se, si, consigo
S.S.as... (preposição +)
eles/elas</td></tr>
<tr><th colspan="2">Pronomes possessivos</th><td>meu(s),
minha(s)
nosso(s),
nossa(s)</td><td colspan="2">teu(s), tua(s)
vosso(s), vossa(s)</td><td>seu(s), sua(s)
(= de
você...)
seu(s), sua(s)
(= de
vocês...)</td><td>seu(s), sua(s)
(= dele...)
seu(s), sua(s)
(= deles...)</td></tr>
<tr><th colspan="2">Pronomes demonstrativos</th><td>este(s),
esta(s),
isto</td><td colspan="2">esse(s), essa(s), isso</td><td colspan="2">aquele(s), aquela(s),
aquilo, o(s), a(s)</td></tr>
<tr><th colspan="2">Verbos concordam na</th><td>1ª</td><td colspan="2">2ª</td><td colspan="2">3ª</td></tr>
<tr><th colspan="2">Advérbios de lugar</th><td>aqui
cá</td><td colspan="2">aí</td><td colspan="2">ali
lá</td></tr>
</table>

Pronomes pessoais

• **Uso de *eu* e de *mim***

O pronome **eu** não pode ser preposicionado; por isso, o correto é:

Entre mim e ele não houve desavenças. Sem você e mim não começarão a reunião.

Apresentou-se perante mim. Investiram furiosamente contra meus amigos e mim.

O pronome **eu** pode ser sujeito de infinitivo e, assim, haver preposição, que, na verdade, se refere ao verbo no infinitivo e não ao pronome **eu**:

Foi determinada a pesquisa para eu realizar no próximo mês. Não volte sem eu permitir.

Cuidado com construções como: *"Não é difícil para mim entender a situação."* em que **para mim** é complemento de difícil e não é sujeito de **entender**. Perceba o fato com a inversão da frase: *Entender a situação não é difícil para mim.*

• **Se, si, consigo**

Na língua culta brasileira, os pronomes **se**, **si**, **consigo** só podem ser empregados como reflexivos; pode-se acrescentar **mesmo(s)**, **mesma(s)**:

*Ela traz **consigo** a esperança. Muitos só pensam em **si**. (= em si mesmos)*

É errado, portanto, dizer: *Vou consigo à cidade. Eu não esperava isto de si.*

O correto é dizer: *Vou com você à cidade. Eu não esperava isto de você* (ou *de ti).*

• **De ele(s), de ela(s), dele(s), dela(s)**

Quando **ele(s)**, **ela(s)** são sujeitos, não se contraem com preposição:

*É o momento **de ele** decidir-se. Era grande a nossa expectativa **de ela** depor.*

Mas: *A vinda dele era muito esperada. O depoimento dela foi decisivo.*

• **Pronomes pessoais enclíticos**

1. Se o verbo for terminado por vogal ou por ditongo oral + **-o**, **-a**, **-os**, **-as**, não haverá alteração no pronome:

   encontrou-o, processa-as, estuda-os, viu-a.

2. Se o verbo for terminado por **-r**, **-s**, **-z**, ou se for após **nos**, **vos**, **eis**, suprime-se a consoante final do verbo e o pronome passa a ser **-lo**, **-la**, **-los**, **-las**:

   compreender + o = compreendê-lo — adquirir + a = adquiri-la

   propôs + os = propô-los — traz + as = trá-las

   nos + o = no-lo — vos + as = vo-las — eis + os = ei-los

3. Se o verbo terminar por nasal (**-am, -em, -ão, -õe, -õem**), usam-se as formas **-no, -na, -nos, -nas**:
   encontram-no, comprem-na, dão-no, põe-na, compõem-nos.

4. O verbo não se altera quando há **-lhe, -lhes**:
   solicitamos-lhe, apresentamos-lhes.

5. A primeira pessoa do plural perde o **s** final quando há o pronome enclítico reflexivo **-nos**:
   lembramo-nos, tínhamo-nos comprometido.

Pronomes demonstrativos

• **Este(s), esta(s), isto**

1. Indicam o que ou quem está perto da primeira pessoa (a que fala):
   Este *meu desejo é antigo.*
   Esta *proposta é nossa, sem dúvida.*

2. Indicam o lugar donde se escreve:
   Este *escritório em que trabalhamos situa-se perto do fórum.*

3. No discurso, referem-se ao que se acabou de dizer ou ao que se vai dizer:
   Este *caso é importante.* (isto é: *o caso a que me referi agora há pouco)*
   Isto *que vou dizer irá aborrecê-la.*

4. Abrangem período de tempo no qual se inclui o instante em que se fala. Podem indicar passado recente:
   Vejam a programação ***deste*** *mês.* ***Nesta*** *semana, há audiências a serem feitas.*

5. Correlacionam-se com o advérbio **aqui**:
   Isto *aqui é a pura verdade.*

6. Referem-se ao que foi empregado em último lugar:
   O domicílio não se confunde com a residência, pois ***esta****, ao contrário daquele, e ainda que se prolongue no tempo, não implica a intenção de permanência.*

- **Esse(s), essa(s), isso**

   1. Indicam o que ou quem está perto da segunda pessoa (aquela com quem se fala):

      ***Esse** teu argumento não é válido. Que mancha é **essa** na sua mão?*

   2. Indicam o lugar para onde se escreve:

      *Precisamos ter uma previsão de custos **nessa** região.* (= região em que está localizada a firma para a qual se escreve)

   3. Indicam tempo passado:

      ***Nesse** governo de Getúlio Vargas, diminuiu a exportação do café.*

   4. Correlacionam-se com o advérbio **aí**:

      *É **isso** aí mesmo.*

      ***Essa** sua apresentação aí não impressionou ninguém.*

- **aquele(s), aquela(s), aquilo**

   1. Indicam o que está distante da primeira e da segunda pessoas, perto da terceira pessoa (aquela de quem se fala):

      ***Aqueles** processos em São José do Rio Preto já foram julgados?*

      ***Aquela** reação dela causou um mal-estar na turma.*

   2. Usam-se com os advérbios **ali** ou **lá**:

      ***Aquele** ali não é confiável.*

   3. Indicam passado distante:

      ***Naquele** tempo, a viagem para a Europa levava semanas.*

   4. Referem-se ao que foi mencionado em primeiro lugar:

      *Maria e André não vieram: **aquela**, por estar viajando; este, por estar doente.*

> **Note bem:** O pronome demonstrativo, como o pessoal, não se contrai com preposição quando é sujeito:
>
> *Já é tempo de **estas** providências serem tomadas.*
>
> **Mas**: *O prazo **destes** recursos já se esgotou.*

Pronomes relativos

• **Que**

Como pronome relativo, relaciona um termo de uma oração com o de outra, evitando repetições de nomes:

Vi o espetáculo. O espetáculo é emocionante. ⇨ *Vi o espetáculo* ***que*** *é emocionante. / O espetáculo* ***que*** *vi é emocionante.*

A música é uma arte. Elas gostam desta arte. ⇨ *A música é uma arte de* ***que*** *elas gostam.*

Assisti ao jogo. Gostei do jogo. ⇨ *Gostei do jogo a* ***que*** *assisti.*

• **Quem**

Quem só se usa com referência a pessoas:

Lídia é a advogada a quem confiaram a defesa deste caso.

• **O qual, a qual, os quais, as quais**

1. Por clareza, usa-se **o qual** no lugar de **que** quando o pronome vier distante do termo a que se refere:

   Neste mês, foi feita uma reunião sobre planejamento dos próximos investimentos ***à qual****, infelizmente, você não pôde comparecer.*

2. Emprega-se após preposições e locuções prepositivas de duas ou mais sílabas: **ante o qual, apesar do qual, após o qual, até o qual, conforme o qual, desde o qual, durante o qual, perante o qual, segundo o qual** e também **sem o qual, sob o qual**:

   Foi publicada uma nova lei, segundo ***a qual*** *as alíquotas foram alteradas.*

Note bem: Evite o uso **de qual** quando não for eufônico, como nas seqüências **ao qual, com o qual**.

• **Cujo, cuja, cujos, cujas**

1. Equivale a **do qual** (**da qual, dos quais, das quais**) e concorda com o termo que vem após:

   A autora ***cujo*** *livro foi discutido no curso fará uma palestra hoje.*

2. **Cujo** pode ser precedido por preposição:

   É um profissional em ***cuja*** *capacidade sempre confiei.*

• **Onde**

Como pronome relativo, equivale a **em que, no qual, na qual, nos quais, nas quais** e tem sempre antecedente. Refere-se a um lugar, nunca a tempo.

*A sala onde trabalha é grande. É o mês **em que*** (nunca ***onde****) ele viaja.*

Pronomes indefinidos

• **Algum**

1. O pronome **algum**, quando está antes de um substantivo, é positivo:
   ***Algum** funcionário foi responsável por este boato.*

2. Se o pronome estiver posposto ao substantivo, é negativo:
   Ele ***não*** trouxe contribuição alguma à reunião.

• **Certo**

1. Anteposto ao substantivo, é pronome indefinido:
   ***Certos** indivíduos não merecem nossa confiança.*

2. Posposto ao substantivo, é adjetivo:
   O amigo **certo** *conhece-se nas horas **incertas**.*

EXERCÍCIOS

1. Use **eu** ou **mim**:

a) Muito tranqüilo, veio até ______________.

b) Sem ti e ______________ não resolveriam.

c) Não fará sem ______________ autorizar.

d) Insurgiu-se contra você e ______________.

e) Foi ótimo para ______________ voltar cedo.

f) Pediu para ______________ ler o processo.

2. Combine as formas:

a) saudais + as ______________________________

b) põem + o ______________________________

c) conduz + os ____________________________________

d) enviamos + lhes __________________________________

e) atribuir + as ____________________________________

f) têm + o ____

g) conténs + o ______________________________________

h) deter + a _______________________________________

i) eis + os aí______________________________________

j) queixávamos + nos ______________________________

3. Substitua os complementos verbais por pronomes pessoais:

a) Adquirimos vários exemplares. ____

b) Obedece aos regulamentos. ____

c) Vou procurar os extratos. ____

d) Luís obtém boas notas. ____

4. Preencha com pronomes demonstrativos:

a) ______________ seu parecer aqui está completo?

b) ______________ que acabo de ver é revoltante.

c) ______________ imóvel que ele vendeu estava reformado?

d) ______________ trecho aí é obscuro.

e) N______________ tempo não havia luz elétrica.

f) Que é ______________ no céu?

5. Preencha com **que** ou **o qual**:

a) O contrato sobre ______________ não há pendências foi assinado.

b) O caso a ______________ me refiro é novo.

c) O dinheiro com ______________ comprou foi poupado durante anos.

6. Use pronomes relativos, com ou sem preposição:

a) Há algo ______________ damos valor?

b) Rui Barbosa é um escritor ______________ obras você deve ler.

c) Esta é a casa ______________ reside.

d) O livro ______________ me referi já está esgotado.

e) A reunião _______________ lhe falei não foi feita ainda.

f) Comprei as frutas _______________ ela mais gosta.

g) Este é o professor _______________ orientação desejo.

h) São momentos _______________ sempre me lembrarei.

i) É o conto _______________ leitura muito nos emocionou.

j) O financiamento _______________ necessitamos é bastante elevado.

l) É um advogado _______________ conhecimentos confio.

m) Era o incentivo _______________ precisava para terminar o trabalho.

n) Os documentos _______________ me esqueci estão no cartório.

o) Respeite o pai _______________ dedicação à família é notável.

p) O escritório _______________ eles se mudaram está perto do fórum.

q) Os argumentos _______________ elas estribaram a defesa são fracos.

r) O simpósio _______________ compareci foi extremamente proveitoso.

s) A órfã _______________ ele assiste é surda.

t) É a pena _______________ se decidiu.

7. Por meio de pronomes relativos, organize períodos juntando as orações, sem alterar a significação:

a) Na entrada, vi a recepcionista. Pedi uma informação à recepcionista.

____

____

b) Encontrei o pedido. Os artigos do pedido já foram entregues.

____

____

c) Ontem assisti a um belo espetáculo. Gostei do belo espetáculo.

____

____

d) Címtia mora num condomínio. O condomínio é distante do escritório.

____

____

e) Foi difícil conseguir a revisão. Muitos se opunham à revisão.

____

____

f) A vítima estava no *hall* do prédio. Perto da vítima havia uma pedra.

8. Reescreva os períodos empregando **cujo (a)**:

a) Fez declarações das quais a veracidade foi contestada.

b) Olharam para a nova colega da qual ninguém sabia o nome.

c) A comédia à representação da qual eu assisti não me agradou.

d) Subimos um morro do alto do qual se avistam várias cidades.

e) Os tratados o autor dos quais faleceu ontem são notáveis.

f) O colega na casa de quem a turma se reúne viajará amanhã.

g) Há muitos réus os processos dos quais serão revistos.

h) O número do telefone do qual ela se lembrou foi alterado.

Colocação dos pronomes átonos

A colocação pronominal brasileira diferencia-se da portuguesa, pois a pronúncia das sílabas átonas entre nós é diferente da que é usada em Portugal. Na língua escrita culta, obedecemos a algumas normas que serão expostas adiante; na língua falada, baseamo-nos na eufonia, sem muita preocupação com as normas de colocação da língua escrita.

- **Próclise (antes do verbo)**

1. Quando houver antes do verbo:

   a) negação:

   *Não **lhe** disse isto. Ninguém **me** falou nada. Jamais **a** encontrei no fórum.*

   Mas: *Não, trago-**lhe** logo.* (por haver pausa indicada pela vírgula)

   b) pronome relativo, interrogativo ou exclamativo:

   *Encontrei os arquivos de que **lhe** falei. Que **lhe** direi? Quanto **me** custa!*

   c) conjunção subordinativa:

   *Quando **a** vir, darei seu recado. Vieram porque **lhes** interessava.*

   d) advérbio:

   *Hoje **lhe** mando as fotos, sem falta. Muito **me** agradou o resultado.*

   Mas: *Aqui, trabalha-**se** com seriedade.* (por haver pausa indicada pela vírgula)

2. Em orações que indicam desejo:

   *Deus **o** ajude! Raios **te** partam! Bons ventos **o** levem!*

3. Com um verbo no infinitivo flexionado:

   *Insistiu para **lhe** contarem toda a verdade. Deus criou as almas para **se** salvarem.*

4. Com um verbo no gerúndio precedido pela preposição **em**:

   *Em **se** tratando de eventos festivos, pode contar com a Márcia.*

- **Mesóclise (no meio do verbo)**

Usa-se com o futuro do presente ou futuro do pretérito do indicativo. É obrigatória no início da oração; facultativa quando não há palavra que obrigue a próclise:

*Encontrar-**lhe**-ei uma solução.*	*Encontrá-**lo**-ia se tivesse tempo.*
*Uma solução encontrar-**lhe**-ei.*	*Não **lhe** direi nada.*
*Uma solução **lhe** encontrarei.*	*Jamais **lhe** pagará.*

- **Ênclise (após o verbo)**

1. No início do período:

   *Expliquei-**lhe** todo o processo.*

2. Com verbos no:

   a) imperativo: *Valéria, diga-**me** a verdade.*

   b) gerúndio sem estar precedido por **em**: *Voltou trazendo-**nos** boas notícias.*

   c) infinitivo não flexionado: *É fácil entendê-**lo**. Nada lhe dissera para não magoá-**la**.*

Note bem: O pronome átono nunca pode estar após particípio ou futuro:
*Tinha-**me** trazido os livros. Eu **lhe** teria dito tudo. Eu ter-**lhe**-ia dito tudo.*
*Eu **lhe** tinha avisado. Eu tinha-**lhe** avisado. Ter-**lhe**-ia acontecido algo?*

3. Em locuções verbais (verbo + infinitivo ou gerúndio):

   a) que iniciam período:

   *Devemos-**lhes** contar a verdade.* *Devemos contar-**lhes** a verdade.*

   *Estamos-**lhes** contando a verdade.* *Estamos contando-**lhes** a verdade.*

   b) que não iniciam período. A colocação é livre se não houver obrigatoriedade de próclise, caso em que poderá também ser colocado o pronome após o infinitivo ou gerúndio:

   *Nós (**lhe**) queremos(-**lhe**) comunicar(-**lhe**) a aprovação.*

   *Nós (**lhe**) estamos(-**lhe**) comunicando(-**lhe**) a aprovação.*

   *Não (**lhe**) queremos comunicar(-**lhe**) a reprovação.*

   *Não (**lhe**) estamos comunicando(-**lhe**) a reprovação.*

4. É livre a colocação quando não houver obrigatoriedade de próclise, ênclise ou mesóclise. Na língua culta, a preferência é pela ênclise.

   *Tânia trouxe-**lhe** os relatórios. Tânia **lhe** trouxe os relatórios.*

EXERCÍCIOS

9. Coloque na frase os pronomes que estão entre parênteses:

a) Estavam magoadas por ____________ considerarem ____________ desprezadas. (se)

b) Esperamos que Deus ____________ auxilie ____________ neste momento de aflição. (nos)

c) Saiu da sala ________ dizendo ________ que não ________ queria ver ________ mais. (lhe — o)

d) Quem ________ emprestará ________ o livro de Direito Romano? (me)

e) ________ solicitamos ________ confirmação do pedido. (lhes)

f) Amigo, ________ conte ________ o que realmente ________ aconteceu ________. (nos — lhe)

g) Amanhã ________ mandarei ________ os textos que ________ prometi ________. (lhe — lhe)

h) Não fui eu quem ________ encontrou ________ no arquivo. (a)

i) Em ________ tratando ________ de perícia médica, nunca ________ descuide ________. (se — se)

j) Caso ________ convenha ________, mais tarde ________ dirija ________ ao Paiçandu. (lhe — se)

10. Reescreva as frases com os pronomes indicados:

a) É bom que venha ajudar. (nos) ________

b) Procuraremos amanhã. (o) ________

c) Eles não vão retirar. (se) ________

d) Ísis está contando tudo. (lhes) ________

e) Se pudesse, ela teria dito. (lhe) ________

f) Sei que têm esforçado. (se) ________

g) Hoje irei mandar o cheque. (lhe) ________

h) Foi avisar sobre a reunião. (os) ________

Capítulo 15
Concordância

Concordância nominal

Regra geral:

Os artigos, pronomes adjetivos, numerais, adjetivos e particípios (determinantes) concordam em **gênero** (masculino ou feminino) e **número** (singular ou plural) com os substantivos (determinados). É a concordância nominal:

Os conceitos universais empregados são as formas hipostasiadas da existência humana.

Márcia é a engenheira responsável pela construção.

- **Concordância de um determinante com dois ou mais determinados:**

  Determinante posposto aos determinados

  1. Concorda com **ele** se só **a ele se refere**:

     *Houve pagamento de custas e honorários **advocatícios**.*

  2. Se ele se referir a **todos**:

     a) irá para o **plural** no gênero dos determinados:

     *A inicial e a contestação **apresentadas** trataram desta matéria.*

b) irá para o **masculino plural** se forem determinados de **gêneros diferentes**:

*Eram homens e mulheres **preparados** para o exercício da magistratura.*

3. Por vezes, o determinante concorda só com o **último determinado**, mesmo quando se refere a todos, principalmente quando são sinônimos ou estão em gradação:

*Apresentou relatório e argumentação **comprobatória**.*

*Dedicou-se ao estudo e prática **jurídica**.*

*Continua o ódio, a raiva **imensa**.*

*A inteligência, o esforço, a dedicação **extraordinária** vence tudo.*

Determinante anteposto aos determinados

1. Concorda com o **mais próximo** em gênero e número — é a concordância por proximidade:

*Conhecem sua **comprovada** competência e dedicação.*

*Haverá **acaloradas** discussões e ataques.*

2. Se estiver antes de nomes de pessoas, o determinante irá para o plural quando se referir a todos os nomes:

*Confio nos **dedicados** João e José.*

- **Determinantes ficam no singular quando se referem a um determinado no plural como partes dele:**

*Necessitam de correspondente que redija nas **línguas** inglesa e francesa.*

*Não foram efetuadas **provas** testemunhal e pericial.*

*Isto ocorre em escolas de primeiro e segundo **graus**.*

Algumas observações sobre casos particulares de concordância nominal

1. É preciso observar se o vocábulo é ou não é variável. Se for variável, tem que haver concordância nominal. Variam **anexo**, **apenso**, **incluso**, **obrigado**, **quite**: *faturas anexas, processos apensos, relatórios inclusos, muito obrigada (disse ela), estou quite, estamos quites.*

Se preferir "em anexo", note que é invariável e, geralmente, entre vírgulas.

Seguem, em anexo, as petições iniciais.

2. **Alerta** não varia quando é advérbio ou interjeição: *Continuem alerta. Alerta!*

Varia quando é substantivo ou adjetivo:

*Soaram vários **alertas** na madrugada.*

*Os sentinelas **alertas** observavam a movimentação.*

3. Há expressões, como **é bom**, **é necessário**, **é preciso**, que são invariáveis quando empregadas de modo genérico:
*Entrada **é proibido**. Água **é bom**. **É preciso** paciência. **Foi necessário** dedicação.*

Variam quando são **determinadas**:
*Esta entrada **é proibida**. Será **necessária** muita dedicação.*

4. Muitas vezes atribui-se gênero errado **ao nome.** Por exemplo, o certo é: *muito dó, o champanha caro, o coma profundo, o eclipse, duzentos gramas de queijo, o suéter vermelho, um telefonema, o trema, misturou a cal ao cimento, muita libido, a grafite macia.*

5. Há palavras que podem ser masculinas ou femininas, sem mudança de significação: *diabete, diabetes, íris, ordenança, personagem, tapa.*
Há outras que mudam de significação ao mudarem de gênero:

as amazonas = cavaleiras	**o Amazonas** = rio, Estado
a cabeça = parte superior do corpo, inteligência, memória	**o cabeça** = chefe, líder
a caixa = recipiente, seção onde se efetuam pagamentos e recebimentos	**o caixa** = livro contábil; pessoa que trabalha na caixa (o caixa — homem; a caixa — mulher)
a capital = cidade sede	**o capital** = bem econômico, fundo de dinheiro
a guarda = vigilância	**o guarda** = o vigia
a lotação = ato de lotar, capacidade de lotar	**o lotação** = autolotação
a moral = conjunto de regras de conduta	**o moral** = ânimo
a rádio = emissora	**o rádio** = aparelho receptor

6. Não se esqueça da **concordância ideológica**:
*Vossa Senhoria foi **atencioso**.* (para homem)
*Vossa Senhoria foi **atenciosa**.* (para mulher)
*A gente ficou **satisfeito** com os resultados — disseram eles.*
*A gente fica **revoltada** com a discriminação — protestaram elas.*

EXERCÍCIOS

1. Complete, se for necessário, os espaços sublinhados efetuando a concordância adequada:

a) Argemiro Silva vem, pel______ sua advogad______ infra-assinad______, apresentar ______ contestação.

b) Em dia e hora previamente marcad______, realizar-se-á o depoimento.

c) Fez vári______ telefonemas para ela.

d) Pagou as dívidas, está quit______ com seus irmãos.

e) Suas Senhorias, os diretores, realmente estavam preocupad______ com ______ capital a ser investid______ nest______ empreendimento.

f) É preciso elucidar tod______ circunstâncias e fatos da infração.

g) A banca de advogados, neste caso, está com muit______ moral.

h) Nos feriados, São Paulo ficou desert______ e as praias, lotad______.

i) Os motivos e circunstâncias foram analisad______pela promotoria.

j) É necessári______ muit______ experiência nest______ situação.

l) As cópias anex______ devem ser autenticad______.

m) Est______ senador______é um______ personagem discutid______.

n) Será afixad______ na porta do edifício do tribunal a lista dos processos.

o) Estando à frente do movimento, Inês é ______ cabeça do grupo.

p) Para est______ mal-estar, é ______ (boa/bom) água mineral.

q) A Aeronáutica e o Exército brasileir______ ficaram em estado de alert______.

r) Não correrão os prazos se houver impedimento do juiz, força maior ou obstáculo judicia______ (-l/-is) opost______ pela parte contrária.

s) É necessári______ preparo técnic______ especializad______ em normas e administração penitenciári______, ministrad______ a______ diretores e pessoal de vigilância intern______.

t) Por desrespeito à lei eleitoral, ______ rádio foi suspensa.

u) Demonstrou interesse, solicitude fratern______.

v) Seguem apens______ as petições.

x) Decorrid______ três semanas, reiniciou as pesquisas complementares.

z) Foi flagrado com quatrocent______ gramas de cocaína.

2. Repita o procedimento do exercício anterior com as frases abaixo:

a) Sua Excelência foi just_____ ao proferir a sentença.

b) Não tenha muit_____ dó dos relapsos.

c) O escritório ocupa _____ primeir_____ e _____ segund_____ andares do prédio.

d) _____ tempestade e _____ transbordamento fluvia_____ prejudicaram muito.

e) Para Elisa, auxiliar administrativ_____, será necessári_____ muita dedicação.

f) Sempre agiu com braveza e ímpeto desmedid_____.

g) Prudência é _____ (boa/bom) nestes casos.

h) Precisava de um gesto, um olhar, uma palavra amig_____.

i) Comprou nov_____ grafites para a lapiseira.

j) Seu estado de coma não é mais tão profund_____.

l) Consideram-se preparad_____ para feiras e convenções.

Concordância verbal

• Quando o sujeito é simples

Regra geral

O verbo concorda com o sujeito em número e pessoa. Assim, com sujeito **eu** ou **nós**: verbo na 1ª pessoa; com sujeito **tu** ou **vós**: verbo na 2ª pessoa; com sujeito constituído por qualquer outra palavra: verbo na 3ª pessoa — a não ser que seja algum caso especial, como se verá adiante.

*Eu espero que vós **venhais** logo.*

*Aconteceu que elas **faltaram**, como nós prevíramos.*

*Queira Vossa Senhoria **aceitar** os nossos cumprimentos pelo seu desempenho no simpósio.* (sujeito: pronome de tratamento)

*Sua Excelência **foi** agraciado com o título de Doutor "Honoris Causa" pela Universidade de Coimbra.* (sujeito: pronome de tratamento)

***Vendem-se** apartamentos. **Estudaram-se** novas medidas. **Observe-se** o prazo.*

*O **bando** todo foi preso pelos policiais civis.* (sujeito: coletivo)

• Casos especiais

1. Se o sujeito é o pronome relativo **que**, o verbo concorda com o antecedente de **que**:
   *Fomos **nós** que **redigimos** o relatório. Sois **vós** que **deveis** argumentar.*

2. Se o sujeito é o pronome relativo **quem**, o verbo vai para a 3ª pessoa do singular, de acordo com a regra geral:
   Fui eu quem ***aparteou****. Sois vós quem* ***deve decidir****.*

> **Note bem:** Na linguagem coloquial, aceita-se a concordância com o antecedente de quem:
> *Fui* ***eu*** *quem* ***falei****.*

3. Quando o sujeito é constituído por nome próprio no plural, o verbo concorda com o artigo:
   Os Estados Unidos ***propuseram*** *um novo plano de paz.*
   O Amazonas ***banha*** *extensa área do território brasileiro.*
   Sem artigo: *Minas Gerais* ***modernizou*** *as usinas siderúrgicas.*

4. Há casos em que se pode fazer a concordância lógica (com o sujeito) ou a concordância por proximidade (com realce para os componentes do sujeito):
   a) Sujeito coletivo no singular + de + plural:
   Uma porção de processos ***foi analisada****.*
   Uma porção de processos ***foram analisados****.*

   b) **a maioria** / **a maior parte** / **grande parte** + de + plural

A maioria dos jurados ***absolveu*** *a ré.*	*A maioria dos jurados* ***absolveram*** *a ré.*
A maior parte de nós ***saiu*** *cedo.*	*A maior parte de nós* ***saímos*** *cedo.*
Grande parte de vós ***concordou****.*	*Grande parte de vós* ***concordastes****.*

   c) **alguns, algumas** / **quais** / **quantos, quantas** / **muitos, muitas** / **poucos, poucas** + de + nós / vós = verbo na 3ª pessoa do plural ou concordando com **nós** ou **vós**

Alguns de nós ***aceitariam*** *o cargo.*	*Alguns de nós* ***aceitaríamos*** *o cargo.*
Muitos de vós ***recusaram*** *o acordo.*	*Muitos de vós* ***recusastes*** *o acordo.*

Quantos de nós ***colaboraram****?* *Quantos de nós* ***colaboramos****?*

Quais de vós ***vieram****?* *Quais de vós* ***viestes****?*

Note bem: Se for **alguém, cada um, um + de nós, de vós, de vocês**, o verbo fica no singular:
Alguém de nós ***redigirá*** *a petição. Cada um de vocês* ***responderá*** *ao juiz.*

d) **um dos .... que**

Sempre foi tido como ***um dos*** *professores* ***que*** *melhor ensina* (ou: *ensinam).*

5. Se o sujeito é iniciado por **mais de**, o verbo concorda com a palavra que vem após o de:

Mais de *um processo foi arquivado.* ***Mais de*** *cem protestaram.*

Mas o verbo irá para o plural na indicação de reciprocidade:

Mais de *um jogador se xingaram durante a partida de futebol.*

6. Os verbos **bater**, **dar**, **soar** na indicação de horas, concordam com o sujeito:

Bateu *seis horas o relógio da sala.* (sujeito: *o relógio)*

Já ***soaram*** *dez horas no relógio da torre.* (sujeito: *dez horas)*

7. Os verbos impessoais (**haver**, com sentido de existir ou na indicação de tempo; **fazer** ou **ir** na indicação de tempo) ficam na 3ª pessoa do singular:

Havia *duas horas que tinham saído.* ***Houve*** *muitos debates acerca disto.*

Faz *três meses que viajou.* ***Vai*** *para cinco semanas que está hospitalizado.*

Note bem: Os verbos que formam locução com os impessoais — ou são seus auxiliares — também ficam na 3ª pessoa do singular:

Deve haver *pesquisas mais completas.*

Tinha havido *algumas suspeitas.*

Vai fazer *dezesseis anos que trabalha na polícia técnica.*

8. Há duas possibilidades em construções como:

As estrelas ***parecem brilhar****.* (sujeito: *as estrelas)*

As estrelas ***parece brilharem****.* (sujeito oracional: *as estrelas brilharem)*

9. Quando o sujeito é um numeral seguido de **por cento**, a concordância é com o numeral, como se não houvesse a expressão **por cento**:

   Só ***um por cento*** *desistiu. A porcentagem foi alta:* **35%** *da turma faltaram.*

10. A expressão **haja vista** pode ser construída de várias maneiras:

Haja vista *os fatos.*	***Hajam vistos*** *os fatos.*	***Hajam vistas*** *as divergências.*
Haja vista *aos fatos.*	***Hajam vista*** *os fatos.*	***Hajam vista*** *as divergências.*

A primeira opção (**Haja vista**) é invariável, pode ser seguida por singular ou plural, por masculino ou feminino.

Note bem: Cuidado com a concordância em construções com o sujeito posposto ao verbo:

Aconteceram *muitas dificuldades.* ***Ocorrem,*** *no verão, inundações.*

Bastam *alguma providências. Não lhe* ***restam*** *muitas saídas.*

Nunca ***faltam*** *a Maria admiradores.* ***Vieram*** *de longe alguns pós-graduados.*

- **Quando o sujeito é composto**

Anteposto ao verbo

1. Quando o sujeito é composto de termos de 3ª pessoa, o verbo fica na 3ª pessoa do plural:

   A arrecadação e o arrolamento se ***ultimarão*** *no mesmo dia.*

   Se a lei, o contrato e os estatutos nada ***dispuserem*** *a respeito, o liquidante será escolhido pelos interessados.*

2. Se o sujeito é composto de várias pessoas gramaticais, o verbo fica no plural da pessoa que tiver precedência (2ª sobre 3ª; 1ª sobre as demais):

   Tu, ele e eu ***vimos****. Vós e eu* ***vimos****. Ele e nós* ***vimos****. Luísa e nós* ***vimos****.*

   Tu e ele ***vistes****. Vós e eles* ***vistes****. Tu e Álvaro* ***vistes****.*

Posposto ao verbo

O verbo concorda com o mais próximo ou fica no plural:

Mediante termo de que ***constem*** *sua descrição e valores, serão os bens entregues ao tutor ou curador.* (ou: *conste)*

Para levantamento da interdição, ***serão ouvidos*** *o curador e o órgão do Ministério Público.* (ou: *será ouvido)*

Irei *eu e ela.* (ou: *iremos).* ***Voltareis*** *tu e ele no próximo mês.* (ou: *Voltarás)*

• **Casos especiais**

1. A concordância é feita, por **proximidade**, com o **último dos termos** quando o sujeito é **composto** e os termos:

   a) são sinônimos:

   *O uso, o costume **será** respeitado. A tristeza, a mágoa, a dor **mudou-a** muito.*

   b) são resumidos por **tudo**, **nada**, **ninguém**:

   *As provas, os indícios, **tudo** foi examinado minuciosamente.*

   *Os amigos, os familiares, **ninguém** o apoiou na reunião.*

   *A tragédia, o drama, **nada** os emociona.*

   c) estão em gradação:

   *Um recado, um bilhete, um telefonema **evitaria** tanta confusão.*

   d) são precedidos pela palavra **cada**:

   ***Cada** causídico, **cada** magistrado deve atualizar-se constantemente.*

   e) estiverem unidos por **ou**, indicando exclusão ou retificação:

   *Hélio **ou** Luís representará a empresa em juízo.*

   *O ladrão **ou** os ladrões levaram tudo.*

   Mas, se **ou** equivaler a **e**, indicando inclusão, o verbo ficará no plural:

   *Pobre **ou** rico serão bem atendidos nos tribunais.*

   f) são constituídos por **um ou outro**:

   ***Um ou outro** deverá assumir a responsabilidade.*

2. O verbo fica no plural quando os sujeitos são correlacionados (**não só .... mas também**; **tanto .... como**; **tanto .... quanto**):

   ***Não só** o locatário **mas também** o locador devem ter obrigações.*

   ***Tanto** o preço **quanto** o prazo determinaram o bom resultado.*

   ***Tanto** o recibo das mercadorias **como** o conhecimento de depósito serão vistos.*

3. Casos em que o verbo pode estar no singular ou plural:

   a) sujeitos unidos por **com**:

   *Eu **com** ela apresentarei as provas* (ou: *apresentaremos)*

   *Ele **com** os amigos viajaram.* (ou: *viajou)*

b) sujeitos **um e outro** ou **nem um nem outro**:

Um e outro pesquisará melhor sobre o assunto. (ou: *pesquisarão)*

Nem um nem outro se manifestaram.(ou: *manifestou)*

c) sujeitos unidos por **nem .... nem**:

***Nem** o réu **nem** o advogado compareceu.* (ou: *compareceram)*

d) sujeitos infinitivos verbais:

se determinados, no plural:

***O** planejar e **o** pesquisar determinam bom resultado.*

se indeterminados, no singular:

Planejar e pesquisar determina bom resultado.

• **Concordância com o verbo *ser***

O verbo **ser** concorda com o predicativo do sujeito (atributo referido ao sujeito) nos seguintes casos:

1. O sujeito é um dos pronomes neutros **tudo, isto, isso, aquilo, o** ou palavra de sentido coletivo ou partitivo:

   ***Tudo** eram planos para o futuro. **Isto** são calúnias.*

   ***O** que nos diferencia são as idéias. **Aquilo** eram só planos.*

   ***A maioria** eram despreparados. **A maior parte** foram boatos maldosos.*

2. O sujeito não é pessoa e o predicativo está no plural:

   *A salvação **foram** as renegociações do débito.*

   Se o sujeito é pessoa, o verbo **ser** concorda com o sujeito:

   *Cíntia **foi** sempre as preocupações dos pais.*

3. O predicativo é pronome pessoal e o sujeito não é:

   *A Pátria **somos** nós.*

   Mas: *Eu não **sou** ele.*

4. O predicativo é o pronome **o**:

   Pretendentes é o que não lhe falta.

5. Nas expressões **é muito, é pouco, é mais de, é suficiente, é tanto**, para exprimir preço, medida, quantidade:
   *Quinhentos reais **é muito**!*
   *Três sessões **é** mais que **suficiente**.*
   *Cinqüenta metros **é pouco**.*

6. Nas indicações de horas, datas, distâncias:
   ***Eram** oito horas. **É** uma hora. **É** meio-dia e meio (ou meia).*
   *Hoje **são** 14 de outubro.* (ou *Hoje **é** 14 de outubro.)*
   Na mesma situação, se houver **perto de**:
   ***Era perto de** dez horas.* (ou *Eram....)*

• Concordância com o verbo custar

O verbo **custar**, no sentido de ser custoso, ser difícil, é usado na 3ª pessoa do singular, tendo como sujeito uma oração com infinitivo, precedido ou não pela preposição **a**:

***Custou-me** aceitar esta situação.*
***Custa-lhe** voltar ao escritório.*
***Custa-nos** chegar a um acordo.*
Mas: *As viagens **custam** caro.*

EXERCÍCIOS

3. Complete com os verbos indicados, concordando no presente:

a) Já ____________________ três semanas que deveriam ter saldado o débito. (fazer)

b) Alguns de nós ____________________ receio de falar em público. (ter)

c) 51% do contratado ____________________. (estar entregue)

d) Não as ____________________ só por não vos terem avisado. (repreender)

e) V.S.ª ____________________ o controle acionário da empresa. (deter)

f) Não me ____________________ novas idéias para solucionar o caso. (ocorrer)

g) Parece-me que isto ____________________ desejos de muitos de vós. (ser)

h) Não só o fato, mas também a motivação ____________________ analisad____________________. (ser)

i) ____________________-se depoimentos favoráveis. (esperar)

j) ____________________, nesta época, chuvas torrenciais. (cair)

l) Haj_______________ vist_______________ também as dificuldades para novos investimentos.

m) Procuro explicar mais a fim de que ele e tu _______________. (entender)

n) Dois dias _______________ suficient_______________ para discutir a argumentação. (ser)

o) Não _______________ haver animosidades contra as testemunhas. (poder)

p) As artes plásticas ou o teatro _______________ receber incentivos. (dever)

q) Ela é uma das que mais _______________. (apartear)

r) O ruim _______________ as faltas imprevistas. (ser)

s) _______________ muitas desistências no curso. (acontecer)

t) _______________ -se muitos objetos inúteis nas viagens. (comprar)

u) Muitos _______________ não se _______________. (parecer — importar)

v) A advogada e nós _______________ a respeito dos honorários. (concordar)

x) As dificuldades de locomoção, a falta de tempo, nada o desanim_______________.

z) Cinqüenta mil reais _______________ muit_______________ por este serviço. (ser)

4. Repita o procedimento do exercício anterior com as frases a seguir:

a) _______________ fazer dezesseis anos que se formou em Direito. (ir)

b) Os clientes parece não _______________ os novos preços. (aceitar)

c) Os Alpes, lugar lindo, _______________ muitos turistas. (atrair)

d) A alegria, a satisfação dos filhos _______________ os pais. (emocionar)

e) Cada eleição, cada campanha eleitoral necessit_______________ de milhões.

f) Pedimos que V.S.as _______________ com cuidado as provas. (ver)

g) Sois vós que _______________ provar. (dever)

h) Argumentar e convencer _______________ muita perspicácia. (demandar)

i) _______________ reconhecer os nossos próprios enganos. (custar)

j) Tu e eu nunca _______________ neste caso. (entender-se)

l) Somos nós quem _______________ estes princípios. (defender)

m) É preciso cuidado, _______________ existir reações violentas. (poder)

n) Grande parte dos acadêmicos _______________ dedicar-se mais. (precisar)

o) Daqui a pouco, _______________ o locador e o perito. (vir)

p) Quando _______________ um necessitado, ajudem-no. (ver)

q) Nesta fase do namoro, tudo ______________________ gentilezas. (ser)

r) O grupo de advogados ______________________-se hoje à tarde. (reunir)

s) Nem um nem outro se ______________________ sobre isto. (pronunciar)

t) Evitemos que ______________________ interpretações errôneas. (haver)

u) Mais de um delegado, nestas condições, reclam__________________ providências.

v) Uma palavra, um sussurro __________________ suficient__________________ para deixá-la nervosa. (ser)

x) O relógio da torre ______________________ agora seis horas. (bater)

z) Não lhe ______________________ agora condições para o julgamento. (faltar)

Capítulo 16
Verbos

Verbos regulares

amar — dever — partir

As formas compostas são como as dos verbos auxiliares, mudando só o particípio; por exemplo: *tenho amado, havia partido etc.*

INDICATIVO

presente (Agora eu...)		
amo	devo	parto
amas	deves	partes
ama	deve	parte
amamos	devemos	partimos
amais	deveis	partis
amam	devem	partem

pretérito perfeito (Ontem eu...)		
amei	devi	parti
amaste	deveste	partiste
amou	deveu	partiu
amamos	devemos	partimos
amastes	devestes	partistes
amaram	deveram	partiram

pretérito imperfeito (Eu ainda...)		
amava	devia	partia
amavas	devias	partias
amava	devia	partia
amávamos	devíamos	partíamos
amáveis	devíeis	partíeis
amavam	deviam	partiam

pretérito mais-que-perfeito (Eu já...)		
amara	devera	partira
amaras	deveras	partiras
amara	devera	partira
amáramos	devêramos	partíramos
amáreis	devêreis	partíreis
amaram	deveram	partiram

futuro do presente (Amanhã eu...)		
amarei	deverei	partirei
amarás	deverás	partirás
amará	deverá	partirá
amaremos	deveremos	partiremos
amareis	devereis	partireis
amarão	deverão	partirão

futuro do pretérito (Se pudesse eu...)		
amaria	deveria	partiria
amarias	deverias	partiria
amaria	deveria	partiria
amaríamos	deveríamos	partiríamos
amaríeis	deveríeis	partiríeis
amariam	deveriam	partiriam

SUBJUNTIVO

presente (Talvez eu...)		
ame	deva	parta
ames	devas	partas
ame	deva	parta
amemos	devamos	partamos
ameis	devais	partais
amem	devam	partam

pretérito imperfeito (Se eu...)		
amasse	devesse	partisse
amasses	devesses	partisses
amasse	devesse	partisse
amássemos	devêssemos	partíssemos
amásseis	devêsseis	partísseis
amassem	devessem	partissem

futuro (Quando eu...)		
amar	dever	partir
amares	deveres	partires
amar	dever	partir
amarmos	devermos	partirmos
amardes	deverdes	partirdes
amarem	deverem	partirem

IMPERATIVO

presente afirmativo		
ama (tu)	deve	parte
ame (você)	deva	parta
amemos (nós)	devamos	partamos
amai (vós)	devei	parti
amem (vocês)	devam	partam

presente negativo		
não ames	não devas	não partas
não ame	não deva	não parta
não amemos	não devamos	não partamos
não ameis	não devais	não partais
não amem	não devam	não partam

GERÚNDIO

amando	devendo	partindo

PARTICÍPIO

amado, -a, -os, -as	devido...	partido...

INFINITIVO

presente impessoal		
amar	dever	partir
presente pessoal não flexionado		
amar	dever	partir
presente pessoal flexionado		
amar	dever	partir
amares	deveres	partires
amar	dever	partir
amardes	deverdes	partirdes
amarmos	devermos	partirmos

Relações entre formas verbais

• Nos verbos irregulares, percebem-se sistemas que agrupam formas verbais.

• O presente do subjuntivo provém da 1ª pessoa do presente do indicativo; assim, de **digo, dizes**... provém **diga**...

• As segundas pessoas do imperativo afirmativo relacionam-se com as segundas pessoas do indicativo presente, tirando-se o **s**: **tu amas** ⇨ **ama tu; vós amais** ⇨ **amai vós**. (**Exceção**: verbo ser.)

• O sistema do pretérito perfeito compreende o perfeito e mais-que-perfeito do indicativo, imperfeito e futuro do subjuntivo: Ex.: **disse, dissera, dissesse, disser**.

Verbos auxiliares

estar — haver — ser — ter

INDICATIVO

presente

estou	hei	sou	tenho
estás	hás	és	tens
está	há	é	tem
estamos	havemos	somos	temos
estais	haveis	sois	tendes
estão	hão	são	têm

pretérito imperfeito

estava	havia	era	tinha
estavas	havias	eras	tinhas
estava	havia	era	tinha
estávamos	havíamos	éramos	tínhamos
estáveis	havíeis	éreis	tínheis
estavam	haviam	eram	tinham

pretérito perfeito simples

estive	houve	fui	tive
estiveste	houveste	foste	tiveste
esteve	houve	foi	teve
estivemos	houvemos	fomos	tivemos
estivestes	houvestes	fostes	tivestes
estiveram	houveram	foram	tiveram

pretérito perfeito composto

tenho estado	* havido	* sido	* tido
tens estado	* havido	* sido	* tido
tem estado	* havido	* sido	* tido
temos estado	* havido	* sido	* tido
tendes estado	* havido	* sido	* tido
têm estado	* havido	* sido	* tido

ou com o verbo haver: hei estado

pretérito mais-que-perfeito simples

estivera	houvera	fora	tivera
estiveras	houveras	foras	tiveras
estivera	houvera	fora	tivera
estivéramos	houvéramos	fôramos	tivéramos
estivéreis	houvéreis	fôreis	tivéreis
estiveram	houveram	foram	tiveram

pretérito mais-que-perfeito composto

tinha estado	* havido	* sido	* tido
tinhas estado	* havido	* sido	* tido
tinha estado	* havido	* sido	* tido
tínhamos estado	* havido	* sido	* tido
tínheis estado	* havido	* sido	* tido
tinham estado	* havido	* sido	* tido

ou havia estado...

futuro do presente simples

estarei	haverei	serei	terei
estarás	haverás	serás	terás
estará	haverá	será	terá
estaremos	haveremos	seremos	teremos
estareis	havereis	sereis	tereis
estarão	haverão	serão	terão

futuro do presente composto

terei estado	* havido	* sido	* tido
terás estado	* havido	* sido	* tido
terá estado	* havido	* sido	* tido
teremos estado	* havido	* sido	* tido
tereis estado	* havido	* sido	* tido
terão estado	* havido	* sido	* tido

ou haverei estado...

futuro do pretérito simples

estaria	haveria	seria	teria
estarias	haverias	serias	terias
estaria	haveria	seria	teria
estaríamos	haveríamos	seríamos	teríamos
estaríeis	haveríeis	seríeis	teríeis
estariam	haveriam	seriam	teriam

futuro do pretérito composto

teria estado	* havido	* sido	* tido
terias estado	* havido	* sido	* tido
teria estado	* havido	* sido	* tido
teríamos estado	* havido	* sido	* tido
teríeis estado	* havido	* sido	* tido
teriam estado	* havido	* sido	* tido

ou haveria estado...

* Com a finalidade de evitar repetições do verbo auxiliar *ter*, foi usado o asterisco (*) para indicar a supressão desse verbo.

SUBJUNTIVO

presente

esteja	haja	seja	tenha
estejas	hajas	sejas	tenhas
esteja	haja	seja	tenha
estejamos	hajamos	sejamos	tenhamos
estejais	hajais	sejais	tenhais
estejam	hajam	sejam	tenham

pretérito imperfeito

estivesse	houvesse	fosse	tivesse
estivesses	houvesses	fosses	tivesses
estivesse	houvesse	fosse	tivesse
estivéssemos	houvéssemos	fôssemos	tivéssemos
estivésseis	houvésseis	fôsseis	tivésseis
estivessem	houvessem	fossem	tivessem

pretérito perfeito composto

tenha estado	* havido	* sido	* tido
tenhas estado	* havido	* sido	* tido
tenha estado	* havido	* sido	* tido
tenhamos estado	* havido	* sido	* tido
tenhais estado	* havido	* sido	* tido
tenham estado	* havido	* sido	* tido

ou haja estado...

pretérito mais-que-perfeito composto

tivesse estado	* havido	* sido	* tido
tivesses estado	* havido	* sido	* tido
tivesse estado	* havido	* sido	* tido
tivéssemos estado	* havido	* sido	* tido
tivésseis estado	* havido	* sido	* tido
tivessem estado	* havido	* sido	* tido

ou houvesse estado...

futuro simples

estiver	houver	for	tiver
estiveres	houveres	fores	tiveres
estiver	houver	for	tiver
estivermos	houvermos	formos	tivermos
estiverdes	houverdes	fordes	tiverdes
estiverem	houverem	forem	tiverem

futuro composto

tiver estado	* havido	* sido	* tido
tiveres estado	* havido	* sido	* tido
tiver estado	* havido	* sido	* tido
tivermos estado	* havido	* sido	* tido
tiverdes estado	* havido	* sido	* tido
tiverem estado	* havido	* sido	* tido

ou houver estado...

IMPERATIVO

presente afirmativo

está (tu)	há	sê	tem
esteja (você)	haja	seja	tenha
estejamos (nós)	hajamos	sejamos	tenhamos
estai (vós)	havei	sede	tende
estejam (vocês)	hajam	sejam	tenham

presente negativo

não estejas	não hajas	não sejas	não tenhas
não esteja	não haja	não seja	não tenha
não estejamos	não hajamos	não sejamos	não tenhamos
não estejais	não hajais	não sejais	não tenhais
não estejam	não hajam	não sejam	não tenham

INFINITIVO

presente impessoal			
estar	haver	ser	ter

pretérito impessoal			
ter (haver) estado	* havido	* sido	* tido

presente pessoal não flexionado			
estar	haver	ser	ter

pretérito pessoal não flexionado			
ter (haver) estado	* havido	* sido	* tido

presente pessoal flexionado			
estar	haver	ser	ter
estares	haveres	seres	teres
estar	haver	ser	ter
estarmos	havermos	sermos	termos
estardes	haverdes	serdes	terdes
estarem	haverem	serem	terem

pretérito pessoal flexionado			
ter estado	* havido	* sido	* tido
teres estado	* havido	* sido	* tido
ter estado	* havido	* sido	* tido
termos estado	* havido	* sido	* tido
terdes estado	* havido	* sido	* tido
terem estado	* havido	* sido	* tido
ou haver estado...			

GERÚNDIO

presente			
estando	havendo	sendo	tendo

pretérito			
tendo estado	* havido	* sido	* tido

particípio			
estado, a, os, as	havido...	sido...	tido...

Algumas formas de verbos irregulares

• 1ª conjugação

Aguar — IND. **pres.** — águo, águas, água, aguamos, aguais, águam. **perf.** — agüei, aguaste, aguou... SUBJ. **pres.** — ágüe, ágües, ágüe, agüemos, agüeis, ágüem.

Na verdade, **aguar** é regular: a dificuldade está na acentuação.

Assim também se conjugam: **desaguar, enxaguar, minguar**.

Passear — IND. **pres.** — passeio, passeias, passeia, passeamos, passeais, passeiam. SUBJ. **pres.** — passeie, passeies, passeie, passeemos, passeeis, passeiem. IMPER. **pres.** — passeia, passeie, passeemos, passeai, passeiem.

As demais formas são regulares.

Assim se conjugam os verbos terminados em -ear.

Odiar — IND. **pres.** — odeio, odeias, odeia, odiamos, odiais, odeiam. SUBJ. **pres.** — odeie, odeies, odeie, odiemos, odieis, odeiem.

Assim se conjugam: **M**ediar
Ansiar
Remediar
Incendiar
Odiar

- **2ª conjugação**

Caber — IND. **pres.** — caibo, cabes, cabe, cabemos... **perf.** — coube, coubeste, coube... SUBJ. **pres.** — caiba, caibas... **imperf.** — coubesse... **fut.** — couber, couberes...

Crer — IND. **pres.** — creio, crês, crê, cremos, credes, crêem. **imperf.** — cria, crias... **perf.** — cri, creste, creu, cremos, crestes, creram. SUBJ. **pres.** — creia, creias...

Assim se conjugam: **descrer, ler**.

Dizer — IND. **pres.** — digo, dizes, diz... **perf.** — disse, disseste, disse... **fut. pres.** — direi, dirás... **fut. pret.** — diria, dirias... SUBJ. **pres.** — diga, digas... **imperf.** — dissesse... **fut.** — disser... PARTIC. — dito.

Assim se conjugam os derivados, como **bendizer, contradizer** etc.

Fazer — IND. **pres.** — faço, fazes, faz... **perf.** — fiz, fizeste, fez... **fut. pres.** — farei, farás... **fut. pret.** — faria, farias... SUBJ. **pres.** — faça, faças... **imperf.** — fizesse, fizesses... **fut.** — fizer, fizeres...

Assim se conjugam os derivados, como **desfazer, refazer** etc.

Poder — IND. **pres.** — posso, podes, pode... **perf.** — pude, pudeste, pôde, pudemos, pudestes, puderam. SUBJ. **pres.** possa, possas... **imperf.** — pudesse... **fut.** — puder, puderes...

Pôr — IND. **pres.** — ponho, pões, põe, pomos, pondes, põem; **imperf.** — punha, punhas... **perf.** — pus, puseste, pôs, pusemos... SUBJ. **pres.** — ponha, ponhas... **imperf.** — pusesse... **fut.** — puser, puseres...

Assim se conjugam os derivados: **antepor**, **compor**, **depor** etc.

Precaver — IND. **pres.** — precavemos, precaveis (não há outras pessoas). **imperf.** — precavia, precavias... **perf.** — precavi, precaveste... SUBJ. **pres.** — (não há); **imperf.** — precavesse, precavesses... **fut.** — precaver, precaveres...

Prover — (Conjuga-se como **ver**, com exceção do sistema do perfeito). IND. **pres.** — provejo, provês, provê, provemos, provedes, provêem. **perf.** — provi, proveste, proveu, provemos, provestes, proveram. SUBJ. **pres.** — proveja, provejas... **imperf.** — provesse... **fut.** — prover, proveres...

Querer — IND. **pres.** — quero, queres, quer... **perf.** — quis, quiseste, quis, quisemos, quisestes, quiseram. **fut. pres.** — quererei, quererás, quererá... **fut. pret.** — quereria, quererias... SUBJ. **pres.** — queira, queiras... **imperf.** — quisesse, quisesses... **fut.** — quiser, quiseres... PARTIC. querido.

Reaver — (Só se conjuga quando **haver** tem a letra **v**.). IND. **pres.** — reavemos, reaveis (não há outras pessoas). **imperf.** — reavia... **perf.** — reouve, reouveste, reouve...
SUBJ. **pres.** — (não há). **imperf.** — reouvesse, reouvesses... **fut.** — reouver, reouveres...

Saber — IND. **pres.** — sei, sabes, sabe... **perf.** — soube, soubeste, soube... SUBJ. **pres.** — saiba, saibas... **imperf.** — soubesse... **fut.** — souber.

Trazer — IND. **pres.** — trago, trazes, traz... **perf.** — trouxe, trouxeste... **fut. pres.** — trarei, trarás... **fut. pret.** — traria... SUBJ. **pres.** — traga, tragas... **imperf.** — trouxesse... **fut.** — trouxer, trouxeres...

Ver — IND. **pres.** — vejo, vês, vê, vemos, vedes, vêem; **perf.** — vi, viste, viu, vimos, vistes, viram; SUBJ. **pres.** — veja, vejas... **imperf.** — visse... **fut.** — vir, vires, vir, virmos, virdes, virem.

Assim se conjugam: **antever, entrever, prever, rever**.

• 3ª conjugação

Cair — IND. **pres.** — caio, cais, cai, caímos, caís, caem. **imperf.** — caía, caías, caía, caíamos, caíeis, caíam. **perf.** — caí, caíste, caiu, caímos, caístes, caíram. **mais-que-perf.** — caíra, caíras, caíra, caíramos, caíreis, caíram. SUBJ. **pres.** — caia, caias, caia, caiamos, caiais, caiam. **imperf.** — caísse, caísses, caísse... **fut.** — cair, caíres...

Assim se conjugam: **trair, distrair, subtrair, sair**.

Construir — IND. **pres.** — construo, constróis, constrói, construímos, construís, constroem; **imperf.** — construía... **perf.** — construí, construíste, construiu, construímos, construístes, construíram. **mais-que-perf.** — construíra... **fut. pres.** — construirei... **fut. pret.** — construiria... SUBJ. **pres.** — construa... **imperf.** — construísse... **fut.** — construir...

Assim se conjugam: **destruir, reconstruir**.

Ir — IND. **pres.** — vou, vais, vai, vamos, ides, vão. **imperf.** — ia... **perf.** — fui, foste... **mais-que-perf.** — fora... **fut. pres.** — irei, irás... **fut. pret.** — iria... SUBJ. **pres.** — vá, vás, vá, vamos, vades, vão. **imperf.** — fosse... **fut.** — for, fores...

Possuir — IND. **pres.** — possuo, possuis, possui, possuímos, possuís, possuem. **imperf.** — possuía... **perf.** — possuí, possuíste, possuiu, possuímos, possuístes, possuíram. **mais-que-perf.** — possuíra... SUBJ. **pres.** — possua... **imperf.** — possuísse... **fut.** possuir...

Assim se conjugam os verbos terminados em **-uir** (com exceção de **construir**, **destruir**, **reconstruir**).

Vir — IND. **pres.** — venho, vens, vem, vimos, vindes, vêm. **imperf.** — vinha... **perf.** — vim, vieste, veio, viemos, viestes, vieram. SUBJ. **pres.** — venha... **imperf.** — viesse... **fut.** — vier, vieres, vier, viermos, vierdes, vierem.

Assim se conjugam **advir**, **convir**, **intervir**, **provir**, **sobrevir**. (Atenção: a 3ª pessoa do pres. do ind. é acentuada: advém, convém...; advêm, convêm...)

Verbos defectivos

Abolir, colorir, demolir, exaurir, explodir, extorquir, puir, ruir, urgir — não se conjugam a 1ª pes. do sing. do pres. do ind., em todo o pres. do subj., todo o imperativo negativo e as 3ªs do imperativo afirmativo.

Falir só é conjugado nas formas em que há **i** depois de **l**: IND. **pres.** — falimos, falis. SUBJ. **pres.** (não há).

Verbos abundantes

Verbos abundantes são os que têm mais de uma forma exercendo a mesma função.

Os mais comuns são de duplo particípio: um **regular**, mais longo, usado com os verbos **ter** ou **haver**, e outro **irregular**, mais breve, usado com os verbos **ser** ou **estar**.

aceitar — aceitado e aceito
acender — acendido e aceso
anexar — anexado e anexo
benzer — benzido e bento
despertar — despertado e desperto
dispersar — dispersado e disperso
entregar — entregado e entregue
eleger — elegido e eleito

expelir — expelido e expulso
expressar — expressado e expresso
exprimir — exprimido e expresso
expulsar — expulsado e expulso
extinguir — extinguido e extinto
ganhar — ganhado e ganho
imprimir — imprimido e impresso
incluir — incluído e incluso
incorrer — incorrido e incurso
limpar — limpado e limpo
matar — matado e morto
morrer — morrido e morto
omitir — omitido e omisso
pagar — pagado e pago
pegar — pegado e pego
prender — prendido e preso
salvar — salvado e salvo
soltar — soltado e solto
suprimir — suprimido e supresso
suspender — suspendido e suspenso

Na linguagem atual, só se emprega o particípio irregular de alguns verbos: *ganho, gasto, pago, pego*. Há verbos que aceitam ambas as formas com os verbos **ter** e **haver**, como: *tem aceitado, tem aceito*; *tem elegido, tem eleito*; *havia entregado, havia entregue*. Alguns verbos também podem ter um dos dois particípios com os verbos **ser** e **estar**: *estão envoltos, estão envolvidos; foi impresso o livro, foi imprimida maior velocidade.*

EXERCÍCIOS

1. Complete com os verbos indicados, flexionando e concordando adequadamente:

a) É incrível, mas eu ____________ nesta cilada. (cair — indic. pret. perf.)

b) Quero que vós ____________ com muita atenção. (copiar — subj. pres.)

c) A faxineira ____________ as plantas diariamente. (aguar — indic. pres.)

d) Será que eu ____________ aqui? (caber — indic. pres.)

e) Eu sempre ____________ na perspicácia dela. (crer — indic. pret. perf.)

f) Era preciso que nós ____________ a despensa. (prover — subj. imperf.)

g) Nós já lhe ____________ que ____________ a petição. (dizer — indic. pret. perf.; refazer — subj. pret. imperf.)

h) Elas já me ____________ contra o locatário. (precaver — ind. pret. perf.)

i) Espero que ela ____________ bem a roupa. (enxaguar — subj. pres.)

j) Se ele ____________ favoravelmente, nós ____________ a demanda. (depor — subj. fut.; ganhar — indic. fut. do pres.)

l) Pode ser que eles ____________ uma solução para este problema. (antever — subj. pres.)

m) Talvez os fatos me ____________. (contradizer — subj. pres.)

n) Elis não ____________ fazer hoje o que ____________ no passado. (poder— indic. pres.; poder — indic. pret. perf.)

o) Se ____________ como mudar isto, diga-me. (prever — subj. futuro)

p) O treinamento ____________ para melhor produção. (contribuir — ind. pres.)

q) Quando ele ____________ os documentos, ____________ a investigação. (reaver — subj. fut.; prosseguir — ind. fut. do pres.)

r) A comissão ____________ os melhores trabalhos. (premiar — ind. pres.)

s) Trabalha pouco porque ____________ demais. (passear — ind. pres.)

t) Queremos que os políticos ____________ o que ____________ na campanha. (reconstruir — subj. pres.; destruir — indic. pret. perf.)

u) Amanhã eu ____________ ver o relatório. (querer — indic. fut. do pres.)

v) Se ela tiver ____________ o artigo, ele estará ____________. (suprimir — part.)

x) As informações ____________ de escutas clandestinas. (provir — ind. pret. imperf.)

z) Se ele ____________ o cheque, ____________ a mercadoria. (trazer – subj. pret. imperf.; levar — indic. fut. do pret.)

2. Repita o procedimento do exercício anterior com as frases abaixo:

a) Ela ____________ cedo, talvez agora não ____________. (sair — ind. imperf.; sair — subj. pres.)

b) ____________ o que o seu imposto está fazendo. (olhar — imp. pres.)

c) A sorte é que ele ____________ a tempo. (frear — indic. pret. perf.)

d) Tu e ela ____________ os guardas. (distrair — indic. pres.)

e) Nossas precatórias eram poucas, ____________ de tempo. (dispor — ind. imperf.)

f) Nós ainda não ____________ os bens. (reaver — ind. pret. perf.)

g) Hoje nós ____________ aqui para pagar-lhe a dívida. (vir — indic. pres.)

h) Não há nada que ____________ a situação atual. (remediar — subj. pres.)

i) Inês está ____________ no artigo segundo. (incorrer — part.)

j) Bem que nós ____________ ganhar mais. (querer — ind. fut. do pret.)

l) O assaltante foi ____________ na entrada do prédio. (matar — part.)

m) Nós ____________ muito desanimados para o campo. (ir — ind. pret. imperf.)

n) Alguns erros ____________ da falta de atenção. (advir — indic. pres.)

o) A menina ____________ os desenhos com lápis. (colorir — indic. pres.)

p) Nós ______________________ a entidade com dedicação. (construir — ind. pret. perfeito)

q) Talvez eles não ______________________ em tudo aquilo que nós lhes ______________________. (crer — subj. pres. dizer — subj. fut.)

r) Ele quer que o prefeito o ______________________ secretário. (nomear — subj. pres.)

s) Se ______________________ a Gláucia, dê-lhe minhas lembranças. (ver — subj. fut.)

t) Quando ______________________ o relatório, recebereis o pagamento. (trazer — subj. fut.)

u) Eu lhe ______________________ grandes méritos. (atribuir — ind. pret. perf.)

v) Obrigada! Eu me ______________________ contra ele. (precaver — ind. fut. do pres.)

x) Foi Carlos Gomes que ______________________ esta protofonia. (compor — ind. pret. perf.)

z) Talvez as verbas ______________________ após as eleições. (minguar — subj. pres.)

Uso do infinitivo

- **Impessoal**

O **infinitivo impessoal** (sem sujeito) é empregado somente com os verbos impessoais:

*Vai **chover**. Deve **haver** mais casos.*

- **Pessoal**
  - flexionado (**amares, amarmos**...)
  - não flexionado (**amar**)

- **Infinitivo pessoal não flexionado**

1. Equivale a um **substantivo**:

   ***Lembrar** é reviver. Para quem lavra com Deus, até o **sair** é semear.*

2. Quando forma **locução** com outro verbo (o sujeito é o mesmo para os dois verbos):

   *Queremos **avisar** que haverá aula amanhã.*

Note bem: Se os verbos estão distantes, por clareza pode o infinitivo ser flexionado: *Foram os três rapazes da casa vizinha **passarem** as férias no litoral.*

3. Com os verbos **deixar, mandar, fazer**:

   Deixou-os *falar à vontade.* ***Mandou*** *os funcionários chegar mais cedo.*

   Os raios do sol ***faziam*** *as ondas brilhar.* ***Fazei-os*** *parar.*

4. Com os verbos **ver**, **ouvir**, **sentir,** há uma tendência para o uso do infinitivo não flexionado:

   Viu*-os partir bem cedo.* ***Ouviu****-as dizer que voltarão.*

   Sentiu *as forças acabar.* ***Ouvimo****-las cantar.*

   Mas: ***Viu*** *saírem os operários.* (o sujeito não é pronome)

   Ouvi *os alunos reclamarem contra o horário.*

5. Precedido pela preposição **de** e complemento de adjetivo, como **fácil, bom, possível,** ou adjunto de substantivos:

   Lições fáceis de ***estudar****. Livros bons de* ***ler****.*

   São casos possíveis de ***acontecer****. Canetas de* ***desenhar****.*

6. Com valor de imperativo:

   Meia volta, ***volver****!*

- **Infinitivo pessoal flexionado**

1. Quando tem sujeito próprio, diferente do verbo principal:

   Sei ***estarem*** *abertas as inscrições.* (Sujeito de **sei** é **eu** e sujeito de **estarem** é **inscrições.**)
   É bom estudarem mais.

2. Quando distante do verbo principal:

   Possas tu*, descendente maldito / de uma tribo de nobres guerreiros / implorando cruéis forasteiros, /* ***seres*** *presa de vis aimorés.* (Gonçalves Dias)

3. Para maior clareza ou realce:

   Para ***compreenderes****, é necessário que te esforces.*

   Esforçamo-nos para melhorarmos o trabalho.

   Deste-nos esta orientação para nos esclarecer melhor? (**tu esclarecer**, não **orientação esclarecer)**

Conclusão

Muitas vezes, a opção entre forma flexionada ou não flexionada é estilística e não gramatical. Quando mais importa a **ação**, prefere-se a forma **não flexionada**; quando se realça o **agente** da ação, usa-se a forma **flexionada**.

EXERCÍCIO

3. Complete com o infinitivo flexionado ou não flexionado

a) Para nós, eram casos difíceis de ________________. (resolver)

b) Para se ________________, procuraram outros prêmios. (consolar)

c) Quem te deu o direito de ________________ tua opinião. (impor)

d) Peço-vos ________________ as cláusulas já discutidas. (manter)

e) Os seus ideais não podiam ________________. (morrer)

f) Vi os amigos, antigos companheiros ________________ apoio. (trazer)

g) Como ousas ________________ isto?! (afirmar)

h) Estas diferenças para nós são difíceis de ________________. (perceber)

i) Não soubeste jamais ________________ casos como este. (resolver)

j) Ouvi os sindicalistas ________________ muito. (reclamar)

l) Vimos os convidados ________________ antes do final. (sair)

m) Ficavam durante horas no pátio sem ________________ nada. (fazer)

n) São coisas fáceis de ________________, mas difíceis de ________________. (falar — fazer)

o) Ao ________________ que estavam sendo observados, fugiram. (perceber)

p) Mande-os ________________ mais tarde. (trazer)

q) Tinha o firme propósito de ________________. (aprender)

r) É necessário ter diploma para tu ________________ aqui. (trabalhar)

s) Pretendemos ________________ mais associados. (conseguir)

t) Devemos sempre ________________ pela verdade. (lutar)

u) Deus criou as almas para se ________________ e não para se ________________. (salvar — perder)

Capítulo 17
Discursos direto, indireto, indireto livre

Há três modos de registrar a fala das personagens: discurso direto (diálogo), discurso indireto e discurso indireto livre.

Discurso direto

É a representação textual das palavras da personagem. Ocorre geralmente nos diálogos.

O Pajé vibrou o maracá e saiu da cabana, porém o estrangeiro não ficou só.

Iracema voltara com as mulheres chamadas para servir o hóspede de Araquém, e os guerreiros vindos para obedecer-lhe.

— Guerreiro branco, disse a virgem, o prazer embale tua rede durante a noite; e o sol traga luz a teus olhos, alegria à tua alma.

E assim dizendo, Iracema tinha o lábio trêmulo, e úmida a pálpebra.

— Tu me deixas? perguntou Martim.

— As mais belas mulheres, da grande taba contigo ficam.

— Para elas a filha de Araquém não devia ter conduzido o hóspede à cabana do Pajé.

— Estrangeiro, Iracema não pode ser tua serva. É ela que guarda o segredo da jurema e o mistério do sonho. Sua mão fabrica para o Pajé a bebida de Tupã.

O guerreiro cristão atravessou a cabana e sumiu-se na treva. (José de Alencar, *Iracema)*

Discurso indireto

É aquele em que o narrador transmite, com as próprias palavras, o pensamento expresso pela personagem.

Eis aqui pouco mais ou menos as reflexões em que o major ia engolfado: — Nada lhe seria mais agradável do que dia mais dia menos, quando ninguém pensasse em tal, acompanhado de uma escolta de granadeiros, dirigir-se à casa das duas velhas, cercá-la, e pilhar o Leonardo sem que lhe pudesse escapar. Isto porém repugnava ao seu orgulho ofendido. Muitas vezes se tinha, é verdade, servido desse meio, porém fora isso para poder pilhar a capadócios de longa data, tidos e havidos tais, e velhos no ofício. Não queria pois servir-se do mesmo meio para agarrar um recruto no ofício, que ainda não começava. Nada, tal não fazia; não havia fazer cerco, e o que é mais, não queria de modo algum o adjutório dos granadeiros; jurava a si mesmo que ele sozinho, sem o apoio de ninguém, havia de pôr a mão no Leonardo. (Manuel Antônio de Almeida, *Memórias de um sargento de milícias*)

Discurso indireto livre

É a representação da "fala" interior da personagem, diretamente, incluída na linguagem do narrador, sem qualquer oração introdutória.

Tentou fugir a semelhante hipótese; repeliu-a indignada. Não! Não era possível que o Jerônimo, seu marido de tanto tempo, o pai de sua filha, um homem a quem ela nunca dera razão de queixa e a quem sempre respeitara e quisera com o mesmo carinho e com a mesma dedicação, a abandonasse de um momento para outro; e por quem?! Por uma não-sei-que diga! Um diabo de uma mulata assanhada, que tão depressa era de Pedro como de Paulo! Uma sirigaita, que vivia mais para a folia do que para o trabalho! Uma peste, que... Não! Qual! Era lá possível?! Mas então por que ele não viera?... por que não vinha?... por que não dava notícias suas?... por que fora pela manhã à Ordem buscar a caixa de roupa?... O Roberto Papa-Defuntos dissera-lhe que o encontrara às duas da tarde ali perto, ao dobrar da Rua Bambina, e que até pararam um instante para conversar. Com mais alguns passos chegado à casa! Seria possível, santos do céu! Que o seu homem estivesse disposto a nunca mais tornar para junto dela? (Aluísio Azevedo, *O cortiço*)

Note bem: No discurso direto e no indireto, a fala da personagem é antecedida (às vezes seguida) por um verbo chamado *dicendi*: *falou, disse, respondeu, perguntou, inquiriu, exclamou, quis saber, afirmou.*

Passagem do discurso direto para o indireto

1. O verbo *dicendi* não se altera.
2. Desaparecem os travessões.
3. A fala reproduzida pelo narrador inicia-se geralmente pelas conjunções integrantes **que** ou **se**.
4. A oração apresenta-se na ordem direta (sujeito + predicado).
5. Há alterações nas formas verbais e em alguns pronomes ou advérbios que aparecem na fala da personagem.

Discurso direto	Discurso indireto
hoje	naquele dia
amanhã	no dia seguinte
ontem	no dia anterior
este, esse	aquele
presente (sou, estão)	pretérito imperf. (era, estavam)
pretérito perf. (fui, fizeram)	pret. mais-que-perf. (fora, haviam feito)
futuro do pres. (irei, farão)	futuro do pretérito (iria, fariam)

Discurso direto:

— *Ontem não fizemos o necessário, mas hoje todos os alunos estarão preparados, disse o diretor.*

Discurso indireto:

O diretor disse que, no dia anterior, não havíamos feito o necessário, mas que, naquele dia, todos os alunos estariam preparados.

EXERCÍCIO

Passe do discurso direto para o discurso indireto.

a) Durante a reunião, o diretor disse:

— Amanhã, todos os alunos deverão vestir o uniforme de gala, pois comparecerá à Academia o presidente da ACP.

____

____

b) "Esta conversa não nos levará a nada", afirmou João aos colegas.

____

____

c) Respondeu a testemunha: "Quando fui a Paris, não encontrei o livro que o professor mandou comprar".

d) — Você nunca veio ao Rio?, perguntou-me o repórter.

e) — Não dê importância a essas notícias — pediu-me o colega.

f) Pedia-lhe o pai na carta: "Conta-me o que há, minha filha, não escondas nada".

g) Carlos afirmou-me: "Se puder, irei visitá-lo amanhã".

h) — Se acontecer isso comigo, não voltarei hoje, respondeu-me Maria, ao me ver tão triste.

i) Repetiu o inquerido: "Faço isso quando quiser!"

j) O réu quis saber: "Se eu agir dessa maneira, serei perdoado?".

Reforço ortográfico

abstenção
acessível
acessório
adolescência
ajuizar
aliás
alto-falante
anis
ânsia
aprazível
apreensão
ascendência
ascensão
ascensorista
assunção
assessor
assessoria
atrás
audiovisual
aversão
batismo
batizar
beneficência
beneficente
bexiga
bissexto
botijão
cabeleireiro
cafajeste
cãibra
caranguejo
cassetete
cinqüenta
concessão
concessionário
consciencioso
consecução
contenção
contra-senso
cortesia
curtume
cuscuz
desassossego
deslizamento
disenteria
displicência
distensão
empecilho
encharcar
enxergar
enxurrada
espontaneidade
espontâneo
exceção
excelência
excesso
extinção
extra-oficial
extravasar
fluorescente
gorjeta
holerite
hombridade
inexorável
laje
mal-estar
obcecado
obsceno
pichar
privilégio
repercussão
umedecer

Capítulo 18
Dúvidas freqüentes

Acerca de — A cerca de — Há cerca de

Acerca de: a respeito de, sobre — *Falou **acerca da** cessão de crédito.*
A cerca de: para mais ou menos — *A bolsa foi encontrada **a cerca de** cem metros do local do roubo.*
Há cerca de: existe(m) aproximadamente — ***Há cerca de** vinte processos em andamento.*
faz mais ou menos — ***Há cerca de** cinco anos que se formou.*

Afim — A fim — A fim de

Afim: que tem afinidade, semelhança — *Almas **afins** com destino afim.*

A fim: disposto, desejoso, interessado — *Ir ao teatro? Não estou **a fim**.*

A fim de: com o propósito de, para — *Está aqui **a fim de** aprender.*

Alçada

Jurisdição, competência, limite de ação —

*Este caso não é da minha **alçada**.*

*O processo está no Tribunal de **Alçada**.*

A letra **l**, final de sílaba, é pronunciada, em várias regiões, como a semivogal **u**, num processo de ditongação. A grafia não acompanha as alterações de pronúncia. Observe as sílabas finais de *chapéu* e de *papel*. Se você pronuncia ambas da mesma forma, tome cuidado maior com a grafia do **l** no final de sílaba. O melhor é distinguir *-al, -el* de *-au, -éu* na pronúncia, como em: *animal — degrau, pastel — escarcéu*.

Alto-falante

A grafia é com **l**, pois alto é de altura.

Não ouvi bem: o alto-falante falhou.

Não confunda **alto** (elevado, grande, intenso) com **auto** (registro ou forma reduzida de "automóvel"):

*O guarda **alto** lavrou um **auto** de infração, pois o **auto** estava sem uma placa.*

À medida de — À medida que — Na medida em que

À medida de: conforme, consoante, segundo — *Salda a conta **à medida de** suas possibilidades.*

À medida que: à proporção que — *Fica mais cansada **à medida que** sobe as escadas.*

Na medida em que: na proporção em que, no grau em que — *A implantação do sistema desenvolveu-se **na medida em que** fora planejada.*

Ante — Anti

Ante: antes — *antebraço, antepor, ante-histórico.*

Anti: contra — *antiaéreo, antiinfeccioso, anti-seqüestro*

Ao encontro de — De encontro a

Ao encontro de: em busca de, em favor de, na direção de — *Esta medida veio **ao encontro das** reivindicações sindicais.*

De encontro a: em oposição a, contra — *As nomeações foram **de encontro ao** plano governamental de combate ao déficit das contas públicas.*

A par de — Ao par de

A par de: junto — *Caminhava **a par de** seu amigo.*

bem informado — *Está **a par das** alterações na legislação.*

ciente — *Andava **a par dos** comentários.*

Ao par de: equivalente ao seu valor legal — *O título está **ao par**.*

valor igual para duas moedas — *O câmbio está **ao par**.*

Acessório — Assessório

Acessório: secundário, não fundamental — *Deixemos de lado este aspecto **acessório**.*

Assessório: relativo a assessor — *assistente, auxiliar.* Observe também: *assessoramento, assessorar, assessoria, assessorial* — *Prestava **assessoria** jurídica a várias empresas.*

Atacado

Usa-se com a preposição **por** — *Vendas **por** atacado e a varejo.*

A tempo — Há tempo

A tempo: em tempo — *Voltou **a tempo** para assistir à conferência.*

Há tempo: existe tempo — ***Há tempo** de estudar e tempo de divertir-se.*

faz tempo — *Conheço-as **há tempo**.*

Aterrissagem, aterrissar

São essas as formas que o *Vocabulário ortográfico* registra.

O *Novo Aurélio século XXI* registra também a variante brasileira ***aterrizar***.

À-toa — À toa — Atoa

À-toa: adjetivo — *É uma coisa **à-toa**. Sujeitinho **à-toa**.*

À toa: advérbio — *Estava **à toa** na vida.*

Atoa: verbo — *A lancha **atoa** o bote. (= puxa)*

Atrás, atrasado, atrasador, atrasar, atraso, detrás, por trás, trás

Grafam-se com **s**.

Não confunda com as formas do verbo **trazer**.

Através de

lado a lado, transversalmente – *Passou **através de** campos e matas.*

por entre — *Andou **através da** multidão na Rua Quinze de Novembro.*

no decurso do tempo — *Conservou a fé **através do** tempo.*

Não use **através de** com valor de **por meio de**: *Avisou **por meio de** CIs. Soube das novidades **pelos** amigos.*

Atribui, atribuí

Os verbos terminados em **-uir** no infinitivo nunca terminam por **-e**.

Assim: *possui, contribui, retribui, aflui, frui, usufrui.*

No presente, 3ª pessoa do singular, sem acento; no pretérito perfeito, 1ª pessoa do singular, com acento — *Ele possui agora a vitalidade que eu já possuí.*

Autêntico

A confusão gráfica entre **l** e **u** em final de sílaba também pode ocorrer com **autenticação**, **autenticar**, **autenticidade**. Reveja *alçada*.

Auxiliar administrativa

O nome de cargo ou função no serviço público e nas empresas deve **concordar** com a pessoa a que se refere: masculino para homens, feminino para mulheres: a senadora, a prefeita, a bedel, a ministra, a embaixadora (embaixatriz é a esposa do embaixador), a engenheira, a juíza, a promotora pública.

Bastante

Quando advérbio, é invariável — *São **bastante** previsíveis. Estão **bastante** bem.*

No mesmo sentido que **muitos, muitas**, varia no plural — *Já o avisei **bastantes** vezes.*

Beneficência, beneficente, beneficentíssimo

Não há variante com sílaba **cie**.

Cerração — Serração

Cerração: *nevoeiro espesso.*

Serração: *ato de serrar.*

Cessão — Seção — Sessão

Cessão: ato de ceder — *Houve **cessão** de uma área para a construção da creche.*

Seção (ou secção): divisão, corte, compartimento — *Trabalha na **seção** de pessoal.*

Sessão: tempo de uma reunião — *Não houve **sessão** na Câmara dos Deputados.*

Com base de

É a expressão correta e não **à base de** — *Usou tinta **com base de** água.*

Comprimento — Cumprimento

Comprimento: tamanho, extensão — *O corredor tem seis metros de **comprimento**.*

Cumprimento: saudação — *Meus **cumprimentos** pelo bom êxito no tribunal.*

execução — *Houve **cumprimento** de todas as exigências legais.*

Cumprimentar: saudar — ***Cumprimentaram-se** efusivamente. **Cumprimento-o** quando o vejo.*

Concertar — Consertar

Concertar: harmonizar, compor; daí, **concerto** = sessão musical, acordo.

Consertar: reparar, arranjar; daí, **conserto** = reparo, arranjo.

Corrimão

Observe a grafia correta, com ***i*** de ligação, como em alvinegro, auriverde, dentifrício, pontiagudo.

Coringa — Curinga

Coringa: moço de barcaça, grumete, pequena vela de canoa ou de barcaça.

Curinga: carta de baralho que muda de valor.

Colchão — Coxão

Colchão: utilizado sobre o estrado da cama.

Coxão: compare as seqüências:
cocha: torcedura de cabo, gamela;
coche: carruagem;
cocheira: onde se guardam os coches;
cocho: vasilha rústica de madeira;
coxa: parte da perna;
coxão: coxa grande (No açougue: coxão duro, coxão mole);
coxo: manco.

De baixo — Debaixo

De baixo: indica movimento de baixo para cima — *Olhou **de baixo** até o alto.*

Debaixo: em posição inferior — *A base fica **debaixo**.*

em condição inferior — *O ex-ministro está **debaixo**.*

sob — *Escondeu-se **debaixo** da mesa.*

De forma que, de modo que, de sorte que

Essas locuções só se empregam no singular — *Esforçaram-se **de modo que** conseguiram o que tanto desejavam.*

De repente

Essa locução se escreve separando-se os dois vocábulos — *Voltou **de repente**.*

Descrição — Discrição

Descrição: exposição circunstanciada escrita ou falada — ***Descrição** do local do acidente.*

Discrição: reserva, modéstia — *O lobista agiu com muita **discrição** nos bastidores da política.*

Desde

Indica tempo decorrido ou espaço com noção de continuidade desde seu ponto de partida:

*As inscrições estão abertas **desde** ontem. O julgamento foi **desde** as 13h até as 16h. Viajou de ônibus **desde** Campinas até Santa Rita do Passa Quatro.*

Não empregue **desde** para indicar somente o local de origem sem idéia de continuidade no espaço, como em:

*Transmitiu **desde** Brasília a posse do ministro.* O correto é: *Transmitiu **de** Brasília a posse do ministro.*

Deslize

Deriva de deslizar — *deslizamento, escorregadela, falha, falta, engano.* Não confunda com: ***deslise***, do verbo deslisar, que significa alisar.

Destratar — Distratar

Destratar: insultar — ***Destratou** o funcionário por causa do atraso.*

Distratar: anular, rescindir contrato — ***Distrataram** e registraram o distrato no cartório.*

Dia a dia — Dia-a-dia

Dia a dia: com o correr dos dias — *Dia a dia percebemos que a situação melhora.*

quotidianamente — *Não se faz isso ocasionalmente, mas dia a dia.*

Dia-a-dia: a vida de cada dia, viver cotidiano — *Seu dia-a-dia é monótono.*

Dignitário

Essa é a forma correta para designar o que exerce um cargo elevado. Sua origem liga-se a dignidade.

Elidir — Ilidir

Elidir: eliminar, suprimir — ***Elidiu** os argumentos duvidosos e ficou com os irrefutáveis.*

Ilidir: contestar, refutar — ***Ilidiu** as acusações com veemência.*

Em nível de

É o uso correto — *Este caso só será tratado **em nível de** secretaria.*

Ao nível de refere-se à altura — *Itanhaém está **ao nível do** mar.*

Em vez de — Ao invés de

Em vez de: em lugar de — ***Em vez** de estudar quis trabalhar.*

Ao invés de: ao contrário de — *Com o remédio, **ao invés de** emagrecer, engordou.*

Enquanto

Não use **enquanto que**. Para que duas conjunções? — *Ela vinha **enquanto** eu ia.*

Éramos três

Não use a preposição **em** entre o verbo **ser** ou **estar** e o numeral — ***Éramos três*** *no grupo.* ***Estavam vinte e um*** *na sala.*

-esa

É terminação de designativos femininos — *baronesa, duquesa, marquesa, princesa.*

Espectador — Expectador

Espectador: testemunha, o que vê o espetáculo — *Os* ***espectadores*** *aplaudiram a atriz.*

Expectador: esperançoso, o que tem expectativa — *O réu continua* ***expectador*** *de justiça.*

Espontâneo, espontaneidade

A sílaba inicial é **es**. Cuidado com a sílaba **nei**, não diga *nie:*

Neide agiu com notável ***espontaneidade****.*

Estorno

Retificação contábil por assentamento contrário. Deve ser grafado com **s**, pois vem do italiano *storno*: *Já foi feito o* ***estorno*** *do débito indevido.*

Exceção

Se um vocábulo se escreve com **t**, como excetuar, e outro possui a mesma raiz, usa-se **c/ç** e não **s**: *atento — atenção; isento — isenção; constante — constância; retentor — retenção.* Se o verbo terminar por *-tir*, o termo derivado terá **ss**: *discutir — discussão.*

Excesso

Nos nomes relacionados com verbos cujos radicais terminam por **d**, haverá **s**:

exceder — excesso, aludir — alusão, pretender — pretensão, defender — defesa, defensível.

Excursão

Para saber se é com **ç** ou com **s**, pense no vocábulo que lhe serve de base: *curso*. Assim: *percurso, recurso, excursionista.*

Extravasar

Os derivados de vaso tem **s**: *envasar, vasilha, vasilhame, vasinho, vasão (vaso grande)*. Por isso é *extravasar, extravasor.*

Os que possuem a mesma raiz de vazio têm **z**: *esvaziar, vazado, vazão (escoamento), vazante, vazadouro.*

-ez, -eza

São sufixos usados em substantivos abstratos derivados de adjetivos:

nobre — nobreza, pobre — pobreza, rico — riqueza, surdo — surdez, macio — maciez, viúvo — viuvez.

Fluido — Fluído

Fluido: substantivo — *Acabou o **fluido** do isqueiro.*

Fluído: particípio de fluir — *O líqüido **fluído** do reservatório era corrosivo.*

Gás — Gaze

Gás: os derivados de gás escrevem-se com **s** — *gasolina, gasoso, gaseificar, gasômetro.*

Gaze: é um tipo de tecido, palavra de origem árabe, como *azar, azeite, xadrez, cuscuz.*

Gorjeta

Grafa-se com **j**, pois relaciona-se com gorja (garganta) — *A **gorjeta** será uma cerveja, uma gratificação para molhar a garganta.*

Gratuito

Há ditongo e não hiato. Pronuncie numa só sílaba o encontro vocálico **ui**: *circuito, fortuito.*

-isar

Essa terminação encontra-se em verbos que derivam de vocábulos cujos radicais terminam em **s**: *análise — analisar, pesquisa — pesquisar, aviso — avisar.*

Incipiente — Insipiente

Incipiente: principiante, inicial — *O movimento é ainda **incipiente**.*

Insipiente: ignorante, insensato, imprudente — *São políticos **insipientes** assumindo o poder.*

Intenção — Intensão

Intenção: desejo, propósito — *Não tive **intenção** de prejudicá-la.*

Intensão: veemência, intensidade — *Reagiu com **intensão** desproposital.*

-izar

Esse sufixo é empregado em verbos e o **z** continua nos derivados desses verbos:

civil + izar = civilizar, civilização; modernø + izar = modernizar; realizar, otimizar, otimização.

Laje

Laje e seus derivados escrevem-se com **j**: *lájea, lajeado, lajeador, lajear, lajem, lajense, Lajes, lajiano, lajinha, lajinhense, lajista, lajota.*

Mais bem — Mais mal

Antes de um particípio, deve-se empregar **mais bem** ou **mais mal** e não **melhor** ou **pior**: *Este relatório está **mais bem** escrito que o anterior. O caso foi **mais mal** estudado por este grupo. Este candidato foi o **mais bem** colocado na pesquisa eleitoral.*

Mal — Mau

Em muitas regiões do Brasil, a pronúncia do **l** em final de sílaba confunde-se com a pronúncia do u; mas, graficamente, continuam diferentes. Para diferenciar, perceba que **mal** se opõe a **bem**: *Foi mal recebido. (Foi bem recebido.) Está mal. (Está bem.)*

Mau se opõe a **bom**: *Foi um mau resultado. (Foi um bom resultado.)*

Mandado — Mandato

Mandado: ordem de autoridade judicial — *O juiz expediu **mandado** de prisão.*

Mandato: procuração, delegação — *O vereador cumpriu bem seu **mandato**.*

Menos

É palavra invariável, nunca use **menas**: *Mais amor, **menos** confiança.*

A Moral — O Moral

Moral (no feminino): preceitos de conduta — *É um grupo com **moral** severa.*

Moral (no masculino): sentimento, ânimo — *O time entrou em campo com muito **moral**.*

Nenhum — Nem um

Nenhum: o pronome indefinido negativo **nenhum** opõe-se ao positivo **algum** — ***Nenhum** (algum) remédio poderá melhorar sua disposição.*

Nem um: o vocábulo **um** indica que é um **único, um sequer** — *Devia estudar três capítulos do livro, não leu **nem um**. A decepção foi grande: não veio **nem um** amigo sequer.*

Nomes de cidades

Conforme o *Formulário ortográfico da Academia Brasileira de Letras*: "Os nomes personativos, locativos e de qualquer natureza, sendo portugueses ou aportuguesados, serão sujeitos às mesmas regras estabelecidas para os nomes comuns".

Os nomes de origem indígena são grafados com **j** e não com **g**. O *Vocabulário ortográfico* registra: *mojiano, moji-cruzense, mojiguaçuense, mojimirinense, mojiguiçabense.*

O *Novo Aurélio século XXI* explica: "Mojiano. Adj. 1. De, ou pertencente ou relativo a Moji das Cruzes (SP). S.m. 2. O natural ou habitante de Moji das Cruzes".

Assim também, lajiano, relativo a Lajes (SC) ou a Laje do Muriaé (RJ); lajiense, de Lajinha (MG); lajista, de Laje (BA); lajense, de São José da Laje (AL) ou de Lajes (RN). Bajé (RS), Majé (RJ) grafam-se igualmente com **j**.

Outra controvérsia é com relação ao uso de **ç** ou de **ss**. Os nomes de origem indígena grafam-se com **ç** e não com **ss**. No *Novo Aurélio século XXI*: "Piraçununguense. Adj.2g.

1. De, ou pertencente ou relativo a Piraçununga".

Assim, Paiçandu (PR), Iguaçu, iguaçuano, de Nova Iguaçu (RJ), iguaçuense, da Foz de Iguaçu (PR), Itaguaçu (ES), Itauçu (BA).

Os nomes de origem indígena grafam-se com **x** e não com **ch**: Xavantes (SP), Xavantina (MS), Xaxim (SC), Xexéu (PE), Xiquexique (BA), Axixá (MA), Erexim (RS).

Quanto ao topônimo estrangeiro, ou se adota a forma aportuguesada ou se mantém a original.

Nomes de pessoas

Os nomes personativos "serão sujeitos às mesmas regras estabelecidas para os nomes comuns". Na verdade, respeita-se a grafia dos documentos, mas, nas referências a personagens históricos, nas denominações de locais, deve-se usar a forma atual, gramaticalmente correta: *O Brasil foi descoberto na época de Dom **Manuel**. Rua Padre João **Manuel**. Avenida Brigadeiro **Luís Antônio**.*

Observe: *Elisa, Inês, Luísa, Susana, Teresa, Teresinha, Juçara, Luís, Sousa, Cleusa.*

Obcecado — Obsedado

Obcecado: particípio de **obcecar** — cegar, ofuscar, turvar o entendimento, induzir ao erro. Há *obcecação, obcecador, obcecante.*

Obsedado: particípio de **obsedar** — importunar com assiduidade, molestar. Daí, obsessão: impertinência, idéia fixa, mania. Há *obsedante, obsediante, obsediar, obsessivo, obsesso, obsessor*. Portanto, quem tem obsessão é um obsedado.

Onde — Aonde — Donde

Onde: indica situação estática, sem movimento — *É agradável **onde** estamos.*

Aonde: indica movimento, situação dinâmica, equivale a *para onde* — ***Aonde** você vai?*

Donde: indica origem — *Não sei **donde** vem.*

Pode-se empregar **de onde**, mas não se emprega "da onde" nem "adonde".

Óptico — Ótico

Óptico: relativo à vista ou óptica — *Nas novas instalações telefônicas foi utilizada fibra **óptica**.*

Ótico: relativo ao ouvido — *É um problema **ótico**, consulte um otorrinolaringologista.*

Paisinho — Paizinho

Paisinho: é diminutivo de país — *Andorra é um **paisinho**.*

Paizinho: é diminutivo de pai — *A criança procurava o **paizinho**.*

Pajé — Pajem

Pajé: Grafa-se com **j** por ser de origem indígena — *O **pajé** desentendeu-se com o cacique.*

Pajem: é com **j**, por causa da origem francesa — *A **pajem** foi ao jardim com a criança.*

Por isso

Sempre se deve separar a preposição do pronome: *Estuda, **por isso** sabe.*

Por que — Porque — Por quê — Porquê

***Por que** você não veio ontem?* (interrogativo no início de frase)

***Porque** não pude.* (indica a causa)

*Você não veio ontem **por quê**?* (interrogativo em fim de frase)

*Não posso dizer-lhe o **porquê** da falta.* (substantivo = o motivo)

*É uma resposta **por que** não esperava.* [relativo = *pela(o) qual, pelas(os) quais*]

*Não sei **por que** ela faltou.*

Privilégio

Grafa-se com **i** na sílaba inicial.

Ratificar — Retificar

Ratificar: confirmar, validar.

Retificar: tornar reto, corrigir.

*Após negociações, foi **retificada** e **ratificada** a escritura.*

Recorde

Escreva em português e pronuncie "recórde".

*Nas Olimpíadas foram batidos vários **recordes** de natação.*

Como adjetivo, é invariável: *índices **recorde**.*

Se não — Senão

Se não: equivale a caso não — *Iremos **se não** chover. Está rico, **se não** riquíssimo.*

Há possibilidade de intercalar um vocábulo entre **se** e **não** — ***Se** (você) **não** souber, diga.*

Senão: equivale a aliás, quando não, de outro modo: *Volte, **senão** será demitido.*

*Assinaram não só como testemunhas **senão** como consentidoras.*

a não ser: *Não creio **senão** em ti.*

exceto, menos: *Não vinha à cidade **senão** para receber.*

substantivo: defeito — *O vaso de cristal não tinha um **senão**.*

Sendo que

É construção agramatical; não há necessidade de usá-la.

Seção — Sessão

Seção (ou secção): divisão, corte, compartimento — *Trabalha na **seção** de pessoal.*

Sessão: tempo de uma reunião — *Não houve **sessão** na Câmara dos Deputados.*

Soar — Suar

Soar: produzir som, ecoar — *Esta pronúncia não **soa** muito bem.*

Suar: transpirar — *É claro que no verão ele **sua** muito mais.*

Viger

Vigorar: *A lei que **vige** é esta mesma.*

Vultoso — Vultuoso

Vultoso: volumoso — *Foi **vultoso** o prejuízo com a inundação.*

Vultuoso: com congestão da face — *O rosto **vultuoso** parecia uma feia máscara.*

Xampu

É a forma correta — *Lavou os cabelos com **xampu** neutro.*

Xerox

Pronuncie *cherócs*. Seu plural é igual ao singular: *Tirou duas **xerox** do relatório.* Pode-se usar também a palavra **xerocópia**.

EXERCÍCIOS

1. Complete com uma das formas indicadas entre parênteses:

a) Muito bem! Seu apoio à campanha veio ______________ nossos desejos. (ao encontro de / de encontro a)

b) Não chegue nunca ______________ a uma audiência. (atrasado / atrazado)

c) O Presidente falou ______________ Brasília para o país. (de / desde)

d) Dráusio está ______________ pela política acadêmica. (obcecado / obsedado)

e) A cerca tem ferros ______________. (ponteagudos / pontiagudos)

f) Encontraram o ______________-falante com o suspeito. (alto / auto)

g) O prefeito falou ______________ de vinte jornalistas. (a cerca / acerca)

h) Este caso não é da sua ______________. (alçada / auçada)

i) Mudou o modo de atuar, agora vende só ______________ atacado. (no / por)

j) Houve ______________ protestos contra a medida. (bastante / bastantes)

l) ______________ de indicar no mapa, descreveu o trajeto. (em vez / ao invés)

m) A lei deverá ______________ a partir de 1º de janeiro. (viger / vigir)

n) Sem represálias! Isto é coisa de gente ______________. (à toa / à-toa)

o) O ______________ quebrou e ela caiu. (corremão / corrimão)

p) Na ______________ deram uma ______________ ao guia. (excurção / excursão — gorgeta / gorjeta)

q) Ruiu porque a ______________ estava em ______________ estado. (lage / laje — mal / mau)

r) ______________ não pesquisaram mais? (Por que / Porque)

s) O desfalque foi, realmente, ______________. (vultoso / vultuoso)

t) Por divergências com o sócio, ______________ o negócio. (destratou / distratou)

u) A equipe toda está bem animada, com ______________ moral. (muita / muito)

v) Eu nunca entendi o ______________ dessa atitude. (porque / porquê)

x) Reclamei com muita ______________ contra a injustiça. (intenção / intensão)

z) O candidato pleiteia um ______________ no Senado. (mandado / mandato)

2. Repita o procedimento do exercício anterior com as frases a seguir:

a) Quero saber o motivo ________ voltaram tão tarde. (porque / por que)

b) O oftalmologista examinou-lhe o nervo ________. (óptico / ótico)

c) Estavam ________ por ter-se quebrado o ar-condicionado. (soados / suados)

d) A estrada ________ vim estava congestionada. (porque / por que / por quê)

e) Lídia será auxiliar ________. (administrativa / administrativo)

f) O desembargador discorreu ________ das novas leis. (a cerca / acerca)

g) O ________ da diretoria foi demitido. (acessor / assessor)

h) Tem alergia por desodorante ________ base de álcool. (a / à / com)

i) A secretária sempre agiu com ________. (descrição / discrição)

j) Tem várias funções, serve de ________ no governo. (coringa / curinga)

l) É um grande ________ estudar aqui. (previlégio / privilégio)

m) Comunicou a data ________ de um memorando. (através / por meio)

n) Parece que Elsa não está ________ de trabalhar hoje. (a fim / afim)

o) O grêmio organizou um bazar ________. (beneficente / beneficiente)

p) Deve ser esta a causa ________ o aparelho falhou. (por que / porque)

q) É um assunto já resolvido ________ nível de diretoria. (a / à / ao / em)

r) Certamente não está ________ par das alterações tributárias. (a / ao)

s) É necessário que a xerocópia seja ________. (altenticada / autenticada)

t) Foram ________ reclamar ao delegado. (em três / três)

u) Este argumento foi ________ aceito que o anterior. (mais bem / melhor)

v) Por vezes não sabemos o ________ de suas reações. (por quê / porquê)

x) A ________ da aeronave foi perfeita. (aterrisagem / aterrissagem)

z) Esqueceu-se de fazer o ________ do débito indevido. (estorno / extorno)

3. Repita o procedimento do exercício anterior com as frases a seguir:

a) Sua ________ encantou-nos. (espontaneidade / expontaniedade)

b) Ela quis elementos ________ para melhor ventilação do ambiente. (vasados / vazados)

c) Viajou de ________ a ________. (Mogi-Guassu / Mogi Guaçu / Moji Guassu / Moji Guaçu — Piraçununga / Pirassununga)

d) Comprou um bom ______________________. (shampoo / xampu)

e) Conheci __________________ tempos um promotor poeta. (a / há)

f) Não olhe para ______________________, olhe sempre para frente. (trás / traz)

g) Apagaram-se as luzes na hora ______________________ se pronunciar. (de ele / dele)

h) Não sabemos ______________________ ela vai a esta hora. (aonde / onde)

i) O governo quer saber ______________________ subiu o preço do ______________________ mole. (por que / porque — cochão / coxão)

j) Todos, sem ______________________, devem saldar os débitos. (exceção / excessão)

l) Apresentou-lhe ______________________ pela vitória. (comprimentos / cumprimentos)

m) A empresa fez ______________________ de um terreno para a Atlética. (cessão / sessão)

n) O ______________________ musical foi com obras de Mozart. (concerto / conserto)

o) Os processos novos estão ______________________ dos antigos. (de baixo / debaixo)

p) — ________________ ? ________________? Não mereço isto! (Por que / Por quê)

q) Às vezes, o ______________________ no fórum é desgastante. (dia a dia / dia-a-dia)

r) Esforçaram-se muito, de ______________________ que se saíram bem. (forma / formas)

s) Somos ______________________ de justiça. (espectadores / expectadores)

t) Carga ______________________ tem de ser transportada com cuidado. (gasosa / gazosa)

u) Este é o ponto ______________________ ele batalhará sempre. (por que / porque)

v) Hoje a entrada é ______________________ para menores. (gratuita / gratuíta)

x) É um processo ainda ______________________; é de ontem. (incipiente / insipiente)

z) Está decepcionado, não teve ______________________ voto favorável. (nem um / nenhum)

Parte 3

Exercícios da OAB

Exercícios selecionados do 127º Exame da OAB-SP

A ordem numérica dos exercícios foi mantida de acordo com o exame da OAB, por isso os exercícios não seguirão a ordem numérica usual.

1ª fase

Direito constitucional

1. Por meio de ação direta de inconstitucionalidade e de ação declaratória de constitucionalidade, processadas junto ao Supremo Tribunal Federal, poderão ser questionadas:

a) as Emendas à Constituição Federal e as leis federais, estaduais e municipais.

b) as leis federais, estaduais e municipais.

c) as leis federais e estaduais.

d) as leis federais.

2. A lei complementar deve ser aprovada por quórum de maioria:

a) absoluta, como a lei ordinária.

b) simples, como a lei ordinária.

c) absoluta, diferente da lei ordinária.

d) simples, diferente da Emenda à Constituição.

3. Lei ordinária federal, dispondo sobre o aumento da remuneração dos servidores públicos da União, cujo projeto de lei tenha sido apresentado por Senador, e que tenha sido promulgada pelo Congresso Nacional:
   a) contém vício formal de inconstitucionalidade, podendo ser questionado via controle difuso.
   b) contém vício material de inconstitucionalidade, podendo ser questionado via controle difuso.
   c) contém vício material de inconstitucionalidade, podendo ser questionado via controle concentrado.
   d) não contém vício de inconstitucionalidade.

4. A Constituição da República assegura aos membros do Poder Judiciário, no primeiro grau:
   a) vitaliciedade, adquirida após três anos de exercício, dependendo a perda do cargo, nesse período, de sentença judicial transitada em julgado.
   b) inamovibilidade, salvo por determinação do Presidente do respectivo Tribunal.
   c) foro privilegiado, junto ao Supremo Tribunal Federal.
   d) irredutibilidade de subsídio.

5. As comissões parlamentares de inquérito da Câmara dos Deputados e do Senado Federal:
   a) podem promover a responsabilidade civil e penal dos infratores.
   b) possuem poderes de investigação próprios das autoridades judiciais.
   c) podem ser criadas por prazo indeterminado.
   d) possuem poderes de investigação próprios das autoridades policiais.

Direito administrativo

11. Quando o administrador socorre-se de parâmetros normativos e se vale de procedimentos técnicos e jurídicos prescritos pela Constituição e pela lei, para balancear os interesses em jogo e tomar uma decisão que tenha mais legitimidade, diz-se que ele:
    a) instituiu privilégio para atender ao princípio da supremacia do interesse público.
    b) aplicou a verticalidade das relações entre Estado e particular.
    c) exerceu discricionariedade.
    d) realizou uma competência vinculada.

12. O Código de Trânsito Brasileiro — CTB delegou ao Conselho Nacional de Trânsito — CONTRAN a competência para regulamentar seus dispositivos. Se ao editar a resolução regulatória o CONTRAN exorbita dessa competência, o Congresso Nacional:
    a) pode sustar os efeitos da resolução, por meio de Decreto Legislativo.
    b) não pode sustar os efeitos da resolução, pelo princípio da separação dos poderes.
    c) pode sustar os efeitos da resolução, desde que o Poder Judiciário dê autorização específica.
    d) não pode sustar os efeitos da resolução, a não ser que edite lei revogando o CTB.

13. Um prefeito, iniciando seu mandato, decidiu revogar uma licitação que havia sido vencida por uma empresa que apoiara um candidato de outro partido político, e que se encontrava em fase de adjudicação. Pode o novo prefeito fazer isso?

a) Não, porque isso seria sempre considerado desvio de poder.

b) Não, porque a licitação já se encontrava em fase de adjudicação.

c) Sim, desde que comprove ilegalidade no procedimento da licitação.

d) Sim, desde que haja fatos supervenientes que comprovem que a contratação objeto da licitação não é conveniente nem oportuna.

14. Um Estado iniciou processo licitatório sem respaldo orçamentário, tendo celebrado o contrato com a empresa licitante vencedora. O Tribunal de Contas da União, com base na Lei de Responsabilidade Fiscal, determinou ao Chefe do Executivo que anulasse o contrato e a licitação prévia. A empresa contratada deveria ser ouvida antes da decisão do Tribunal de Contas?

a) Não, porque a Lei de Responsabilidade Fiscal obriga o ente público, não o particular.

b) Sim, como corolário da garantia constitucional da ampla defesa e do contraditório.

c) Sim, desde que a empresa, na qualidade de administrado, represente ao Tribunal.

d) Não, porque contratos administrativos sem respaldo orçamentário constituem crime de responsabilidade fiscal.

15. Servidores aprovados em concurso público para provimento efetivo, em vez de serem nomeados para esses cargos, são contratados temporariamente, a título precário, contratações essas que são prorrogadas por várias vezes. Este posicionamento pode ser considerado correto?

a) Não, sob o aspecto de que a autoridade administrativa estaria incidindo em desvio de finalidade, por não proceder à nomeação em situação que não se trata de necessidade temporária.

b) Sim, porque a Constituição Federal permite a contratação temporária, a qualquer tempo, e o administrador estaria obedecendo ao princípio da eficiência, postergando as conseqüências pecuniárias do direito à estabilidade no serviço público.

c) Nunca, porque na contratação por tempo determinado para atender à necessidade temporária de excepcional interesse público não se permite a contratação de servidor efetivo.

d) Sim, visto que se trata de provimento em comissão, em que há discricionariedade do administrador na contratação e na exoneração.

Direito civil

21. A emancipação do menor estará correta, se:

a) o menor tiver 16 (dezesseis) anos completos.

b) por concessão dos pais, ao menor de 16 (dezesseis) anos completos, por instrumento público, homologado judicialmente.

c) o menor tiver 16 (dezesseis) anos completos, concedida por seus pais por instrumento público, independentemente de homologação judicial.

d) o menor tiver 16 (dezesseis) anos completos, por sentença do juiz, independentemente de ser ouvido o tutor.

22. Os direitos da personalidade são irrenunciáveis e:

a) intransmissíveis, não podendo o seu exercício sofrer limitação voluntária.

b) disponíveis, podendo o seu exercício sofrer limitação voluntária.

c) intransmissíveis, podendo o seu exercício sofrer limitação voluntária.

d) intransmissíveis, podendo o seu exercício sofrer, parcialmente, limitação voluntária.

23. Antônio obrigou-se a entregar a Benedito, Carlos, Dario e Ernesto um touro reprodutor, avaliado em R$ 80.000,00 (oitenta mil reais). Embora bem guardado e bem tratado em lugar apropriado, foi esse animal atingido por um raio, vindo a morrer. Nesse caso, a obrigação é:

a) indivisível e tornou-se divisível, com o perecimento do objeto por culpa do devedor.

b) tão-somente indivisível, com ausência de culpa do devedor, ante o perecimento do objeto.

c) solidária, devendo o valor de R$ 80.000,00 (oitenta mil reais) ser entregue a qualquer dos credores, em lugar do objeto perecido.

d) indivisível e tornou-se divisível com o perecimento do objeto, sem culpa do devedor.

24. É correto afirmar que:

a) as dívidas de jogo ou de aposta obrigam a pagamento, quando cobradas pelo credor.

b) o fiador, ainda que solidário, ficará desobrigado se o credor conceder moratória ao devedor, sem o consentimento do mesmo fiador.

c) não é admissível, na transação, a pena convencional (ou multa).

d) aquele que, sem justa causa, se enriquecer à custa de outrem, será obrigado a reembolsar/restituir tão-somente o que auferiu indevidamente.

25. Existe responsabilidade civil por ato:

a) abusivo, ainda que sem culpa do agente.

b) lícito ou por fato jurídico, independentemente de culpa, somente nos casos especificados em lei.

c) lícito ou por fato jurídico, independentemente de culpa, tão-só quando constatar-se risco ao direito de outrem.

d) ilícito, apurando-se a culpa do agente.

Direito processual civil

31. Os embargos do devedor serão rejeitados, liminarmente, quando:

a) houver incompetência do juízo da execução, bem como suspeição ou impedimento do juiz.

b) apresentados fora do prazo legal de 5 (cinco) dias, contados da juntada aos autos da prova da citação.

c) fundados na falta ou nulidade de citação no processo de conhecimento que tenha corrido à sua revelia.

d) apresentados fora do prazo legal de 10 (dez) dias, contados da juntada aos autos da prova da intimação da penhora.

32. Relativamente ao processo de inventário, assinale a alternativa INCORRETA.

a) O requerimento de inventário e de partilha incumbe a quem esteja na posse e administração do espólio.

b) O inventário e a partilha devem ser requeridos dentro de 30 (trinta) dias, a contar da abertura da sucessão, e o requerimento feito após esse prazo implica o seu indeferimento pelo juiz.

c) Apresentadas as primeiras declarações, o juiz mandará citar, para os termos do inventário e da partilha, o cônjuge, os herdeiros, os legatários, a Fazenda Pública, o Ministério Público, se houver herdeiro incapaz ou ausente, e o testamenteiro, se o falecido deixou testamento.

d) Feitas as citações, o juiz abrirá vista às partes interessadas, em cartório e pelo prazo comum de 10 (dez) dias, para se manifestarem sobre as primeiras declarações, cabendo às partes interessadas argüir erros e omissões, reclamar contra a nomeação do inventariante, contestar a qualidade de quem foi incluído no título de herdeiro.

33. Leia as assertivas abaixo:

I. A citação válida torna prevento o juízo, induz litispendência e faz litigioso o bem jurídico sobre o qual controvertem as partes.

II. A citação válida ocasiona a suspensão da prescrição.

III. A citação deve ser feita pessoalmente ao réu, sendo certo que, quando o réu for menor impúbere, a citação será feita a seu representante legal.

IV. A citação não será realizada, em quaisquer circunstâncias, no dia do casamento do réu, e nos cinco dias seguintes.

São INCORRETAS APENAS:

a) I e II.

b) II, III e IV.

c) II e IV.

d) III e IV.

34. Sérgio interpôs recurso de agravo de instrumento contra decisão contrária a seus interesses proferida nos autos de uma ação de reparação de danos. A interposição do recurso de agravo de instrumento deu-se no 5º dia do prazo legal de 10 (dez) dias. Ocorre, entretanto, que Sérgio percebeu, após a interposição do recurso, que poderia ter se utilizado de outros argumentos, mais eficientes. Além disso, poderia ter requerido que fosse concedido efeito ativo ao seu recurso, o que também não fez. Como o prazo ainda não se exauriu, ele pretende substituir seu recurso por outro, melhor elaborado. Nesse caso, Sérgio:

a) poderá substituir seu recurso.

b) não poderá substituir seu recurso em razão da ocorrência de preclusão temporal.

c) não poderá substituir seu recurso em razão da ocorrência de preclusão consumativa.

d) não poderá substituir seu recurso em razão da ocorrência de preclusão lógica.

35. Tratando-se de Recurso Extraordinário ou de Recurso Especial, é correto afirmar:

a) Por meio desses recursos não se pode pleitear a revisão da matéria de fato. Além disso, os possíveis fundamentos e hipóteses de cabimento, tanto do Recurso Especial quanto do Extraordinário, estão previstos na Constituição Federal.

b) Para que sejam interpostos, é necessário que sejam formados instrumentos, já que esses recursos seguem para os órgãos julgadores, enquanto os autos de que se originaram permanecem arquivados no Tribunal *a quo*.

c) Tanto o Recurso Especial quanto o Extraordinário sempre possuem efeito suspensivo, paralisando a decisão impugnada.

d) O Recurso Especial, ou o Extraordinário, quando interposto contra decisão interlocutória ficará retido nos autos e somente será processado se o reiterar a parte, no prazo para a interposição do recurso contra a decisão de primeiro grau, ou nas contra-razões de apelação. Importante ressaltar que essa retenção somente se dá no processo de conhecimento.

Direito comercial

41. A Lei nº 11.101/2005, que disciplina a recuperação judicial e extrajudicial, bem como a falência:

a) aplica-se aos processos de recuperação judicial desde que não vencidas as obrigações contraídas no âmbito da concordata.

b) aplica-se aos processos de falência e concordata ajuizados antes do início de sua vigência.

c) aplica-se aos processos de falência ajuizados antes do início de sua vigência apenas em relação aos crimes falimentares.

d) não se aplica aos processos de falência e concordata ajuizados antes do início de sua vigência.

42. O processo de recuperação judicial aplica-se:

a) a qualquer tipo de sociedade.

b) às sociedades empresárias.

c) às sociedades empresárias, inclusive instituições financeiras.

d) às sociedades empresárias, inclusive sociedades seguradoras.

43. O plano de recuperação judicial deverá ser apresentado:

a) no prazo assinalado pelo Juiz, não superior a 60 (sessenta) dias.

b) em Juízo no prazo de 120 (cento e vinte) dias da publicação da decisão do Juiz que deferir o processamento da recuperação judicial.

c) em Juízo no prazo de 60 (sessenta) dias da publicação da decisão do Juiz que deferir o processamento da recuperação judicial.

d) no prazo assinalado pelo Juiz, não superior a 120 (cento e vinte) dias.

44. O sócio de uma sociedade simples que:

a) ceder suas quotas, responde, por dois anos, depois de averbada a modificação do contrato, solidariamente com o cessionário, perante a sociedade e terceiros, pelas obrigações que tinha como sócio.

b) ceder parte ou totalidade de suas quotas, poderá fazê-lo sem o consentimento dos demais sócios, desde que tenha participação majoritária no capital social.

c) contribuir com seus serviços à sociedade, pode empregar-se em atividade estranha à mesma, independentemente de convenção no contrato social, desde que avise os demais sócios.

d) vier a ser admitido em sociedade já constituída, exime-se das dívidas sociais anteriores à admissão.

45. Assinale a afirmativa INCORRETA.

a) É livre a cessão de quotas de capital se não houver oposição de titulares de mais de ¼ (um quarto) do capital social.

b) O uso da firma ou denominação social é privativa dos administradores que tenham os necessários poderes, bem como dos sócios titulares da maioria das quotas que compõem o capital social.

c) A existência de conselho fiscal é facultativo nas sociedades empresárias e obrigatória nas sociedades por ações de capital aberto.

d) A destituição do administrador de sociedade empresária exige a deliberação de sócios cujos votos representem mais da metade do capital social.

Direito penal

51. Em relação ao objeto jurídico e objeto material, assinale a alternativa correta.

a) No crime de furto, o objeto jurídico é a coisa subtraída e o objeto material é a propriedade.

b) No crime de homicídio, o objeto jurídico é a vida humana e o objeto material é o instrumento utilizado para o crime.

c) No crime de falsidade documental, o objeto jurídico é a fé pública e o objeto material é o documento falsificado.

d) No crime de prevaricação, o objeto jurídico é a regularidade da administração pública e o objeto material é o bem lesado.

52. Se o agente atua por erro plenamente justificável pelas circunstâncias e supõe que se encontra em situação de perigo, haverá:

a) estado de necessidade putativo.

b) estado de necessidade real.

c) legítima defesa putativa.

d) legítima defesa real.

53. A regra geral é a de que o sentenciado pode progredir de regime de pena quando o seu mérito o recomende e tenha cumprido no regime anterior pelo menos:

a) um terço da pena.

b) um sexto da pena.

c) metade da pena.

d) dois terços da pena.

54. ***Aberratio ictus*** e ***aberratio criminis*** são:

a) expressões diversas utilizadas para se referir ao mesmo instituto.

b) institutos diferentes e há *aberratio criminis* quando o agente, em vez de atingir a pessoa que pretendia ofender, atinge pessoa diversa.

c) institutos diferentes e há *aberratio ictus* quando, por erro na execução do crime, sobrevém resultado diverso do pretendido.

d) institutos diferentes e há *aberratio criminis* quando, por erro na execução do crime, sobrevém resultado diverso do pretendido.

55. Entre os crimes abaixo, aponte os que são, respectivamente, de ação penal pública incondicionada, ação penal pública condicionada e ação penal privada:

a) furto, injúria e dano simples.
b) roubo, violação de segredo profissional e ameaça.
c) homicídio simples, ameaça e dano simples.
d) violação de segredo profissional, furto e injúria.

Direito processual penal

61. Se o juiz, por discordar do pedido de arquivamento de inquérito policial formulado por membro do Ministério Público estadual, remete os autos ao Procurador-Geral de Justiça, este, se discordar do juiz, entendendo que a ação penal deve ser promovida:

a) deverá, ele próprio, oferecer denúncia.
b) poderá, ele próprio, oferecer a denúncia ou designar um promotor de justiça para oferecê-la, diverso daquele que pediu o arquivamento.
c) deverá designar um promotor de justiça para oferecer a denúncia.
d) poderá, ele próprio, oferecer a denúncia ou designar um promotor de justiça para oferecê-la, o qual pode ou não ser o mesmo promotor que pediu o arquivamento.

62. O protesto por novo júri:

a) permite, como na correição parcial, juízo de retratação pelo juiz de direito.
b) é, como na apelação, interposto perante o juiz de primeiro grau, para ser julgado por tribunal de segundo grau.
c) é, diferentemente dos embargos de declaração, interposto perante o juiz de primeiro grau para ser julgado por tribunal de segundo grau.
d) é, diferentemente do recurso em sentido estrito, recurso exclusivo do acusado.

63. Em relação à competência da Justiça Militar Estadual, assinale a alternativa correta.

a) O juiz de direito não julga singularmente, sendo a competência para julgamento de crimes militares exclusiva das Auditorias Militares.
b) O juiz de direito julga singularmente os crimes impropriamente militares e o Conselho de Justiça julga os crimes propriamente militares.
c) O juiz de direito julga singularmente os crimes militares cometidos contra civis e o Conselho de Justiça julga os demais crimes militares.
d) O juiz de direito julga singularmente todos os crimes militares, exceto os praticados por Oficiais Militares.

64. Assinale, em relação à produção da prova, a alternativa correta.

a) A busca domiciliar, por ser medida de natureza cautelar, só se justifica quando presente o *fumus boni juris,* ou seja, somente quando fundadas razões a autorizarem.
b) Não há diferença entre o direito de arrolar testemunha e o direito de requerer a inquirição de testemunha.
c) O Código de Processo Penal regula, expressamente, o reconhecimento fotográfico, determinando que sejam mostradas ao reconhecedor quatro fotos semelhantes, incluindo-se a da pessoa que deveria ser reconhecida.
d) O Código de Processo Penal prevê que as perícias sejam feitas por dois peritos, sempre oficiais.

65. No tocante à prisão processual e à liberdade provisória, é INCORRETO afirmar:

a) Encerrado o período da prisão temporária, sem prorrogação, a pessoa presa deve ser imediatamente posta em liberdade, independentemente de expedição de alvará de soltura pelo juiz.

b) Não é possível decretar nova prisão preventiva após revogação de prisão preventiva anterior.

c) A Lei dos Crimes Hediondos permite a apelação em liberdade.

d) A autoridade policial pode conceder fiança nas infrações punidas com detenção ou prisão simples.

Direito do trabalho

71. NÃO está incluída entre as fontes supletivas ou subsidiárias mencionadas pelo art. 8º, da CLT:

a) a analogia.

b) o direito comparado.

c) a jurisprudência.

d) o acordo coletivo de trabalho.

72. É empregado doméstico:

a) copeira de escritório de arquitetura.

b) cozinheiro de pensão de terceira classe.

c) vigia contratado por diretor de empresa multinacional para tomar conta de sua residência.

d) caseiro de sítio que se dedica à criação de galinhas, destinadas à venda em mercado.

73. Segundo a nova lei de recuperação judicial, o crédito derivado da legislação do trabalho é:

a) o mais privilegiado de todos, em sua totalidade.

b) o mais privilegiado de todos, até o limite de 150 (cento e cinqüenta) salários mínimos.

c) privilegiado em sua totalidade, sendo satisfeito imediatamente após os créditos tributários.

d) privilegiado até o limite de 150 (cento e cinqüenta) salários mínimos, sendo satisfeito imediatamente após os créditos tributários.

74. O salário, no direito brasileiro, é:

a) absolutamente impenhorável.

b) impenhorável, salvo excepcionalmente.

c) absolutamente impenhorável até o valor de dois salários mínimos.

d) absolutamente impenhorável até o valor de dez salários mínimos.

75. As centrais sindicais, no direito vigente, são:

a) entidades sindicais de superposição, formadas pela reunião de diferentes sindicatos, federações e confederações.

b) entidades sindicais de primeiro grau.

c) entidades sindicais de segundo grau.

d) associações civis, sem personalidade sindical.

Direito tributário

81. Sobre as formas de extinção do crédito tributário, é correto afirmar:

a) as formas de extinção do crédito tributário mencionadas pelo artigo 156 do CTN ocorrem sempre após o lançamento.

b) a moratória concedida por prazo superior a 5 (cinco) anos extingue o crédito tributário.

c) a anistia, assim como a remissão, extingue o crédito tributário decorrente da falta de recolhimento do tributo.

d) as causas que modificam o crédito tributário não atingem a obrigação que lhe deu origem.

82. A legislação designa como contribuinte do Imposto sobre a Propriedade de Veículos Automotores (IPVA):

a) o proprietário do veículo automotor em 1º de janeiro de cada ano, sem consideração à data de aquisição do veículo.

b) o adquirente de veículo automotor usado, considerando-se também ser fato gerador deste tributo a sua transferência.

c) o transmitente do veículo automotor, considerando-se ser fato gerador deste tributo a sua transferência.

d) o fabricante ou importador, no caso de veículos novos mantidos em estoque.

83. Assinale a alternativa correta.

a) Somente a União pode instituir, mediante lei ordinária, impostos extraordinários cujos fatos geradores e bases de cálculo sejam diversos daqueles já previstos na Constituição Federal.

b) Somente a União pode instituir, mediante lei ordinária, outras fontes destinadas a garantir a manutenção da seguridade social, desde que os respectivos fatos geradores e bases de cálculo sejam diversos daqueles já previstos na Constituição Federal.

c) Somente a União pode instituir, mediante lei complementar, impostos extraordinários cujos fatos geradores e bases de cálculo sejam diversos daqueles já previstos na Constituição Federal.

d) A União, os Estados, o Distrito Federal e os Municípios podem, concorrentemente, instituir, apenas mediante lei complementar, impostos extraordinários cujos fatos geradores e bases de cálculo sejam diversos daqueles já previstos na Constituição Federal.

84. Considerando o disposto no artigo 153, § 4º, III, da Constituição Federal, acerca do Imposto sobre a propriedade Territorial Rural — ITR, NÃO é correto afirmar que:

a) há transferência da competência tributária da União para os Municípios.

b) aos Municípios é vedado editar lei acerca da instituição do ITR.

c) é possível a transferência de capacidade tributária ativa, da União para os Municípios.

d) os Municípios poderão, na forma da lei, efetuar o lançamento do imposto em relação às propriedades rurais que se encontrem localizadas em seu território.

85. Contribuinte questiona a cobrança de um tributo e obtém liminar para não recolhê-lo. Durante a vigência da liminar:

a) o contribuinte não poderá ser autuado sob pena de o funcionário da administração ser responsabilizado por crime de desobediência.

b) o contribuinte poderá ser autuado com cobrança de juros e imposição de multa.
c) o fato de ter ingressado com medida judicial implica renúncia ao processo administrativo, de tal forma que não se justifica a autuação fiscal.
d) o contribuinte poderá ser autuado para que se evite eventual perecimento do direito, mas sem imposição de multa.

Ética profissional e estatuto

91. A suspensão preventiva do advogado é aplicada:
a) apenas quando referendada pelo Conselho Seccional.
b) pelo prazo de conclusão do processo disciplinar.
c) pelo prazo máximo de 90 (noventa) dias, quando o processo disciplinar deverá estar concluído.
d) apenas após a condenação em processo disciplinar e enquanto estiver pendente recurso para o órgão superior.

92. A inviolabilidade do escritório do advogado:
a) é regulada pelo Código de Processo Penal.
b) é princípio constitucional.
c) decorre de norma penal que tipifica o crime de violação do segredo profissional.
d) é direito consagrado no Estatuto da Advocacia.

93. É direito do advogado dirigir-se diretamente ao magistrado:
a) apenas quando autorizado.
b) nas salas e gabinetes de trabalho.
c) apenas em audiência.
d) apenas nos horários fixados pelo mesmo.

94. Os dirigentes de órgãos jurídicos da Administração Pública são:
a) exclusivamente legitimados para o exercício da advocacia vinculada à função que exerçam, durante o período da investidura.
b) legitimados para o exercício da advocacia em causa própria.
c) impedidos do exercício da advocacia apenas em questões contra o órgão da Administração Pública do qual são dirigentes.
d) impedidos do exercício da advocacia apenas em questões contra a Administração Pública integrada pelo órgão do qual são dirigentes.

95. A pena pecuniária aplicada ao advogado infrator:
a) é repassada para o cliente que o representou.
b) é recolhida em favor do Conselho Federal.
c) é recolhida em favor do Conselho Seccional.
d) constitui receita da Caixa de Assistência dos Advogados.

2ª fase

Civil

Ponto 1

João Macedo é desenhista ("designer") de produtos, na Cidade de São Paulo, onde é domiciliado. Ao ser contratado para participar de um grande projeto, João adquiriu um microcomputador portátil ("notebook") de última geração, da loja ABC Eletronics Ltda., sediada na Cidade de Curitiba (PR), pelo valor de R$ 15.000,00 (quinze mil reais). O produto, fabricado pela empresa Pearl Inc., norte-americana, é importado com exclusividade por algumas lojas no Brasil, como a ABC Eletronics. O produto não possui qualquer prazo de garantia além daqueles informados no Código de Defesa do Consumidor. João efetuou a compra do produto pelo telefone e solicitou a entrega do mesmo em sua residência. O pagamento foi debitado em uma única prestação em seu cartão de crédito. Três dias depois da compra, o microcomputador foi entregue na residência de João. Seguindo todas as instruções contidas no manual, João tentou ligar o aparelho, sem sucesso, já que o produto simplesmente não funcionava. Quatro dias depois da compra, João dirigiu-se à ABC Eletronics, em Curitiba (PR), para exigir a substituição do produto, e foi informado de que a empresa, por ser representante da marca do computador, possuía um serviço de assistência técnica para onde o produto deveria ser encaminhado para verificar as razões pelas quais não ligava. João assinou e recebeu cópia de uma ordem de serviço para comprovar o envio do produto ao conserto. Trinta dias depois, o produto retornou da assistência técnica. João testou o aparelho na própria loja e constatou que, apesar do equipamento ligar, o monitor apresentou defeitos na imagem. Irritado, João recusou-se a retirar o produto e exigiu, dessa vez, a restituição da quantia paga. Ao ter seu pedido negado, João deixou a loja, levando o aparelho defeituoso, após protocolar um documento informando sua insatisfação e exigindo a devolução do dinheiro. Como nada foi feito, João procurou um advogado para providências judiciais, pretendendo receber tudo o que gastou, corrigido monetariamente, além de perdas e danos.

QUESTÃO: Como advogado(a) de João, promova a demanda cabível, sabendo que, além de o produto não funcionar direito, João, para concluir o projeto para o qual foi contratado, precisou alugar um equipamento similar, por trinta dias, pelo valor total de R$ 3.000,00 (três mil reais).

Ponto 2

João Macedo é desenhista ("designer") de produtos, na Cidade de São Paulo, onde é domiciliado. Contratado para participar de um grande projeto, pelo qual receberia, ao final, R$ 50.000,00 (cinqüenta mil reais), João adquiriu um microcomputador portátil ("notebook") de última geração, da loja ABC Eletronics Ltda., sediada na Cidade de Curitiba (PR), pelo valor de R$ 15.000,00 (quinze mil reais). O produto, fabricado pela empresa Pearl Inc. norte-americana, é importado, com exclusividade, pela empresa Brasil Connection Ltda., sediada na cidade de Manaus (AM). O produto não possui qualquer prazo de garantia além daqueles informados no Código de Defesa do Consumidor. João efetuou a compra do produto pelo telefone e solicitou a entrega do mesmo em sua residência. O pagamento foi debitado em uma única prestação em seu cartão de crédito. Três dias depois da compra, o microcomputador foi entregue na residência de João. Seguindo todas as instruções contidas no manual, atento à voltagem do aparelho e da rede elétrica de sua residência, João ligou o aparelho. Após alguns minutos de funcionamento, o aparelho apresentou problema de superaquecimento, tendo iniciado um incêndio. Por ter inalado a fumaça expelida pelo aparelho, João apresentou problemas respiratórios que demandaram atendimento médico-hospitalar, que lhe custou R$ 1.000,00, além de duas semanas de absoluto repouso que impossibilitou a realização do projeto para o qual foi contratado. Seis dias depois da compra, João entrou em contato telefônico com a ABC Eletronics, em Curitiba (PR), para exigir a substituição do produto, que lhe forneceu o endereço de uma empresa de assistência técnica autorizada em Curitiba, para onde o produto deveria ser encaminhado. João providenciou o envio do produto para a empresa de assistência técnica, tendo recebido uma ordem de serviço, comprovando o envio do produto ao conserto. Trinta dias depois, o produto retornou da assistência técnica, onde foi constatado defeito no sistema de alimentação elétrica do aparelho, tendo sido enviado para a residência de João, que imediatamente o testou, tendo constatado que, apesar de o equipamento ligar, o monitor apresentava defeitos na imagem. Irritado, João exigiu a restituição da quantia paga, comprometendo-se a devolver o aparelho defeituoso. Ao ter seu pedido negado, João enviou, por carta registrada, um documento informando sua insatisfação e exigindo a devolução de seu dinheiro. Como nada foi feito, João procurou um advogado para providências judiciais, pretendendo receber tudo o que gastou, corrigido monetariamente, além de perdas e danos.

QUESTÃO: Como advogado(a) de João, promova a demanda cabível.

Ponto 3

Ana, modelo profissional, residente em Manaus, viajou para São Paulo, para o casamento de sua filha. Para lavar, pintar seus cabelos e realizar um penteado para o casamento, Ana procurou os serviços de João Macedo, cabeleireiro e dono do salão de beleza "Hair", sediado na cidade de São Paulo, que lhe cobrou R$ 500,00 (quinhentos reais) pela prestação do serviço. Após lavar os cabelos de Ana, João aplicou-lhe uma tintura da marca francesa ABC, importada pela empresa Brasil Connection Ltda., sediada na cidade de Curitiba (PR). Meia hora após a aplicação da tintura, Ana sofreu uma reação alérgica, que demandou atendimento médico-hospitalar, no valor de R$ 1.000,00, bem como dois dias de absoluto repouso, que impossibilitou sua presença no casamento de sua filha. Além disso, perdeu grande parte de seu cabelo, tendo permanecido com manchas em seu rosto, por dois meses, perdendo um ensaio fotográfico, para o qual já havia sido contratada, pelo valor de R$ 50.000,00 (cinqüenta mil reais). Posteriormente constatou-se que a tintura utilizada continha substâncias químicas extremamente perigosas à vida e à saúde das pessoas e que a fabricante ABC já havia sido condenada pela justiça francesa a encerrar a fabricação e comercialização do produto. Indignada com os danos sofridos, Ana procura um advogado para pleitear o devido ressarcimento.

QUESTÃO: Como advogado(a) de Ana, promova a demanda cabível.

Questões práticas

Questão nº 1

Carlos Macedo recebeu em comodato um imóvel de João de Matos, localizado na cidade de São José dos Campos. Dois meses depois de ingressar no imóvel, Carlos descobriu que havia uma rachadura no teto, provocada por uma antiga infiltração de água. Carlos chamou o empreiteiro Marcelo Pinheiro, que verificou que todo o encanamento necessitava de reparos. Marcelo efetuou um orçamento de R$ 3.500,00, que Carlos mandou para a aprovação de João de Matos. João afirmou que ele não precisaria aprovar ou não o orçamento, já que não teria que pagar por qualquer reparo, pois, por tratar-se de um contrato de comodato, o responsável pelo pagamento do conserto seria Carlos. A afirmativa de João está ou não correta? Justifique sua resposta.

Questão nº 2

Marcos Lima possui uma empresa de jardinagem. Ele prestava serviços, desde 1995, para o Sr. Augusto Pera, que eram pagos anualmente, em uma única parcela. Marcos enviou ao Sr. Augusto a cobrança do crédito de R$ 6.000,00 (seis mil reais), devida em razão dos serviços prestados no período de junho de 2004 a junho de 2005. O valor não foi pago pois o Sr. Augusto faleceu três dias antes do vencimento da obrigação. Marcos tentou obter o pagamento, amigavelmente, junto aos herdeiros do Sr. Augusto, sem sucesso. Recentemente, Marcos verificou que o inventário dos bens do Sr. Augusto já foi aberto, mas que não há qualquer menção ao seu crédito nas dívidas do Espólio. Que providências Marcos deverá tomar para garantir o recebimento de seu crédito?

Questão nº 3

Aparício está em via de ser despejado. Para evitar que sua família, que nem desconfia dos problemas com a locação, fique desabrigada, Aparício faz um contrato de locação com Antônio. O imóvel que Antônio aluga para Aparício tem, no mercado imobiliário, valor locatício de R$ 200,00 (duzentos reais), mas Antônio, conhecendo a urgência de Aparício, lhe cobra R$ 1.000,00 (um mil reais). Três meses após a mudança, Aparício percebe as deficiências do imóvel, além da desproporção no valor da locação. Agora, em situação mais tranqüila, decide procurar um advogado. Diante do problema apresentado, pergunta-se: pode Aparício pleitear a anulação do contrato? Qual o argumento?

Questão nº 4

Carlos e Maria são casados, desde 1995, pelo regime da comunhão parcial de bens. Em 2002, Carlos recebeu, em virtude de uma herança, um imóvel em Paraty que tem o valor aproximado de R$ 100.000,00 (cem mil reais). Ele deseja vender a Maria parte desse imóvel. Pergunta-se, essa venda e compra será lícita?

Parte 4

Respostas dos exercícios

Parte 1 — Redação de textos jurídicos

Capítulo 9 — Exercícios com sinônimos

1. Identifique os sinônimos, relacionando a coluna da esquerda com a da direita:

a) APÓCRIFO	proibido	(d)
b) COGENTE	eloqüente	(j)
c) CONUBIAL	negligente	(f)
d) DEFESO /fê/	moratório	(h)
e) DEFESSO /fé/	duradouro	(i)
f) DESIDIOSO	matrimonial	(c)
g) DILAPIDADOR	inautêntico	(a)
h) DILATÓRIO	perdulário	(g)
i) DIUTURNO	cansado	(e)
j) FACUNDO	imperativo	(b)

2. Repita o procedimento do exercício anterior nos itens abaixo:

a) FALAZ	desarmado	(d)
b) FUNGÍVEL	nulo	(e)
c) INAPTO	terminante	(f)
d) INERME	bilateral	(h)
e) ÍRRITO	enganador	(a)
f) PEREMPTÓRIO	sobrevivente	(i)
g) PUTATIVO	substituível	(b)
h) SINALAGMÁTICO	imaginário	(g)
i) SUPÉRSTITE	incapaz	(c)

3. Relacione os sinônimos:

a) AB-ROGAR	embargar	(c)
b) ADITAR	perdoar	(e)
c) ARRESTAR	resgatar	(g)
d) DESCRIMINAR	adiar	(f)
e) INDULTAR	revogar	(a)
f) PROCRASTINAR	anular	(h)
g) REMIR	acrescentar	(b)
h) RESCINDIR	inocentar	(d)

4. Relacione os sinônimos:

a) ARMISTÍCIO	procurador	(j)
b) COLITIGANTE	insulto	(e)
c) COMBORÇA /bór/	ardil	(h)
d) CONTUMÁCIA	demanda	(i)
e) CONTUMÉLIA	litisconsorte	(b)
f) DISSÍDIO	desafio	(l)
g) ÊMULO	indenização	(m)
h) ESTRATAGEMA	trégua	(a)
i) LITÍGIO	revelia	(d)
j) MANDATÁRIO	rival	(g)
l) REPTO	concubina	(c)
m) RESSARCIMENTO	dissensão	(f)

5. Relacione, devidamente, as palavras da coluna da esquerda com as da direita:

a) AFORAMENTO	penhor	(c)
b) ARESTO	inventário	(f)
c) ARRAS (plural)	empecilho	(h)
d) ARRENDAMENTO	apreensão	(e)
e) ARRESTO	usura	(m)
f) ARROLAMENTO	pronunciamento	(j)
g) BANCARROTA	locação	(d)
h) EMBARGO	desapossamento	(l)
i) EMENTA	enfiteuse	(a)
j) EMISSÃO	resumo	(i)
l) EVICÇÃO	falência	(g)
m) ONZENA	acórdão	(b)

6. Escreva o vocábulo a que se refere a explicação. Os vocábulos são:

a) Alienar	c) Usucapir	e) Adimplir	g) Ementar
b) Excutir	d) Prescrever	f) Resilir	h) Adjudicar

7. Repita o mesmo procedimento do exercício anterior com os vocábulos a seguir:

a) Proscrito
b) Enfiteuta
c) Verdugo
d) Curador
e) Comitente
f) Tutor
g) Deprecante
h) Senhorio

8. Repita o mesmo procedimento do exercício 7 com os vocábulos a seguir:

Todas as frases se iniciam com a expressão: Mulher que...

a) se casou duas vezes é binuba.
b) está em idade de se casar é núbil.
c) não teve nenhum parto é nulípara.
d) possui dois cônjuges simultaneamente é bígama.
e) amamenta, ama-de-leite, é nutriz.
f) já teve muitos partos é multípara.
g) se especializa no estudo sistemático de problemas de alimentação é nutróloga.
h) é encarregada legalmente de cuidar da assistência e da educação de um menor é tutriz.
i) transgride a regra da fidelidade conjugal é adúltera.
j) vive ou coabita em estado de casada com um homem é amásia.
l) está na casa dos setenta anos é septuagenária.
m) está na casa dos noventa anos é nonagenária.

Parte 2 — Subsídios gramaticais

Capítulo 1 — Pontuação

1. Pontue este trecho de *Memórias póstumas de Brás Cubas*, de Machado de Assis:

Nhonhô era um bacharel, único filho de seu casamento, que, na idade de cinco anos, fora cúmplice inconsciente de nossos amores. Vieram juntos, dous dias depois, e confesso que, ao vê-los ali, na minha alcova, fui tomado de um acanhamento que nem me permitiu corresponder logo às palavras afáveis do rapaz.

2. Pontue as seguintes frases:

a) Se devidos fossem os honorários advocatícios, nunca poderiam ser arbitrados em 30% (trinta por cento).
b) Visam os ideais condicionados à situação cultural do momento realizar os valores relativos.
c) Este querer não se refere à vida individual, à consciência; mas, à vida social.
d) Os conceitos universais empregados são, de início, as formas hipostasiadas da existência humana a que se aspira.
e) O acórdão regional, visceralmente contra o que afirma o acórdão embargado, deu provimento ao recurso do reclamante (fl. 478).
f) Por fim, é desnecessário, nos julgamentos, que se vislumbre e expresse que o recorrente intenta, com a inconformidade, decisão de forma diversa daquela manifestada no julgamento.
g) Requer, depois de cumpridas as formalidades de estilo, a remessa dos autos ao Egrégio Tribunal Regional Federal.

h) Analisando o pedido de reconsideração, indeferiu a medida.

i) Tal procedimento do juízo *a quo* fere preceito constitucional: art. 5°, inciso LV.

j) Proferindo a sentença, indeferindo o pleito e encerrando desta forma, o processo restringiu a defesa da recorrente.

l) Observe o despacho: não requer a interposição da ação principal, apenas solicita esclarecimentos.

m) Além da base para julgamento da ação, deve também ser analisada a propositura da ação principal.

n) Concedida a medida liminar ou, se for negada, julgada procedente, a ação cautelar tem trinta dias para efetivar ou executar a medida sob pena de caducidade, conforme art. 808.

o) O homem isolado e livre é uma ficção.

p) Trata-se de um mero devaneio da requerente a conclusão de que deve somente R$ 500,00 (quinhentos reais).

q) Portanto, à luz do Código de Processo Civil, da doutrina e da jurisprudência, conclui-se que a contagem do prazo para a propositura da ação principal ainda não se iniciou.

r) Diante de todo o exposto cabalmente provado, a requerida pede que seja depositada, em seu favor, a diferença que lhe é devida.

s) Alguns preferem ler romances; outros, biografias.

t) Caro amigo, não se esqueça de rever, com cuidado, os textos redigidos há pouco.

u) Estudou muito, esforçou-se bastante; aprendeu, portanto, a resolver estes problemas.

3. Pontue o trecho a seguir:

O conteúdo dessa declaração vai ao encontro de outro grande escrito daquele período: a *Declaração dos Direitos Humanos e do Cidadão,* de 1789, que inaugura a Revolução Francesa. Aqui o individualismo foi exaltado e protegido diante do poder estatal, sem distinções, favorecendo o igualitarismo que estabelece que a "humanidade dos direitos humanos se torna universal na medida em que qualquer indivíduo possui atributos de homem" (SOARES, 2004, p. 18). Este documento foi seguido da *Declaração dos Direitos da Mulher e da Cidadã* (1791) e da *Declaração dos Direitos* (Constituição Francesa de 1793). Essa tríade de enunciados em defesa do cidadão reivindica os direitos naturais inerentes ao ser humano, tais como liberdade, propriedade, segurança, entre outros, em detrimento do poder estatal. Segundo o pensamento da época, a constituição desses direitos representou a consagração de um conjunto de teorias que têm no jusnaturalismo e no contratualismo (os homens possuem direitos naturais anteriores à formação da sociedade) a determinação dos direitos que o Estado deve respeitar e fazer cumprir. Importante ressaltar que essas duas escolas – o *contratualismo* e o *jusnaturalismo* – nasceram do ideal de indivíduo exaltado na modernidade, que, por sua vez, influenciou na formação de correntes do pensamento construtoras da concepção do direito moderno.

O pensamento político responsável pela afirmação dos direitos franceses e norte-americanos tem no Iluminismo o foco das atenções. O Iluminismo foi uma escola filosófica que invocou a razão e a análise da realidade social com o intuito de desestabilizar as instituições conservadoras, dentre elas a monarquia e a Igreja. Essa filosofia, posteriormente transposta para os movimentos sociais inerentes ao século XVIII, propiciou uma consciência crítica e o estabelecimento de conceitos fundamentais para a afirmação dos direitos individuais, conceitos esses desenvolvidos por inúmeros pensadores "iluministas". Dentre eles cabe citar Jean-Jacques Rousseau (1712-1778), que, em sua obra *Contrato social*, pretende estabelecer os meios para coibir a usurpação do governo. Rousseau parte do princípio de que o homem é originariamente bom e que a sociedade o corrompe vagarosamente, transformando-o.

A França absolutista apresenta-se como exemplo emblemático dessa sociedade corruptível cercada por nobres corruptos e padres usurpadores. A única forma de modificar a situação política daquele momento seria por uma mudança radical, proveniente de um pacto social entre as partes, a partir do qual deveria instituir-se uma sociedade com base nos direitos do cidadão e no respeito a ele. A soberania deveria estar nas mãos do povo, e não na do governo. Rousseau tornou-se assim o grande teórico dos direitos constituídos por criar uma "cartilha revolucionária" que propunha a igualdade, a liberdade e a justiça como finalidades para o homem em sociedade.

Nesse ambiente de mudanças é que foi redigida a *Declaração dos Direitos Humanos e do Cidadão*, que afirma a igualdade desde o nascimento, a liberdade como um princípio inerente (tanto a liberdade de expressão como a liberdade de opção religiosa), o livre-arbítrio e o direito à propriedade, entre outros. Destacamos a seguir um artigo dessa declaração, para percebermos sua conotação libertária:

A liberdade consiste em poder fazer tudo quanto não incomode o próximo; assim o exercício dos direitos naturais de cada homem não tem limites senão nos que asseguram o gozo destes direitos. Estes limites não podem ser determinados senão pela lei. (Art. IV, Declaração dos Direitos Humanos e do Cidadão, 1789)

A mulher, também contemplada com direitos que anteriormente lhe foram relegados, é igualada ao homem:

*"A mulher nasce e vive igual ao homem em direitos. As distinções sociais não podem ser fundadas a não ser no bem comum." (*Art. I, Declaração dos Direitos da Mulher e da Cidadã, 1791)

E, finalizando a tríade de direitos franceses, temos a aprovação pela Convenção Nacional francesa da Declaração de 1789, agora acrescida de artigos que protegem o povo contra qualquer forma de opressão:

O Povo Francês, convencido de que o esquecimento e o desprezo dos direitos naturais do homem são as únicas causas das infelicidades do mundo, resolveu expor numa declaração solene estes direitos sagrados e inalienáveis, a fim de que todos os cidadãos, podendo comparar sem cessar os atos do Governo com o fim de toda instituição social, não se deixem jamais oprimir e aviltar pela tirania; para que o Povo tenha sempre diante dos olhos as bases da sua liberdade e de sua felicidade, o Magistrado, a regra dos seus deveres, o Legislador, o objeto da sua missão. (Preâmbulo, Declaração dos Direitos Humanos e do Cidadão, 1793)

Este trecho foi extraido do livro *A Declaração Universal dos Direitos Humanos,* de Regina Célia Pedroso. Companhia Editora Nacional, 2005. p. 7-10.

Capítulo 3 — Encontros vocálicos

1. Sublinhe os vocábulos que apresentam hiato:

Luís, cai, mau, triângulo, petróleo, argüem, Jaú, cairdes, quantia, genuíno,
réu, cuida, noiva, paisinho, queixa, trens, veículo, sociais, Piauí, pai, sorria.

2. Indique e classifique os encontros vocálicos:

polícia — ia (DOC)
policia — ia (H)
direito — ei (DOD)
contratou — ou (DOD)
efetuar — ua (H)
espécie — ie (DOC)
descrêem — êe (H); em (DND)
apóio — ói (DOD); io (H)
quitação — ão (DND)
realizásseis — ea (H); ei (DOD)
quão — uão (TN)
judicial — ia (H)
devaneio — ei (DOD); io (H)
ação — ão (DND)
apaziguava — ua (DOC)
desiguais — uai (TO)

Capítulo 4 — Hífen

1. Escreva um vocábulo formado com os elementos indicados usando hífen quando for necessário:

auto-acusatório
pré-nupcial
antenupcial
recém-nomeado
inter-relacionado
mal-entendido
videoconferência
terça-feira
afro-americano
vice-diretor
arquiinimigo
sul-mineiro
co-proteger
ab-reação
nuper-publicado
sem-número
antiimperialismo
contra-aviso
extra-estrutural
intra-racial
sobreexcesso
não-execução
ultra-sonografia
subitem
sem-terra
ex-empregado
intercâmbio
meio-dia
proto-história
vale-refeição
supracitado
super-reação
pan-americano
sem-vergonhismo
mal-estar
cesta básica
rio-grandense
mão-de-ferro

2. Exemplifique em frases a diferença de significação:

bom-dia — Ela deu-me um bom-dia afetuoso.

bom dia — Bom dia! Tudo bem?

abaixo assinado — José Silva, abaixo assinado, requer prorrogação do prazo.

abaixo-assinado — Passaram um abaixo-assinado para mudar o dia da prova.

Capítulo 5 — Divisão silábica

Com uma barra vertical, divida os vocábulos em sílabas:

i|de|ais	es|cor|rei|to
re|a|li|za|ções	im|pres|cin|dí|vel
in|te|rur|ba|no	cons|ci|ên|cia
ju|di|ci|al	cir|cuns|cri|to
dis|cer|nís|seis	sub|si|di|as|sem
a|poi|á|va|mos	in|ter|sec|ção
com|pre|en|são	des|cen|den|te
pa|i|si|nho	i|ne|fi|cá|cia
pai|zi|nho	rít|mi|co
sub|tra|iu	abs|tra|ção
a|bran|gên|cia	ca|ís|seis
ins|tân|cias	jói|as
a|lhe|a|men|to	fei|ís|si|mo
ir|re|sig|na|ção	in|ters|tí|cio

Capítulo 6 — Acentuação gráfica

1. Justifique o motivo da acentuação gráfica:

a) sério — paroxítono terminado em ditongo

b) número — proparoxítono

c) altruísmo — **i** seguido de **s** em hiato com vogal anterior

d) você — oxítono terminado em **e**

e) tranqüilizásseis — **u** átono pronunciado em **qüi**; **á** — paroxítono terminado em ditongo

f) elétron — paroxítono terminado em **-n**

g) têxtil — paroxítono terminado em **-l**

h) reténs — oxítono terminado em **-éns**

2. Acentue as palavras, se necessário. Procure sempre saber o motivo da acentuação.

imprescindível	extraído	balaústre	série
órgão	avos, avós, avôs	sucumbência	saídas
caráter	probatória	pólo aquático	heroísmo
essência	ataúde	poluíram	polo, pólo, pôlo
explicável	espécie	Márcio	têxteis
meses	anulável	agüentásseis	órgão
própria	ônus	antevêem	apoio, apóio
item	destrói	álcool	cinqüentenário
ínsito	revolver, revólver	aguarrás	retribui, retribuí
emérito	corolário	gratuito	parabéns
subsídio	deságüem	nêutrons	lótus
prejuízo	qüinqüelíngüe	tórax	mártir
também	Estêvão	pastéis	pivô
díspares	assembléia	ruídos	odisséia
próton	parágrafo	humanóide	Vítor
sensíveis	legais	Uílson	Vitória
viúva	renitência	ônibus	suíno
contábil	subseqüente	beneficência	subsistência
pulôver	guisa	rubrica	espontâneo
aluguéis	Cláudio	miúda	período
Lúcia	advém, advêm	ínterim	argúem
conseqüência	dôo	sanduíche	eletroímã
instância	código	ibero	súcia
jurisdicional	jóia	assessoria	vôlei
amiúde	lástima	Jaú	amásia, amasia
inconfundíveis	cipó	sílex	táxi
Canadá	ciência	Araújo	Suíça
campainha	pára-quedas	apazigúem	recôndito
júri	instituído	contem, -ém, -êm	eloqüência
novel	dai, daí	anéis	

Capítulo 8 — Estrangeirismos

1. Indique quais palavras ou expressões podem ser traduzidas:

leasing: arrendamento mercantil.

merchandising: aparição de marca ou produto em filmes ou programas de TV em geral.

marketing: mercadologia.

ranking: classificação.

high technology: alta tecnologia.
businessman: homem de negócios.
tour de force: muito esforço.
know-how: conhecimento.
début: estréia.
pole position: primeira posição.
feedback: retorno.
design: programação visual.
lingerie: roupa de baixo feminina.
folder: impresso promocional.

Capítulo 10 — Plural dos nomes compostos

1. Passe as frases para o plural:

a) Os uniformes eram verde-oliva.
b) Na praia, estavam os salva-vidas.
c) Pintaram seus auto-retratos com tinta a óleo.
d) Os altares-mores são os principais das igrejas.
e) Rezaram as ave-marias com devoção.
f) Nas coleções dos filatelistas havia até olhos-de-boi.
g) As garotas usavam saias azul-pavão.
h) São sociedades sueco-teuto-brasileiras.
i) Colégios de universidades são escolas-modelo.
j) Encontraram os guardas-florestais perto dos rios.
l) Os políticos estão protegidos pelos guarda-costas.
m) Os navios guarda-costas patrulham o litoral.
n) Havia também salários-educação.
o) Existe perigo de curtos-circuitos.
p) As paredes das salas eram verde-mar.
q) Eles tocavam reco-recos.
r) Os meios-dias eram agradáveis por causa dos concertos musicais.
s) Precisaram consultar cirurgiões(ães)-dentistas.
t) Compraram águas-de-colônia para dar de presente.
u) Eles são, de fato, joões-ninguém.

Capítulo 11 — Numerais

1. Escreva os numerais cardinais por extenso:

6.563.023 — seis milhões, quinhentos e sessenta e três mil e vinte e três.

16.664.456.009 — dezesseis bilhões, seiscentos e sessenta e quatro milhões, quatrocentos e cinqüenta e seis mil e nove.

2. Escreva por extenso os numerais ordinais:

563º — qüingentésimo sexagésimo terceiro.

824º — octingentésimo (octogentésimo) vigésimo quarto.

656ª — sexcentésima (seiscentésima) qüinquagésima sexta.

972º — noningentésimo (nongentésimo) septuagésimo (set...) segundo.

736º — septingentésimo (setingentésimo) trigésimo sexto.

3. Escreva os numerais por extenso:

Dom José V: Quinto.
Papa Pio XII: Doze.
Rei Luís XI: Onze.
XXI século: vigésimo primeiro século.
século VI: sexto.
capítulos VII e XCIII: sete e noventa e três.

4. Escreva os numerais fracionários por extenso:

1/16 — um dezesseis avos.

3/52 — três cinqüenta e dois avos.

5. Como você pode expressar um multiplicativo de 13?

Treze vezes.

6. Escreva em algarismos romanos:

1998 — MCMXCVIII

1874 — MDCCCLXXIV

4546 — IVMDXLVI; (IV)DXLVI; IV.D.XLVI

Capítulo 12 — Regência verbal

1. Complete, se necessário, com preposições, artigos ou pronomes:

a) Ao advogado alvitrou-lhe que aduzisse outros argumentos.
b) Irá apelar do pronunciamento para instância superior.
c) Esta medida agravará o contribuinte com mais impostos.
d) Ainda não ajuizaram o pleito.
e) Deverá arbitrar ao requerente o pagamento das custas.
f) Os oligopólios acordaram (em) praticar preços mais altos.
g) A matriz alienou da filial os veículos de entrega.
h) O causídico agravou da condenação.
i) Deverá argüir o médico de negligência no tratamento.
j) Todos aspiram a uma posição de destaque.
l) O deputado advogou pela melhoria de condições do ensino.
m) A repartição fiscalizadora assentirá em prazo maior.
n) O sindicato quer que atendam (a) todas as reivindicações.
o) Talvez possa comparecer à (na) sessão plenária.
p) Pronunciou-se sim. Decidiu-se pelo (ou contra o) adiamento.

q) Não quero argumentar com você sobre política partidária.
r) O trabalho dele consiste em defender os imigrantes clandestinos.
s) Os policiais defrontaram-no com os possíveis assaltantes.
t) Você assistiu aos debates sobre menores carentes?
u) O tribunal comutará em prestação de serviços a pena.
v) Na assembléia, foi consignado um ato de louvor ao síndico.
x) Esqueceram (-se de) trazer as fotos do veículo acidentado.
z) Avisei os clientes sobre os riscos da proposta.

Capítulo 13 — Crase

1. Ponha o acento grave onde for necessário:

a) Interpôs embargos à execução da falência.
b) Entende ser devida a reforma à luz dos argumentos ali esposados.
c) O reconhecimento obedece à idéia de que a ordem realiza valores.
d) Chegou à casa de Márcia às quinze horas.
e) A eficácia está ligada à realização dos valores históricos.
f) É preciso dar cumprimento à resolução judicial a tempo.
g) A coação objetiva só a reparação ou a punição.
h) Quanto a esta pendência, trata-se de um caso à parte.
i) À moral interessa o aspecto exterior da conduta humana.
j) A validade pertence à essência do Direito.
l) Remeteu a Itu para novas informações a respeito dos custos.
m) A normatividade moral impõe-se à subjetividade do agente.
n) Pretendo ir à reunião e, depois, viajar a Portugal e à França.
o) Vista a conjuntura, passemos à explicitação dos contornos.
p) A sala esvaziou-se a ponto de se interromper a assembléia.
q) Estes princípios servem de base à formulação da norma jurídica.
r) Serviu isto de acostamento às alegações da apelante.
s) Com relação às coisas corpóreas, podem ser fungíveis ou infungíveis.
t) A quantidade de absolvições foi inferior à de condenações.
u) A ciência do Direito ou serve à vida ou não serve para nada.
v) Acho que é bom quanto àquelas medidas judiciais.
x) As normas não se assemelham às de outras ciências.
z) Isto não se refere à vida individual, à consciência, mas à vida social.

Capítulo 14 — Pronomes

1. Use **eu** ou **mim**:

a) Muito tranqüilo, veio até mim.

b) Sem ti e mim não resolveriam.
c) Não fará sem eu autorizar.
d) Insurgiu-se contra você e mim.
e) Foi ótimo para mim voltar cedo.
f) Pediu para eu ler o processo.

2. Combine as formas:

a) saudai-las
b) põem-no
c) condu-los
d) enviamos-lhes
e) atribuí-las
f) têm-no
g) contém-lo
h) detê-la
i) ei-los aí
j) queixávamo-nos

3. Substitua os complementos verbais por pronomes pessoais:

a) Adquirimo-los.
b) Obedece-lhes.
c) Vou procurá-los.
d) Luís obtém-nas.

4. Preencha com pronomes demonstrativos:

a) Este seu parecer aqui está completo?
b) Isto que acabo de ver é revoltante.
c) Aquele imóvel que ele vendeu estava reformado?
d) Esse trecho aí é obscuro.
e) Naquele tempo não havia luz elétrica.
f) Que é aquela no céu?

5. Preencha com **que** ou **o qual**:

a) O contrato sobre o qual não há pendências foi assinado.
b) O caso a que me refiro é novo.
c) O dinheiro com que comprou foi poupado durante anos.

6. Use pronomes relativos, com ou sem preposição:

a) Há algo a que damos valor?
b) Rui Barbosa é um escritor cujas obras você deve ler.
c) Esta é a casa onde (em que/na qual) reside.
d) O livro a que me referi já está esgotado.
e) A reunião de que lhe falei não foi feita ainda.
f) Comprei as frutas de que ela mais gosta.
g) Este é o professor cuja orientação desejo.
h) São momentos de que sempre me lembrarei.

i) É o conto cuja leitura muito nos emocionou.
j) O financiamento (de) que necessitamos é bastante elevado.
l) É um advogado em cujos conhecimentos confio.
m) Era o incentivo (de) que precisava para terminar o trabalho.
n) Os documentos de que me esqueci estão no cartório.
o) Respeite o pai cuja dedicação à família é notável.
p) O escritório para o qual eles se mudaram está perto do fórum.
q) Os argumentos em que elas estribaram a defesa são fracos.
r) O simpósio a que compareci foi extremamente proveitoso.
s) A órfã a que (à qual/a quem) ele assiste é surda.
t) É a pena pela qual se decidiu.

7. Por meio de pronomes relativos, organize períodos juntando as orações, sem alterar a significação:

a) Na entrada, via a recepcionista a quem pedi uma informação.
Pedi uma informação à recepcionista que vi na entrada.
b) Encontrei o pedido cujos artigos já foram entregues.
Os artigos do pedido que encontrei já foram entregues.
c) Ontem assisti a um belo espetáculo de que gostei.
Gostei do belo espetáculo a que assisti ontem.
d) Cíntia mora num condomínio que é distante do escritório.
O condomínio em que Cíntia mora é distante do escritório.
e) Foi difícil conseguir a revisão a que muitos se opunham.
Muitos se opunham à revisão que foi difícil de conseguir.
f) A vítima perto da qual havia uma pedra estava no *hall* do prédio.
Perto da vítima que estava no *hall* do prédio havia uma pedra.

8. Reescreva os períodos empregando **cujo (a)**:

a) Fez declarações cuja veracidade foi contestada.
b) Olharam para a nova colega cujo nome ninguém sabia.
c) A comédia a cuja representação eu assisti não me agradou.
d) Subimos um morro de cujo alto se avistam várias cidades.
e) Os tratados cujo autor faleceu ontem são notáveis.
f) O colega em cuja casa a turma se reúne viajará amanhã.
g) Há muitos réus cujos processos serão revistos.
h) O número de cujo telefone ela se lembrou foi alterado.

9. Coloque na frase os pronomes que estão entre parênteses:

a) Estavam magoadas por se considerarem desprezadas.
b) Esperamos que Deus nos auxilie neste momento de aflição.
c) Saiu da sala dizendo-lhe que não o queria ver mais.
d) Quem me emprestará o livro de Direito Romano?

e) Solicitamos-lhes confirmação do pedido.
f) Amigo, conte-nos o que realmente lhe aconteceu.
g) Amanhã lhe mandarei os textos que lhe prometi.
h) Não fui eu quem a encontrou no arquivo.
i) Em se tratando de perícia médica, nunca se descuide.
j) Caso lhe convenha, mais tarde se dirija ao Paiçandu.

10. Reescreva as frases com os pronomes indicados:
a) É bom que nos venha ajudar.
b) Procurá-lo-emos amanhã.
c) Eles não se vão retirar.
d) Ísis lhe está (-lhe) contando (-lhe) tudo.
e) Se pudesse, ela ter-lhe-ia dito.
f) Sei que se têm esforçado.
g) Hoje lhe irei mandar o cheque.
h) Foi avisá-los sobre a reunião.

Capítulo 15 — Concordância

1. Complete, se for necessário, os espaços sublinhados efetuando a concordância adequada:
a) Argemiro Silva vem, pela sua advogada infra-assinada, apresentar a contestação.
b) Em dia e hora previamente marcados, realizar-se-á o depoimento.
c) Fez vários telefonemas para ela.
d) Pagou as dívidas, está quite com seus irmãos.
e) Suas Senhorias, os diretores, realmente estavam preocupados com o capital a ser investido neste empreendimento.
f) É preciso elucidar todas circunstâncias e fatos da infração.
g) A banca de advogados, neste caso, está com muito moral.
h) Nos feriados, São Paulo ficou deserta e as praias, lotadas.
i) Os motivos e circunstâncias foram analisados pela promotoria.
j) É necessária muita experiência nesta situação.
l) As cópias anexas devem ser autenticadas.
m) Este(a) senador(a) é um(uma) personagem discutido(a).
n) Será afixada na porta do edifício do tribunal a lista dos processos.
o) Estando à frente do movimento, Inês é o cabeça do grupo.
p) Para este mal-estar, é bom (boa/bom) água mineral.
q) A Aeronáutica e o Exército brasileiro(s) ficaram em estado de alerta.
r) Não correrão os prazos se houver impedimento do juiz, força maior ou obstáculo judicial oposto pela parte contrária.
s) É necessário preparo técnico especializado em normas e administração penitenciárias, ministrado aos diretores e pessoal de vigilância interna.
t) Por desrespeito à lei eleitoral, a rádio foi suspensa.
u) Demonstrou interesse, solicitude fraterna.
v) Seguem apensas as petições.
x) Decorridas três semanas, reiniciou as pesquisas complementares.

z) Foi flagrado com quatrocentos gramas de cocaína.

2. Repita o procedimento do exercício anterior com as frases abaixo:

a) Sua Excelência foi justo ao proferir a sentença.
b) Não tenha muito dó dos relapsos.
c) O escritório ocupa o primeiro e o segundo andares do prédio.
d) A tempestade e o transbordamento fluvial prejudicaram muito.
e) Para Elisa, auxiliar administrativa, será necessária muita dedicação.
f) Sempre agiu com braveza e ímpeto desmedido.
g) Prudência é bom (boa/bom) nestes casos.
h) Precisava de um gesto, um olhar, uma palavra amiga.
i) Comprou novas grafites para a lapiseira.
j) Seu estado de coma não é mais tão profundo.
l) Consideram-se preparado/a (os/as) para feiras e convenções.

3. Complete com os verbos indicados, concordando no presente:

a) Já faz três semanas que deveriam saldar o débito. (fazer)
b) Alguns de nós têm (temos) receio de falar em público. (ter)
c) 51% do contratado estão entregues. (estar entregue)
d) Não as repreendais só por não vos terem avisado. (repreender)
e) V.S.ª detém o controle acionário da empresa. (deter)
f) Não me ocorrem novas idéias para solucionar o caso. (ocorrer)
g) Parece-me que isto são desejos de muitos de vós. (ser)
h) Não só o fato, mas também a motivação são analisados. (ser)
i) Esperam-se depoimentos favoráveis. (esperar)
j) Caem, nesta época, chuvas torrenciais. (cair)
l) Haja(m) vista(s) também as dificuldades para novos investimentos.
m) Procuro explicar mais a fim de que ele e tu entendais. (entender)
n) Dois dias é suficiente para discutir a argumentação. (ser)
o) Não pode haver animosidades contra as testemunhas. (poder)
p) As artes plásticas ou o teatro deve(m) receber incentivos. (dever)
q) Ela é uma das que mais aparteia(m). (apartear)
r) O ruim são as faltas imprevistas. (ser)
s) Acontecem muitas desistências no curso. (acontecer)
t) Compram-se muitos objetos inúteis nas viagens. (comprar)
u) Muitos parece(m) não se importarem (-ar). (parecer – importar)
v) A advogada e nós concordamos a respeito dos honorários.(concordar)
x) As dificuldades de locomoção, a falta de tempo, nada o desanima.
z) Cinqüenta mil reais é muito por este serviço. (ser)

4. Repita o procedimento do exercício anterior com as frases a seguir:

a) Vai fazer dezesseis anos que se formou em Direito. (ir)
b) Os clientes parece não aceitarem os novos preços. (aceitar)

c) Os Alpes, lugar lindo, atraem muitos turistas. (atrair)
d) A alegria, a satisfação dos filhos emociona os pais. (emocionar)
e) Cada eleição, cada campanha eleitoral necessita de milhões.
f) Pedimos que V.S.^{as} vejam com cuidado as provas. (ver)
g) Sois vós que deveis provar. (dever)
h) Argumentar e convencer demanda muita perspicácia. (demandar)
i) Custa-nos reconhecer os nossos próprios enganos. (custar)
j) Tu e eu nunca nos entendemos neste caso. (entender-se)
l) Somos nós quem defende estes princípios. (defender)
m) É preciso cuidado, podem existir reações violentas. (poder)
n) Grande parte dos acadêmicos precisa(m) dedicar-se mais. (precisar)
o) Daqui a pouco, vem (vêm) o locador e o perito. (vir)
p) Quando vêem um necessitado, ajudem-no. (ver)
q) Nesta fase do namoro, tudo são gentilezas. (ser)
r) O grupo de advogados reúne(m)-se hoje à tarde. (reunir)
s) Nem um nem outro se pronuncia(m) sobre isto. (pronunciar)
t) Evitemos que haja interpretações errôneas. (haver)
u) Mais de um delegado, nestas condições, reclama providências.
v) Uma palavra, um sussurro é suficiente para deixá-la nervosa. (ser)
x) O relógio da torre bate agora seis horas. (bater)
z) Não lhe faltam agora condições para o julgamento. (faltar)

Capítulo 16 — Verbos

1. Complete com os verbos indicados, flexionando e concordando adequadamente:

a) É incrível, mas eu caí nesta cilada.
b) Quero que vós copieis com muita atenção.
c) A faxineira água as plantas diariamente.
d) Será que eu caibo aqui?
e) Eu sempre cri na perspicácia dela.
f) Era preciso que nós provejamos a despensa.
g) Nós já lhe dissemos que refizesse a petição.
h) Elas já me precaveram contra o locatário.
i) Espero que ela enxágüe bem a roupa.
j) Se ele depuser favoravelmente, nós ganharemos a demanda.
l) Pode ser que eles antevejam uma solução para este problema.
m) Talvez os fatos me contradigam.
n) Elis não pode fazer hoje o que pôde no passado.
o) Se previr como mudar isto, diga-me.
p) O treinamento contribui para melhor produção.
q) Quando ele reouver os documentos, prosseguirá a investigação.
r) A comissão premia os melhores trabalhos.

s) Trabalha pouco porque passeia demais.
t) Queremos que os políticos reconstruam o que destruíram na campanha.
u) Amanhã eu quererei ver o relatório.
v) Se ela tiver suprimido o artigo, ele estará supresso.
x) As informações provinham de escutas clandestinas.
z) Se ele trouxesse o cheque, levaria a mercadoria.

2. Repita o procedimento do exercício anterior com as frases abaixo:
a) Ela saía cedo, talvez agora não saia.
b) Olhe o que o seu imposto está fazendo.
c) A sorte é que ele freou a tempo.
d) Tu e ela distraís os guardas.
e) Nossas precatórias eram poucas, dispúnhamos de tempo.
f) Nós ainda não reouvemos os bens.
g) Hoje nós vimos aqui para pagar-lhe a dívida.
h) Não há nada que remedeie a situação atual.
i) Inês está incursa no artigo segundo.
j) Bem que nós quereríamos ganhar mais.
l) O assaltante foi morto na entrada do prédio.
m) Nós íamos muito desanimados para o campo.
n) Alguns erros advêm da falta de atenção.
o) A menina colore os desenhos com lápis.
p) Nós construímos a entidade com dedicação.
q) Talvez eles não creiam em tudo aquilo que nós lhes dissermos.
r) Ele quer que o prefeito o nomeie secretário.
s) Se vir a Gláucia, dê-lhe minhas lembranças.
t) Quando trouxerdes o relatório, recebereis o pagamento.
u) Eu lhe atribuí grandes méritos.
v) Obrigada! Eu me precaverei contra ele.
x) Foi Carlos Gomes que compôs esta protofonia.
z) Talvez as verbas míngüem após as eleições.

3. Complete com o infinitivo flexionado ou não flexionado:
a) Para nós, eram casos difíceis de resolver.
b) Para se consolar, procuraram outros prêmios.
c) Quem te deu o direito de impor tua opinião.
d) Peço-vos manterdes as cláusulas já discutidas.
e) Os seus ideais não podiam morrer.
f) Vi os amigos, antigos companheiros trazerem apoio.
g) Como ousas afirmar isto?!
h) Estas diferenças para nós são difíceis de perceber.
i) Não soubeste jamais resolver casos como este.

j) Ouvi os sindicalistas reclamarem muito.
l) Vimos os convidados saírem antes do final.
m) Ficavam durante horas no pátio sem fazer nada.
n) São coisas fáceis de falar, mas difíceis de fazer.
o) Ao perceber que estavam sendo observados, fugiram.
p) Mande-os trazer mais tarde.
q) Tinha o firme propósito de aprender.
r) É necessário ter diploma para tu trabalhares aqui.
s) Pretendemos conseguir mais associados.
t) Devemos sempre lutar pela verdade.
u) Deus criou as almas para se salvarem e não para se perderem.

Capítulo 17 — Discursos direto, indireto, indireto livre

1. Passe do discurso direto para o discurso indireto.

a) Durante a reunião, o diretor disse que, no dia seguinte, todos os alunos deveriam vestir o uniforme de gala, pois compareceria à Academia o presidente da ACP.
b) João afirmou aos colegas que aquela conversa não os levaria a nada.
c) A testemunha respondeu que, quando fora a Paris, não encontrara o livro que o professor mandara comprar. (ou: tinha ido, tinha encontrado, tinha mandado.)
d) O repórter perguntou-me se eu nunca viera ao Rio. (tinha vindo)
e) Pediu-me o colega que eu não desse importância àquelas notícias.
f) Na carta, o pai pedia à filha que contasse o que havia, que não escondesse nada.
g) Carlos afirmou-me que, se pudesse, iria visitar-me no dia seguinte.
h) Ao me ver tão triste, Maria respondeu-me que, se acontecesse aquilo com ela, não voltaria naquele dia.
i) O inquerido repetiu que fazia aquilo quando quisesse.
j) O réu quis saber se, caso agisse daquela maneira, seria perdoado.

Capítulo 18 — Solução de dúvidas

1. Complete com uma das formas indicadas entre parênteses:

a) Muito bem! Seu apoio à campanha veio ao encontro de nossos desejos.
b) Não chegue nunca atrasado a uma audiência.
c) O Presidente falou de Brasília para o país.
d) Dráusio está obsedado pela política acadêmica.
e) A cerca tem ferros pontiagudos.
f) Encontraram o alto-falante com o suspeito.
g) O prefeito falou a cerca de vinte jornalistas.
h) Este caso não é da sua alçada.
i) Mudou o modo de atuar, agora vende só por atacado.
j) Houve bastantes protestos contra a medida.
l) Em vez de indicar no mapa, descreveu o trajeto.

m) A lei deverá viger a partir de 1º de janeiro.
n) Sem represálias! Isto é coisa de gente à-toa.
o) O corrimão quebrou e ela caiu.
p) Na excursão deram uma gorjeta ao guia.
q) Ruiu porque a laje estava em mau estado.
r) Por que não pesquisaram mais?
s) O desfalque foi, realmente, vultoso.
t) Por divergências com o sócio, distratou o negócio.
u) A equipe toda está bem animada, com muito moral.
v) Nunca eu entendi o porquê dessa atitude.
x) Reclamei com muita intensão contra a injustiça.
z) O candidato pleiteia um mandato no Senado.

2. Repita o procedimento do exercício anterior com as frases a seguir:
a) Quero saber o motivo por que voltaram tão tarde.
b) O oftalmologista examinou-lhe o nervo óptico.
c) Estavam suados por ter-se quebrado o ar-condicionado.
d) A estrada por que vim estava congestionada.
e) Lídia será auxiliar administrativa.
f) O desembargador discorreu acerca das novas leis.
g) O assessor da diretoria foi demitido.
h) Tem alergia por desodorante com base de álcool.
i) A secretária sempre agiu com discrição.
j) Tem várias funções, serve de curinga no governo.
l) É um grande privilégio estudar aqui.
m) Comunicou a data por meio de um memorando.
n) Parece que Elsa não está a fim de trabalhar hoje.
o) O grêmio organizou um bazar beneficente.
p) Deve ser esta a causa por que o aparelho falhou.
q) É um assunto já resolvido em nível de diretoria.
r) Certamente não está a par das alterações tributárias.
s) É necessário que a xerocópia seja autenticada.
t) Foram três reclamar ao delegado.
u) Este argumento foi mais bem aceito que o anterior.
v) Por vezes não sabemos o porquê de suas reações.
x) A aterrissagem da aeronave foi perfeita.
z) Esqueceu fazer o estorno do débito indevido.

3. Repita o procedimento do exercício anterior com as frases a seguir:
a) Sua espontaneidade encantou-nos.
b) Ela quis elementos vazados para melhor ventilação do ambiente.
c) Viajou de Moji Guaçu a Piraçununga.

d) Comprou um bom xampu.

e) Conheci há tempos um promotor poeta.

f) Não olhe para trás, olhe sempre para frente.

g) Apagaram-se as luzes na hora de ele se pronunciar.

h) Não sabemos aonde ela vai a esta hora.

i) O governo quer saber por que subiu o preço do coxão mole.

j) Todos, sem exceção, devem saldar os débitos.

l) Apresentou-lhe cumprimentos pela vitória.

m) A empresa fez cessão de um terreno para a Atlética.

n) O concerto musical foi com obras de Mozart.

o) Os processos novos estão debaixo dos antigos.

p) — Por quê? Por quê? Não mereço isto!

q) Às vezes, o dia-a-dia no fórum é desgastante.

r) Esforçaram-se muito, de forma que se saíram bem.

s) Somos expectadores de justiça.

t) Carga gasosa tem de ser transportada com cuidado.

u) Este é o ponto por que ele batalhará sempre.

v) Hoje a entrada é gratuita para menores.

x) É um processo ainda incipiente; é de ontem.

z) Está decepcionado, não teve nem um voto favorável.

Parte 3 — Exercícios da OAB

Gabarito do 127º Exame de Ordem

1ª fase

1 — D	21 — C	41 — D	61 — B	81 — D
2 — C	22 — A	42 — B	62 — D	82 — A
3 — A	23 — D	43 — C	63 — C	83 — C
4 — D	24 — B	44 — A	64 — A	84 — A
5 — B	25 — D	45 — B	65 — B	85 — D
11 — C	31 — D	51 — C	71 — D	91 — C
12 — A	32 — B	52 — A	72 — C	92 — D
13 — D	33 — C	53 — B	73 — B	93 — B
14 — B	34 — C	54 — D	74 — A	94 — A
15 — A	35 — A	55 — C	75 — D	95 — C

2ª fase

Civil

Ponto 1

Trata-se de ação de indenização, pelo rito ordinário, a ser promovida pelo consumidor, contra a empresa que vendeu o produto e/ou contra o fabricante, visto que são solidariamente responsáveis pelo vício do produto, indicados no artigo 18 do Código de Defesa do Consumidor. Se demandar o fabricante, terá que pedir a expedição de carta rogatória, para a citação do mesmo. Como foi observado o prazo para reclamação, contido no artigo 26, § 3º, do mesmo diploma legal, e o produto continua apresentando vício, o consumidor pode exigir, alternativamente e à sua escolha, sem prejuízo das perdas e danos experimentados: a substituição do produto por outro igual, em condições de uso; a restituição do valor pago, monetariamente atualizado, com a conseqüente devolução do produto; ou o abatimento proporcional do preço, nos termos do § 1º do art. 18 do CDC. O Foro para a propositura da demanda é o do domicílio do consumidor (São Paulo), nos moldes do artigo 101 do CDC, não se podendo desprezar a propositura perante o domicílio do réu (Curitiba), já que o autor tem a faculdade, e não o dever, de promover a demanda em seu domicílio. Se a demanda for ajuizada na Comarca de São Paulo (domicílio do consumidor), pode ser requerida citação do réu por correio ou por carta precatória (art. 221, I e II, e arts. 200, 201 e 202 do CPC).

Ponto 2

Trata-se de ação de indenização, pelo rito ordinário, a ser promovida pelo consumidor, contra o fabricante e/ou contra o importador do produto, que responderão independentemente da existência de culpa (art. 12, Lei nº 8.078/90) pelo defeito do produto, podendo ser pleiteada indenização por danos morais e materiais (danos emergentes — R$ 1.000,00 — e lucros cessantes — R$ 50.000,00). Se demandar o fabricante, terá que pedir a expedição de carta rogatória, para a citação do mesmo. O Foro para a propositura da demanda é o do domicílio do consumidor (São Paulo), nos moldes do artigo 101 do Código de Defesa do Consumidor, não se podendo desprezar a propositura perante o domicílio do réu (Manaus), já que o autor tem a faculdade, e não o dever, de promover a demanda em seu domicílio. Se a demanda for ajuizada na Comarca de São Paulo (domicílio do consumidor), pode ser requerida citação do réu por correio ou por carta precatória para Manaus (art. 221, I e II, e arts. 200, 201 e 202 do CPC).

A demanda não poderá ser ajuizada contra o comerciante, vendedor, ABC Eletronics Ltda., porque perfeitamente identificados o fabricante e o importador, não sendo aplicável ao caso o art. 13 do CDC.

Ponto 3

Trata-se de ação de indenização, pelo rito ordinário, a ser promovida pelo consumidor, contra o fabricante e/ou contra o importador do produto, que responderão independentemente da existência de culpa (art. 12, Lei nº 8.078/90) pelo defeito do produto, podendo ser pleiteada indenização por danos morais (ausência no casamento; dano à saúde e dano estético) e materiais (danos emergentes — R$ 1.500,00 — e lucros cessantes — R$ 50.000,00). Se demandar o fabricante, terá que pedir a expedição de carta rogatória, para a citação do mesmo. O Foro para a propositura da demanda é o do domicílio do consumidor (Manaus), nos moldes do artigo 101 do Código de Defesa do Consumidor, não se podendo desprezar a propositura perante o domicílio do réu (Curitiba), já que o autor tem a faculdade, e não o dever, de promover a demanda em seu domicílio. Se a demanda for ajuizada na Comarca de Manaus (domicílio do consumidor), pode ser requerida citação do réu por correio ou por carta precatória para Curitiba (art. 221, I e II, e arts. 200, 201 e 202 do CPC).

A demanda não poderá ser ajuizada contra o prestador de serviços (Hair is on Ford ou João), porque, além de não haver defeito de serviço, estão perfeitamente identificados o fabricante e o importador do produto defeituoso, não sendo aplicáveis ao caso os arts. 13 e 14 do CDC.

Respostas dos exercícios

Questões práticas

1. A afirmativa de João não está correta, pois que ele, como proprietário da coisa, deverá arcar com os custos dos reparos, já que os problemas no encanamento do imóvel não podem ser imputados ao comodatário Carlos. O artigo 584 do Código Civil/2002 determina que o comodatário jamais poderá recobrar do comodante as despesas feitas com o uso e gozo da coisa emprestada. Entretanto, como bem aponta Fábio Ulhoa Coelho (Curso de Direito Civil, v. 03, Ed. Saraiva, São Paulo, 2005, p. 240), "não cabe ao comodatário arcar com as despesas do conserto do bem reclamado por qualquer deterioração que não lhe possa ser imputável (desgaste natural da coisa, fortuito etc.)".

2. Marcos deverá promover uma habilitação de crédito junto ao inventário, nos moldes previstos no artigo 1.017 do Código de Processo Civil. Caso os herdeiros não ofereçam qualquer impugnação ao crédito, Marcos terá o mesmo habilitado, e serão separados tantos bens quantos forem necessários para a satisfação do valor devido. Se os herdeiros discordarem, Marcos será remetido às vias ordinárias. Caso isso aconteça, nos moldes do parágrafo único do artigo 1.018 do Código de Processo Civil, o juiz mandará reservar em poder do inventariante bens suficientes para pagar o credor, já que a dívida consta de documento que comprova a obrigação.

3. Aparício pode alegar que ocorreu lesão, vício que atinge o negócio jurídico e que está especificada no artigo 157 do Código Civil. A lesão ocorre quando há um contratante em posição de inferioridade, ante prejuízo sofrido por ele na conclusão do contrato, devido a desproporção existente entre as prestações. Aparício estava em premente necessidade, e se obrigou, em razão disso, a prestação manifestamente desproporcional ao valor da prestação de Antônio. Há, ainda, o dolo de aproveitamento evidente de Antônio, que mesmo sabendo da situação de Aparício, o levou a realizar negócio prejudicial. A sanção é a anulação, como prescreve o artigo 171, inciso II, do Código Civil.

4. A venda e compra entre cônjuges somente é lícita com relação aos bens excluídos da comunhão, como preceitua o artigo 499 do Código Civil. Como o imóvel em questão está excluído da comunhão, como dispõe o artigo 1659, inciso I, do Código Civil, a compra e venda será perfeitamente lícita.

Bibliografia

Parte 1 — Redação de textos jurídicos

ACQUAVIVA, M. C. *Dicionário básico de Direito Acquaviva*. São Paulo: Jurídica Brasileira, 1994.

______. *Dicionário jurídico brasileiro Acquaviva*. São Paulo: Jurídica Brasileira, 1993.

BENNETI, Sidnei A. *Modelos de despachos e sentenças*. 3. ed. São Paulo: Saraiva, 1994.

CARLETTI, A.; PEDROTTI I. A. *Manual de latim forense*. São Paulo: Universitária de Direito, 1995, 3 v.

CASTRO FILHO, J.Olympio. *Prática forense*. 6. ed. Rio de Janeiro: Forense, 1993, 2 v.

DAMIÃO, Regina T.; HENRIQUES, A. *Curso de português jurídico*. São Paulo: Atlas, 1994.

GUIMARÃES, Deocleciano T. (org.) *Dicionário técnico jurídico*. São Paulo: Rideel, 1995.

LUZ, Valdemar P. da. *Manual do advogado*. 10. ed. Porto Alegre: Sagra Luzzatto, 1996.

MENDES, Gilmar Ferreira Mendes; FORSTER JÚNIOR, Nestor José. *Manual de redação da Presidência da República*. 2. ed. rev. e atual. Brasília: Presidência da República, 2002.

MILHOMENS, J.; ALVES, G. M. *Manual de petições*. 7. ed. Rio de Janeiro: Forense, 1996.

______. *Manual prático dos contratos*. Rio de Janeiro: Forense, 1996.

NASCIMENTO, Edmundo N. *Linguagem forense*. 10. ed. São Paulo: Saraiva, 1992.

______. *Linguagem aplicada à advocacia*. 4. ed. São Paulo: Saraiva, 1991.

NASCIMENTO, Esmeralda; TRABULO, Márcia. *Elucidário*. 7. ed. Porto: Legis Editora, 1996, p. 323 (Col. Práxis)

NEVES, R. de S. *Dicionário de expressões latinas usuais*. Rio de Janeiro: Civilização Brasileira, 1996.

RAITANI, Francisco. *Prática de processo civil*. 19. ed. São Paulo: Saraiva, 1996, 2 v.

RODRIGUES, D. A. V. *Dicionário de brocardos jurídicos*. 10. ed. São Paulo: Ateniense, 1994.

RÓNAI, Paulo. *Não perca o seu latim*. 5. ed. rev. e ampl. Rio de Janeiro: Nova Fronteira, 1980.

SAID ALI, Manoel. *Gramática secundária histórica da língua portuguesa.* 3. ed. Brasília: Ed. Universidade de Brasília, 1964.

SIDOU, J. M. O. *Dicionário jurídico.* 3. ed. São Paulo, Forense Universitária, 1995.

SILVA, De Plácido e. *Vocabulário jurídico.* 4. ed. Rio de Janeiro: Forense, 1996.

VIANA, J. C. S. C. *O dicionário do advogado.* São Paulo: E. V. Editora, 1994.

VIEIRA, J. A. M. *Português prático e forense.* São Paulo: Ledix, 1991.

XAVIER, R. C. *Português no Direito.* 11. ed. Rio de Janeiro: Forense, 1993.

_______. *Latim no Direito,* 2. ed. Rio de Janeiro: Forense, 1992.

Parte 2 — Subsídios gramaticais

ACADEMIA BRASILEIRA DE LETRAS. *Vocabulário ortográfico da língua portuguesa.* Rio de Janeiro, 1998.

ALENCAR, José de. *Iracema.* São Paulo: Nacional, 2004.

ALMEIDA, Manuel Antônio de. *Memórias de um sargento de milícias.* São Paulo: Companhia Editora Nacional, 2005.

ALVES, J. C. Moreira. *Direito romano.* 6. ed. rev. acresc. Rio de Janeiro: Forense, 1987.

AZEVEDO, Aluísio. *O cortiço.* São Paulo: Companhia Editora Nacional, 2005.

BECHARA, Evanildo. *Moderna gramática portuguesa.* 33. ed. São Paulo: Companhia Editora Nacional, 1989.

CRETELLA JÚNIOR, J. *Curso de direito romano.* 17. ed. rev. Rio de Janeiro: Forense, 1994.

CUNHA, Celso F. da., CINTRA, Lindley. *Nova gramática do português contemporâneo.* Rio de Janeiro: Nova Fronteira, 1985.

FERREIRA, Aurélio B. de H. *Novo Aurélio século XXI.* 3. ed. Rio de Janeiro: Nova Fronteira, 1999.

LUFT, Celso P. *Dicionário prático de regência verbal.* São Paulo: Ática, 1987.

_______. *Dicionário prático de regência nominal.* São Paulo: Ática, 1992.

O ESTADO DE S. PAULO. *Manual de redação.* Org. e ed. Eduardo Martins. São Paulo, 1990.